# 全球家族财富
# 管理新趋势

高华声　蒋骋　著

东方出版中心有限公司

图书在版编目（CIP）数据

全球家族财富管理新趋势／高华声，蒋骋著. —上海：东方出版中心，2022.1
ISBN 978-7-5473-1936-9

Ⅰ.①全… Ⅱ.①高… ②蒋… Ⅲ.①家族－私营企业－企业管理－研究 Ⅳ.①F276.5

中国版本图书馆 CIP 数据核字（2021）第 260360 号

## 全球家族财富管理新趋势

| 著　　者 | 高华声　蒋　骋 |
| --- | --- |
| 策划统筹 | 李　琳 |
| 责任编辑 | 杨　帆 |
| 责任校对 | 蒋小涵 |
| 封面设计 | Lika |

| 出版发行 | 东方出版中心 |
| --- | --- |
| 地　　址 | 上海市仙霞路345号 |
| 邮政编码 | 200336 |
| 电　　话 | 021-62417400 |
| 印刷者 | 上海盛通时代印刷有限公司 |
| 开　　本 | 890mm×1240mm　1/32 |
| 印　　张 | 9.5 |
| 字　　数 | 209千字 |
| 版　　次 | 2022年3月第1版 |
| 印　　次 | 2022年3月第1次印刷 |
| 定　　价 | 69.80元 |

版权所有　侵权必究

如图书有印装质量问题，请寄回本社出版部调换或拨打021-62597596联系。

# 目 录

## 第一章 前沿趋势

第一节 后疫情时代，全球财富东移 / 003

第二节 进击的资管行业与金融变革 / 024

第三节 转型中的价值博弈：中国家族财富传承 / 040

第四节 数字金融重构财管市场未来 / 058

## 第二章 行业发展

第一节 中国家族办公室：从无序到有序 / 079

第二节 大资管时代，私人财富管理往何处走 / 098

第三节 中国财管人力资源全息照 / 117

## 第三章　制度嬗变

第一节　中国家族信托蓝海可期 / 137

第二节　慈善信托的中国实践与特色 / 156

第三节　当保险遇上信托 / 176

第四节　财富"裸奔"时代的税务那些事 / 193

## 第四章　财富传承的演进

第一节　从洛克菲勒到盖茨：财富繁衍的秘密 / 217

第二节　解围家族遗产的继承困局 / 238

第三节　家族企业股权设计与传承之道 / 261

## 参考文献 / 287

# 第一章 前沿趋势

# 第一节　后疫情时代，全球财富东移

过去20年，在线直播、移动银行、区块链等新技术的应用极大改变了人们的生活内容和情景，而这些不过是世纪之初科技创新的一小部分。数字化让曾经遥不可及的世界变得近在咫尺，在提升经济生产效率的同时，也让更多人参与到经济全球化的生产与消费之中。以上种种，都是财富增长的有利因素。在这种背景下，过去20年世界财富的数量呈爆炸式增长，从1999年的80.5万亿美元，激增至2019年的226.4万亿美元。在此期间，全球经济虽然历经多次颠覆性冲击，财富增长的势头却异军突起，尤其在经济震荡后越挫越勇。

## 一、"黑天鹅"久徊不去，至暗时刻孕育希望

历史走到2020年初春，新冠肺炎疫情（COVID-19）（简称新冠疫情）大流行不期而至，给全球市场带来极为严峻的考验。在这只"黑天鹅"翅膀的笼罩下，世界各地的企业面临倒闭，数以百万计的员工失业，大部分经济体先后陷入衰退。随着疫情在全球持续蔓延，全球经济在遭受重创后滑入前途未卜的限速车道。

时至今日，疫情的阴霾尚未散去，经济复苏速度依然难有定论。尽管复苏很大程度将取决于各国公共卫生举措和各国政府及央行的干预措施，但短期内，全球财富市场将受到疫情影响而缩水，是毫无疑问的。疫情危机后的复苏情况，很大程度上将决定未来数年的全球经济走向。据波士顿咨询公司《BCG2020年全球财富报告》预测，后疫

情时代的经济复苏或将呈现三种情景[①]：

**情景之一**，快速反弹。国内生产总值急剧下降，经济产出有所萎缩，但经济反弹较为迅速。在此背景下，全球财富水平将以4.5%的复合年增长率增长，预计将从2019年的226万亿美元增至2024年的282万亿美元。短期内，财富管理（简称财管）机构会承受部分盈利损失，但疫情对行业的长期影响将逐步消退。

**情景之二**，缓慢复苏。疫情危机对经济的影响将长期存在，即便2020年增速有所反弹，但触底更深，复苏也更为缓慢。在此背景下，全球财富水平将出现萎缩，继而以3.2%的复合年增长率增长，预计至2024年达到265万亿美元。与此同时，财富管理机构营收利润滑坡，规模较小但成本收入比（Cost Income Ratio）较高的机构，受到的冲击更为明显。在此情形下，财富管理行业进行迭代更新和整合的概率可能将有所上升。

**情景之三**，破坏持久。疫情对经济的影响过于严重，导致长期的劳动力和生产力危机。在此情景下，全球财富水平将跌至210万亿美元，继而以1.4%的复合年增长率保持低速增长，直至2024年达到243万亿美元。财富管理机构在营收规模和利润的双重打击之下，下滑速度加快，规模较小但成本收入比较高的机构将首当其冲遭受最大冲击。在此背景下，行业并购将进一步加剧，财富管理机构需要从根本上变革运营方式，才能在提供优质服务的同时降低基础成本，在这场大浪淘沙中立于不败之地。

耐人寻味的是，尽管疫情对全球经济造成冲击，但世界财富总额

---

[①] 波士顿咨询公司：《BCG2020年全球财富报告》，2020年。

在经历几个月的缩水后又呈现反弹态势，甚至超过疫情前的水平，出现小幅提升。由于各国政府和央行采取了缓解及干预措施，全球财富市场得以从2020年第一季度的低迷状态迅速反弹，直至当年6月底，相比2019年年末的400万亿美元增加了约1万亿美元。

与此同时，随着股市和房地产市场的恢复，全球家庭财富水平也快速反弹，财富总额已经大致回到2019年年底的水平。据瑞信2020年数据统计[1]，截至2020年6月底，全球家庭财富总额比当年1月份高出1万亿美元，增幅约为0.3%。如果汇率维持稳定的话，全球财富总额在这6个月内本可以增加10.8万亿美元，增幅可以达到2.4%。值得一提的是，2020年上半年，只有中国和印度两国的家庭财富总额有所增长，分别增长了4.4%和1.6%。美国由于饱受疫情肆虐，地区经济或将陷入持续疲软。瑞信的《2020年全球财富报告》预计到2021年，北美成年人的平均财富将下降5%。

总体而言，从上述趋势来看，全球财富市场的潜在客户群体将进一步扩大。据瑞信的《2020年全球财富报告》推测，从2020—2024年，全球富裕人群（财富总值为35.3万亿美元）将以1.7%~4.6%的复合年增长率增长；高净值人群（财富总值达到87.7万亿美元）以0.2%~4.7%的复合年增长率增长；超高净值人群[UHNWIs，指资产净值在100万美元（或600万元人民币）以上的个人]（财富总值达到27.3万亿美元）以1.4%~5.8%的复合年增长率增长。

---

[1] 瑞信研究院：《2020年全球财富报告》，2020年。

## 二、"双速"发展格局初露端倪

在近现代历史中,成熟市场一直占据世界财富的绝大多数份额。但在近20年间,一种"双速并行"的发展格局正逐渐形成:以亚洲、东欧、拉美、中东和非洲地区为代表的新兴市场,在GDP高速增长和较高个人储蓄率的持续拉动下,以迅猛之势扩大财富份额;而以北美、西欧、日本以及大洋洲为代表的成熟市场,同时期增长较为平稳。以中国作为发展中国家市场的典型,在过去20年中,中国家庭平均储蓄占可支配收入的25%以上,比欧美地区平均高出近10%。在这种"双速并行"的发展格局下,成熟市场和新兴市场以两种不同速度的档位前进。

瑞信研究院发布的《2019年全球财富报告》显示[1],2019年,全球财富总值增长至360万亿美元,年均增长率为2.6%。美国、中国和欧洲对全球财富增长的贡献最大,分别为3.8万亿、1.9万亿和1.1万亿美元。自2008年以来,美国始终执成熟市场牛耳,占据全球成年人人均财富增长的1/3。时至今日,美国依然是拥有百万富翁数量最多的地区,汇集全球约39%的百万富翁。其中,一半以上是21世纪后出现的新晋百万富翁。据财富咨询机构Wealth-X发布的年度综合研究报告显示,截至2019年年底,美国的亿万富翁人数达到788人,占全球超级富豪的1/4有余。这些亿万富翁目前控制着3.4万亿美元的总资产,超过排在其后的8个国家亿万富翁的净资产总和。与此同时,北美还是最大的高净值人群集聚地。

---

[1] 瑞信研究院:《2019年全球财富报告》,2019年。

然而，2008年金融危机之后，故事开始朝着截然不同的方向推进。相比成熟市场，中国和其他新兴市场的百万富翁人数增长速度尤为抢眼。据瑞信研究报告显示，在2008年金融危机之前，这些新兴经济体对全球财富总量的贡献并不显著。同时期，北美及欧洲的新增百万富翁的财富总额占全球财富总额的80%。自2008年以来，欧洲的百万富翁数量随着欧元对美元汇率的波动而波动。同时，欧洲新富豪的增长数量仅占全球增长人数的1%。与之相反，近一半的新百万富翁来源于北美，约1/4来自中国，还有约10%来自其他新兴市场。自2008年以来，包括中国在内的新兴经济体占了全球实际财富增长的2/3，是北美贡献的两倍。2019年，在全球最富裕的10%人口中，中国占1亿人，首次超过美国的9 900万人。新兴市场正逐步取代成熟市场，成为相当一部分新百万富翁的来源。

在此背景下，新兴市场的财富份额将长期保持稳定增长。1999年，亚洲和其他发展市场仅占全球财富份额的9.3%。2009年，上述份额飙升至17.3%；到了2019年，更是一路跃升至25.3%。经济水平的不断提高扩充了全球富裕人群的规模。1999年至2019年年末，全球百万富翁的数量（以美元计）增长了近三倍，从890万人增至2 400万人。目前，百万富翁群体手握全球金融财富总量的50%以上（以名义增长率计）。

从长期财富与国内生产总值（GDP）比率来看，随着全球经济联动效应日益增强，那些成功解决制度和金融板块缺陷，从而成功提高财富与GDP比率的国家，将成为跨地域财富市场的明日之星。这可以带来一个财富增长刺激GDP增长，从而进一步增加财富的良性循环。在新兴经济体之中，中国、印度和越南提供了这一良性循环运作的实例。

## 三、全球财富东移，亚太区上演重头戏

放眼全球，各个经济体的财富总值均有不同程度的增长，而亚洲的私人财富规模和高速增长，令其成为财富管理机构竞相角逐的战略市场。如果地区财富继续保持预期增速，到2023年，亚洲私人财富池的规模有望比肩西欧水平。

瑞信亚太区首席投资官约翰·伍兹（John Woods）表示[1]，截至2019年，亚太区（包括中国和印度，不包括日本）的家庭财富总值达到约141.2万亿美元，在约360.6万亿美元全球财富总值规模中占比最高，亚太地区已经成为全球规模最大的财富聚集区。2019年，中国和印度的家庭财富总值分别增长3.1%和5.2%。其他地区财富总值也有所增长。北美家庭财富增加了近4.1万亿美元，其中约3.9万亿美元来自美国。尽管美国仍居全球榜首，中国紧随其后，但两国的相对差距可能在缩小。

据预计，到2024年，亚太区百万富翁人数将达到1 910万人，比2019年年中的1 270万人增加50%。同时，预计到2024年，全球百万富翁人数将增加34%，欧洲和北美分别增加35%和24%。同时期，亚太区超高净值人士数量将增加约21 300人，相当于年均增长8%，总数达到近66 000人，其中42%将来自中国。同时，全球超高净值人士数量将每年增长6.5%，北美和欧洲分别每年增长6.6%和6%。尽管金融资产在全球总体财富增长中占39%，但非金融资产增速超过金融资产，占中国、欧洲和拉美新增财富的主体，而在非洲和印度几乎占新增财

---

[1] 瑞信研究院：《2019年全球财富报告》，2019年。

富的全部。①

2020—2025年，亚洲私人财富将以9.4%的复合年增长率增长，达到58.2万亿美元，增速为同期各地区之最。与此同时，其他地区也将迎来可观的财富增长，不过基数要小得多。预计到2023年，拉美地区私人财富将激增8.2%，财富总额达到7.7万亿美元。非洲和中东地区紧随其后，总体私人财富有望激增7.7%，至7.6万亿美元。同一时期内，东欧和中亚地区的总体私人财富将增长7.6%，至4.7万亿美元。大洋洲私人财富将增长5.8%，至5.9万亿美元。

就成熟市场而言，北美地区的财富大量投资于股票端，自2019—2024年，增速可能将维持在-0.6%~3.7%，具体须视疫情对全球经济的破坏程度而定。另外，由于现金和存款在西欧财富中的权重较高，相对于股票波动较小，因此预测该地区的财富增长相对稳定，将在1.6%~3.6%之间运行。

2020—2025年，西欧地区的平均GDP增速将低于近20年的平均水平，该地区的财富增长不太可能超越北美。高净值和超高净值人群仍将是北美地区增长最快的财富客群。同时，富裕阶层将成为亚洲、西欧和中东地区增速最快的财富人群。

波士顿咨询公司报告预测②，未来5年，亚洲的富裕人士将以复合年增长率6.0%~8.7%的较高速度增长，财富规模从5.7万亿美元，增至2024年的6.5万亿美元。宏观经济数据显示，未来5年，亚洲地区（除日本以外）的整体财富水平将以每年5.1%~7.4%的速度增长。如果这一预测得以实现，2021年，亚洲将取代西欧成为全球第二大富裕

---

① 瑞信研究院：《2019年全球财富报告》，2019年。
② 波士顿咨询公司：《BCG 2020年全球财富报告》，2020年。

地区。由此趋势来看，亚洲地区的新兴市场在财富管理领域比肩甚至赶超欧美等成熟市场，或许只是时间问题。

## 四、跨境财富格局悄然转变

近20年来，跨境财富始终保持长期稳健的增长态势，从1999年的3.1万亿美元，一路猛增至2019年的9.6万亿美元。此处对"跨境财富"的定义是登记在个人居住国以外的资产。历史经验表明，经济危机通常会在短时间内推高跨境资本流动。本次新冠肺炎疫情是否将引发类似转移，取决于疫情冲击对企业流动性的影响程度、主要市场是否将持续经历经济和政治的双重震荡，以及各国政府是否采取更为有效严苛的财政政策以缓解危机给经济社会带来的冲击。

因为疫情对全球跨境财富流动的影响尚不明晰，所以全球跨境财富来源和去向无疑正在发生重大转变。由于新兴市场的高净值人群流动性与日俱增，因此跨境财富格局正经历深刻转变。这些高净值人群游走于亚洲、欧美和其他地区，寻找创造和保持财富的机会，他们的部分资产也以房地产和金融投资的形式随之流动，跨境财富管理的服务需求随之上升。20世纪末，西欧地区的跨境财富流动几乎占全球跨境财富总值的一半。到2019年，西欧的跨境财富已经降至24%，预计将于2024年进一步下滑至20%以下。据波士顿咨询公司数据预测，到2023年，亚洲地区跨境资产规模将会是目前规模的1.5倍，约占全球跨境资产总额的37%，较2018年的31%上升了6个百分点。到2024年，亚洲地区的跨境财富或将占到全球份额的40%。同一时期，西欧跨境资产规模在全球跨境资产总额中的占比将从26%下跌至20%。

从记账中心来看，瑞士依然是全球最大的跨境财富目的地，份额约占全球跨境总财富的 1/4。据波士顿咨询公司研究数据显示[①]，由于中国和亚洲其他新兴市场的富裕人士资产增长较快，中国香港正成为跨境财富管理的新高地。目前，流通于香港市场的财富份额约占全球跨境总财富的 17%。新加坡紧随其后，是全球跨境财富的第三大枢纽，2019 年的记账总额超 1 万亿美元。

跨境资产的地理位置转变将对全球资产配置产生深远影响。预计未来，位于或靠近发展中地区的跨境中心将吸引越来越多的私人金融财富。目前，中国香港和新加坡两地记账的跨境资产总额，已经追平全球第一大跨境中心瑞士。波士顿咨询公司的数据显示[②]，到 2023 年，两地的总体规模将突破 3.3 万亿美元。当然，跨境投资的持续增长背后的因素有多种，尤其体现在新兴经济体，个中因素包括资产安全和隐私的考虑，避免货币贬值，以及通过国际分散化投资以获取更稳定收益。例如，近年印度尼西亚和阿根廷等国推出税收赦免政策后，跨境资产申报随之增多，但海外资产回流情况并未改观。

随着全球财富自西向东转移，跨境银行应与国内银行紧密合作，加强私人财富服务能力，满足国内外不断扩大的跨境资产配置需求。尤其在以中国为首的新兴经济体中，本土银行可以致力于打造综合跨境产品和服务，并在目标跨境中心寻找合适的合作伙伴。通过建立合作关系，本土银行能够获取必要的国际业务专长，同时可为跨境银行提供本土市场知识，从而提高双方的整体客户服务水平。

专注跨境业务的金融中心应重新审视自身增长战略和价值主张。高净值人群倾向于从邻近本国、有共同文化和语言，或有大量移民群

---

[①] 波士顿咨询公司：《BCG2020 年全球财富报告》，2020 年。
[②] 波士顿咨询公司：《BCG2018 年全球财富报告》，2018 年。

体的金融中心寻求跨境服务。许多成熟跨境中心远离经济高增长地区，因而需要将自身定位为有吸引力的商业和休闲旅行目的地，并利用数字化技术实现与客户的密切虚拟互动。2020年6月，《海南自由贸易港建设总体方案》出台，海南国际离岸金融中心的建设被提上议程。随着金融开放和创新相关配套政策落地实施，海南有望成为我国离岸金融、跨境金融的下一个"出海口"；而区别于上海、香港及其他区域金融中心，海南自贸港根据其得天独厚的地理格局，将"国际旅游消费中心"纳入核心竞争力，无疑是因地制宜的明智之举。

## 五、新富崛起，中国成为新赢家

尽管受到新冠疫情冲击，但中国经济仍呈现出强大的韧性和复苏能力。中国成为2020年为数不多实现逆势增长的国家之一。在动荡的国际形势下，全球经济下行压力持续、境外投资收益不及预期。中国保持相对平稳的发展势头，"一带一路"倡议和国内资本市场的加快推进开放，为中国经济发展开创了难能可贵的新机遇。在此背景下，更多高净值人群将目光投向中国的市场，并考虑将投资重心转向中国境内。

回顾过去30年，中国的资本市场发展迅速，股票市场和债券市场不断得以完善。截至2018年，上海证券交易所已跃居世界第四大交易所。目前，中国深圳证券交易所和香港证券交易所也位居前10名。得益于全球化带来的历史机遇、高水平开放的政策推动以及本土企业家的努力奋斗，中国民营企业家队伍不断壮大，构成了中国高净值人群的主体。

与此同时，国内产业转型及升级不断为中国经济发展注入新的动能,成为财富增长的又一重要源泉。随着中国经济进入结构优化、动力转换的"新常态",产业转型升级将释放巨大的市场增长空间。一方面,在移动互联网和人工智能的赋能下,传统行业加快转型升级的步伐;另一方面,在全面实施新兴产业发展规划的背景下,大数据、云计算、物联网、生物制药、新能源等新兴领域将加快规模化、集群化。而在政策层面,证监会、港交所等监管机构先后出台多项有利政策支持"新经济"企业,帮助符合条件的企业迅速成长,加快上市进程。据招商银行和贝恩公司的研究数据显示[1],新经济崛起下的股权增值效应,使得以企业中、高级管理层和专业人群为代表的新富群体迅速涌现,占全部高净值人群的比例由2017年的29%上升到36%,规模首次比肩创富一代的企业家群体。

在这样的背景下,中国财富市场的规模不断扩围。截至2019年年底,中国高净值人群总量超过140万人,较上一年增长近7%,成为带动亚太地区乃至全球财富增长的强劲引擎。据机构数据显示[2],中国目前的百万富翁人数为440万(按美元百万富翁人数计),人数仅次于美国。财富超过5 000万美元的超高净值人群的数目超过18 000人,全球排名第二位。预计到2024年,中国百万富翁人数将接近690万。

放眼全球,中国财富市场的增长趋势首屈一指。从成人平均财富来看,瑞士仍以564 650美元高居成人平均财富榜首,其次是中国香港。澳大利亚和新加坡,分别排名第四和第六位。据瑞信2020年的报

---

[1] 招商银行,贝恩公司:《2019中国私人财富报告》,2019年。
[2] 中国银行业协会,清华大学五道口金融学院:《中国私人银行发展报告(2020)暨中国财富管理行业风险管理白皮书》,2020年。

告显示[①]，2020年上半年，中国人均财富将继续攀升4.1%，并将在2020年下半年以及2021年继续保持相对强有力的增长态势。2019年年底，中国成年人（10.99亿）人均财富达到70 962美元，包括44 349美元房地产资产、34 008美元的金融资产以及7 395美元的平均债务。这意味着，2019年中国成人财富增长速度为12.8%（前5年平均涨幅为8.8%）。截至2019年年底，中国已经有580万名百万美元富豪，财富超过5 000万美元的超高净值成人多达21 087人，超过了除美国以外的任何国家和地区。

近两年，中国金融市场进一步扩大对外开放，对财富管理市场的完善起到铺垫与推动的作用。2019年1月，中国宣布将合格境外机构投资者（QFII）的投资额度提升一倍。2019年3月，明晟公司（MSCI）宣布将A股在MSCI指数中的纳入因子从5%提升到20%，全球资本积极加大对A股的配置，预计会给A股带来千亿美元的增量资金，外资流入有望创下历史新高。伴随A股估值回归、科创板设立、经济企稳等利好因素，越来越多的高净值人群将投资重心转向中国境内。如何抓住中国的利好窗口，实现较好的投资回报，成为高净值人群近些年最关注的问题之一。

随着国际形势动荡，国际市场不确定性增强，海外高净值人群的资产安全和人身安全都存在重大不确定性。2018—2020年，全球有约90%的主要资产类别出现年度负回报，高净值人群境外资产存量下滑，高净值人群对境外投资回报率预期降低。同时，高净值人群境外资产配置占全部可投资资产的比重下降。许多高净值人群表示，对境

---

① 瑞信研究院：《2020年全球财富报告》，2020年。

外市场缺乏深入了解，加之近两年国际经济政策形势不确定因素增加，境外配置较以往更加保守和审慎。相较之下，中国保持着相对平稳的发展势头，加之资管新规及金融市场改革深入推进，中国高净值人群的境外配置意愿有所降温，"回归本土"日益成为他们的下一步战略考虑。

据莱坊国际（Knight Frank）最新研究数据显示[①]，在国内资本市场加快开放、"一带一路"倡议稳步推进等多重因素的驱动下，越来越多的中国高净值人群的投资重心重归国内市场，国内财富管理服务将承接这个日益庞大的高净值人群不断提升的财富管理需求。"一带一路"倡议自2013年提出以来，现已覆盖全球超过2/3的国家，不断刺激新的创富空间和发展机遇。"一带一路"通过跨国互联互通，展开国际产能合作，拓展了中国能源供给空间，推动中国产品和技术"走出去"，同时，也促进了西部地区开发，实现劳动密集型产业梯度转移，深化产业升级转型，驱动区域发展再平衡。未来，"一带一路"倡议预计将覆盖更多国家及地区，而"数字丝绸之路"的快速发展，叠加促进电信、互联网等新经济企业加快海外布局，将在更大范围创造商机。正如马来西亚兴业银行研究所经济学家白文顺（Peck Boon Soon）指出："预计未来一段时间，中国仍将是区域经济和财富增长的驱动力，与中国有紧密联系的国家应该能够搭上下一波增长的顺风车。"

中国香港作为境外投资市场的窗口，在香港国安法的规制下，受关注程度明显提升。自2020年6月香港国安法颁布以来，香港社会恢复稳定，为资本市场提供了更多财富创造的机会，也巩固了国际投资

---

① Knight Frank: *The Wealth Report 2020*, 2020.

者对港区平稳发展的预期。与 2017 年相比，2019 年中国香港作为境外投资目的地的提及率从 53% 提升至 71%，上扬了 18 个百分点。中国香港在具备健全的法律体系、国际化语言与文化沟通的优势上，更进一步加快了上市制度创新，成为 2018—2020 年境外资金的主要聚集地。具体而言，2018 年 4 月，港交所出台新的上市制度，允许尚未盈利的科创公司及采用不同投票权架构的公司上市；同时，为内地的新经济概念企业及独角兽企业提供全域开放的首次公开募股（IPO）绿色通道。同一时期，沪港通、深港通的投资额度也扩大了 4 倍。2018 年，登陆港交所的内地企业数量突破 90 家。2019—2020 年，中资企业尤其是房地产企业，在香港市场发行的以美元计价的企业债增多。境内投资者对于底层资产了解程度相对较高，配置积极性较高，优质投资标的增加进一步促使高净值人群境外投资向中国香港市场倾斜。

与对中国香港的关注度提升相对应的，是高净值人群对美国、澳大利亚、加拿大、英国等的投资热度均出现下降。究其背后原因，大致有三个方面：一是中美经贸摩擦、英国脱欧、疫情扩散等国际政治经济局势的不确定性加强，导致投资者担忧情绪明显增强；二是加拿大、英国、澳大利亚等国通过征收房地产附加税等形式，抬高了外国投资者的投资门槛；三是随着"共同申报准则"（Common Reporting Standard）的实施推行，境外财富透明化趋势加强，进一步降低了高净值人群对于西方国家市场投资的热情。

## 六、数字化一代，财富的内涵不再只是金钱

历史的车轮滚滚向前，财富故事的新情节已经浮出水面。随着高净值及超高净值人群的规模不断扩大，并越来越呈现年轻化、多样化

和全球化的趋势，财富管理机构也应适时调整其服务预期。那些过去20年撼动财富管理行业的颠覆性趋势，将在迅猛的数字化以及知识与能力兼备的客户群体的推动下，以势不可挡的力量加速向前推进。从很多方面来看，未来20年最具颠覆性的力量，也许将会是变化速度本身。

随着技术变革，明日世界被描绘为充斥着机器人、可植入设备、全息影像以及其他数字技术应用的智能时代。诚然，这些技术都会成为我们日常生活中的重要元素，但是财富管理对未来的期许并没有这么复杂。财富人士最想要的始终是更简捷、更便利的双向互动。卓越的业绩表现固然不可或缺，不过要实现这一目标，财富管理机构需要的不再仅仅是可观的财务回报，不再仅仅是建立与客户之间的信任，还有维持这段持久信任关系，并将财富管理以卓有成效、灵活可控的方式加以运作的能力。

预计到2040年，数以亿计的联网设备将创造出以泽字节计量的巨量数据，并持续以惊人的速度刷新数据流的吞吐量。嵌于手机、家庭和工作场景中的智能设备将以超出人类认知的方式处理这些数据。海量的信息与知识触手可及，但是客户也将比以往更加需要深度的洞察。在一个信息无比丰富的社会，最匮乏的往往是理解这些信息的时间。

20年后，财富管理将呈现怎样一幅图景？当X世代（1965—1980年出生的一代人）步入退休年龄，Y世代（1980—1995年出生，又叫"千禧一代"）将迎来收入高峰时段，而Z世代（1995—2010年出生），数字技术的"原住民"，则将继续在职场中摸爬滚打。如果说过去一个世纪，财富管理的典型客群是50多岁的欧美白人男性，那么这种刻板的印象将在未来遭到彻底颠覆。正如波士顿咨询公司和陆金所的最新研究报告表明[①]，未来女性财富的增长速度或将超越男性。前所未有的趋势还包括，新兴市场的财富积累速度将赶超成熟市场。

可以预见，随着全球经济不断增长，更多人将得以分享财富的红利。青出于蓝的 X、Y 和 Z 世代，在教育背景和经济实力方面都将胜于先辈。而他们的后辈所生活的时代，将是一个更为快节奏、动态化、碎片化的全球与两极化时代，经济和地缘政治动荡将进一步加剧。我们的后代所看到的世界版图，将是一个介于信息共享与信息隐私之间的灰色地带。对于年轻一代而言，财富将不仅仅意味着金钱。财富的内涵，将更多关于意义、使命和连接，以及让世界变得更好的能力。基于这一出发点，我们的未来或许将与财富管理机构的预期大相径庭。机构正面临前所未有的挑战与机遇。

未来 20 年，财富管理机构的模式将进一步拓展并重新聚焦新的服务范畴，人类与机器之间不可逾越的界限将逐渐模糊。随着客户需求的转移，财富管理机构的服务与客户互动将呈现多种方式与路径。

在不久的将来，自动化系统、机器人和聊天机器人将辅助完成很多繁重的工作，在快速响应和可预测性体验方面发挥更多优势价值，满足客户的日常需求。但是，如果高效智能的机器人和聊天机器人取代了部分客户经理的职位，能够留在服务端的那部分人将经历职能的转变与拓展，新的职位也将随之出现。

现如今，财富管理机构的价值不仅体现在服务的广度或相关专业的精通上，更体现在对客户复杂需求的个性化关注，以及如何及时、有效地满足这些需求，这就需要深度的洞察与理解。据专业机构的分

---

[①] 波士顿咨询公司，陆金所：《全球数字财富管理报告 2019—2020：智启财富新未来》，2020 年。

析，未来财富管理的重点不仅仅是提供优质的产品和解决方案，保持紧密的客户关系、谙熟客户所处的环境和生活背景、平衡个人客户的需求与隐私，也将具备同等的重要性[①]。

因此，是否具备对客户和市场的深度洞察并迅速提供有效解决方案的能力，将成为顶尖机构与其他机构相区别的试金石。从众多竞争者中脱颖而出的机构，不仅能够通过自身和外部伙伴收集信息，还应擅长诠释数据，并根据从数据中洞察到的信息采取行动，做出即时、规模化的部署。迅速有效的数据处理能力能够使财管机构有效辨识不同类型的客户，并因势利导，采取灵活行动。

但是，无论数字技术应用变得如何智能和强大，人与人之间的互动、信任和个性化的关系依然是财富管理的基石。这一点对需求更为复杂的高净值人群而言尤为重要。人类的判断力、创造力和同理心，依然是建立相互信任且富有意义的客户关系的立足点，无论是智能机器人、仿生人还是人机交互，都无法从根本上取代人际关系的这个特质。可持续的财富管理不是从深度的洞察和交流开始，而是从信任的建立开始。波士顿咨询公司的研究报告显示，信任永远是客户关系的基石，而单纯依靠管理平台和数字化解决方案远不足以建立人与人之间的信任。

## 七、着眼未来，机构如何蓄势制胜

未来 20 年，财富管理行业的弄潮儿是谁？答案很明确：是那些站

---

[①] 波士顿咨询公司：《BCG2019 年全球财富报告》，2019 年。

在时代前沿的财富管理机构，它们能够把握时代的脉搏，在潜在的客户需求浮现之前，准确预判相应的解决对策，并提供有效的支持。但具体该怎么做？

波士顿咨询公司发布的《BCG2021年全球财富报告》认为[1]，除了要确保营收利润以外，财富管理机构还必须为未来20年的渗透性变化做好准备。有鉴于此类变化的普适性，机构应客观审视自身的业务定位，确保自己有能力提供差异化的客户价值，凭借足够的竞争力在日益拥挤的财管行业立于不败之地。具体可从如下三个方面采取措施：

其一，回应个性化需求。本次新冠疫情为财富管理机构提供了一次千载难逢的承压测试。危机时期，对如下问题做出怎样的回答，将对未来的财管行业格局产生不可估量的影响：怎样的财富咨询能够满足客户需求？财富顾问是否应采取更加积极主动的策略？财富管理服务与私人生活的边界在哪里？虽然我们仍处在疫情危机投射的阴影下，但不断升级的财富需求倒逼行业变革的紧迫性毋庸置疑，而个性化是制胜新一轮竞争的关键所在。能够从众多竞争者中脱颖而出的，将是那些能够在正确的时间提供合理解决方案的机构。这类机构将洞悉客户偏好回报的次数和频率，把握特定互动的方式和时长，深谙何种情感基调或风格最合时宜。通过对客户性格与喜好的敏锐理解，机构能够从中洞察关键信息。对这些信息加以合理利用，财富管理机构可以挖掘出别样的投资主题、灵活有效的交互方式，以及富有参与感的专属产品和服务。当然，面对现实中错综复杂的客户诉求，想要在业务

---

[1] 波士顿咨询公司：《BCG2021年全球财富报告》，2021年。

范围内提供个性化的解决方案，机构需要首先对客户有全息照相式的理解与分析，从中找寻最高效可行的服务路径。这就意味着，机构要有卓越的数据分析能力，以及在个人渠道与数字化渠道之间轻松切换的能力。

其二，实践ESG及影响力投资。在后疫情时代，建立一个能够承受危机、防止崩溃，同时确保经济体系完好运转的社会体系显得比以往任何时期都重要。也因为如此，投资于那些整合社会和环境风险、为利益相关者而不仅仅是短期股东服务的公司也更加凸显其价值。在此次疫情冲击下，ESG与影响力投资为企业管理者与投资者开辟了一种新思维和新契机。ESG是指环境（Environmental）、社会（Social）和治理（Governance）三个方面的因素。这三方面的因素可能对投资回报产生实质性影响。在传统的财务分析和技术估值之外，通过评估ESG因素，可以更全面深入地评判投资中潜在的风险和机会。通常，我们对影响力投资的定义是"通过对公司、组织和基金的投资，在获得财务回报的同时，对社会、经济和环境产生可以衡量的积极影响力"。在对影响力投资的考量中，产生正面影响力是必不可少的。

随着企业加深对责任和影响力投资的意义，立足于未来与价值创造的财富管理机构，需要在稳健、合规的前提支持下，提供价值多元化的投资策略，在创造可评估的社会或环境效益的同时，实现可观的财务回报。虽然财富管理机构短期内面临诸多挑战，但缺少评分模型或相关数据等现实问题，不应成为阻碍打造富有建设性的责任投资组合的理由。机构应鼓励客户经理与客户探讨可持续发展的价值与目标，并为其提供相关培训与激励机制。同时，要想在责任投资标准方面出类拔萃，机构需要将责任投资标准体现在内部规划之中，并在投资中加以实践和落实。

其三，数字化整合。由于高净值人群的需求通常不像超高净值客群那么复杂，所以财富管理机构能够快速推广，实现规模化服务。财富管理机构可以利用高净值客群完善概念验证，并利用其开发的技能和解决方案，将相关数字化产品推向高净值客群。要想在日益盘根错节的行业生态圈内制胜，财富管理机构必须完善B2B合作能力，并制定企业间的解决方案，包容并适应多元文化。数字化技术和生态系统的存在让财富管理机构能够以较低的成本获取营收。财富管理机构可以建立具备全球视野的家族办公室，或面向不同客群的定制类产品，为其客户开辟更多潜在的投资领域。鉴于高净值及超高净值人群的庞大规模、增长潜力和众口难调的需求，面向高净值人群的策略可能极具前景。当然，这些能力不可能一蹴而就。财富管理机构现在就应着手开展能力建设，以期降低风险并把握最具吸引力的机遇。

未来的机器学习分析工具能够帮助机构从支离破碎的信息中建立有意义的关联，提示潜在的客户机遇。据波士顿咨询公司研究报告分析[1]，嵌套于分析模型之中的可视化工具，可为咨询顾问赋能，使其更加直观地感受不同情景的优劣与收益。继而，客户经理可以借助过滤器，搜索能够满足客户投资重大关切的标的资产，并与客户分享备选清单。通过这种策略，财管机构能够在一开始就为客户提供匹配度最高的精选方案，而无须拿出令人眼花缭乱的产品让客户不知所措。在过去，受限于部署成本，这种水平的产品定制无法成为现实。但是，随着技术的进步，如今财富管理机构可在极短的时间内，以极低的成本提供量身定制的产品组合。

---

[1] 波士顿咨询公司：《BCG2020年全球财富报告》，2020年。

在生态系统合作关系赋能和拓展方面,并购发挥着重要作用。未来数年内,财富管理行业将出现多轮合并与洗牌的机会,收购价格也可能会有所下降。但是,由于财富管理中的许多并购交易都需要时间与交流的积累,与当前所有人建立信任,因此成功的交易往往需要采取主动且持续的指导方针,即谋求部分资产增长、其他资产在最佳时机退出的战略。

## 第二节　进击的资管行业与金融变革

2020年中国虽然受到新冠疫情冲击，但经济仍然呈现强大韧性和复苏能力，成为为数不多实现逆势增长的国家之一，财富市场规模持续扩大。据光大银行与波士顿咨询公司联合发布的中国资产管理市场报告统计[1]，2020年中国境内资产管理（简称资管）市场的资产管理规模已超过百万亿元人民币，增速为全球之最。

得益于全球化进程带来的历史机遇、有序开放的国家政策以及企业家群体自强不息的创业精神，本土民营企业家队伍不断壮大，构成中国高净值人群的主体。据毕马威调研统计，高净值人群的财富积累有超过七成来自实业公司经营，约7%来自继承，另有约14%和8%的资产分别来源于金融投资（包括房地产投资）和高水平薪酬收入。胡润研究院的最新报告显示[2]，2019年中国600万~1 000万元人民币资产的"富裕家庭"数量已突破500万户，年增长率为1.4%，总财富达146万亿元，是当年GDP的1.5倍。拥有1 000万元以上资产的"高净值家庭"比上年增加2%。拥有亿元资产的"超高净值家庭"比上年增加2.4%，总财富为94万亿元，占比64%。截至2019年年底，中国高净值人群总量达132万人，较上一年增长近6.6%，成为带动亚太区乃至全球财富增长的强劲引擎。预计未来10年，中国将有17万亿元财富传给下一代，未来20年将有42万亿元财富传给下一代，未来30年将有约78万亿元财富传给下一代。在此背景下，中国资管市场将迎来

---

[1] 光大银行，波士顿咨询公司：《中国资产管理市场2020》，2020年。
[2] 胡润研究院：《2020胡润财富报告》，2020年。

巨大的机遇与挑战。

## 一、政策监管引导资管业秩序重构

近几年，严监管俨然成为中国资产管理行业的关键词。从 2017 年开始，监管机构相继针对银行、公募、私募、保险等出台了一系列金融监管政策，降低金融杠杆、打破刚性兑付（简称刚兑）、去通道，防控金融风险，规范投资和交易行为，机构在各项资产新规的框架范围下逐步走向规范。此前一段时间，境内资产管理业务跨越不同金融市场，各个金融行业和市场交叉领域的矛盾较为集中，市场不乏乱加杠杆、多层嵌套、刚性兑付等问题，积聚了一定的金融风险。资管行业经历了金融过度自由化、影子银行滋生和近乎泡沫化的野蛮生长期。资管新规的正式出台，使资管行业监管标准和规则得以统一，资管业务在高屋建瓴、正本清源的政策引导下迎来了转折点。

自 2018 年 4 月 27 日《关于规范金融机构资产管理业务的指导意见》（以下简称《资管新规》或《新规》）发布以来，中国银保监会和中国证监会分别出台针对银行、信托、保险、私募基金、证券、期货等机构的监管细则，资管行业得到全面规范。《资管新规》及其实施细则的出台，开启了中国财富管理市场重塑格局的进程。在实施细则的明确规范下，私人银行理财、信托、保险、券商资管、公募基金、私募基金和期货等大类资产得到了不同程度的调整，各类资管业务发展态势稳健，逐步各安其位，回归本源。

2019 年，针对资管行业的监管方向可概括为统一监管、模式升级和数字化建设三个方面，三条主线相辅相成，促进资管行业高质量发展。第一条主线是细化资管新规体系，补充配套措施和实施细则，进一步统一监管框架；第二条主线是推动资管业务与服务模式创新，如发放基金投资顾问（简称投顾）牌照试点等；第三条主线是拥抱科技建设，自上而下引导资管行业借力数字化机遇。

尤其就第二条主线而言，新规要求主营业务不包括资管业务的金融机构，设立具有独立法人地位的资产管理子公司以开展资管业务，强化法人风险隔离（《资管新规》第13条）。这是监管层首次明确要求商业银行等金融机构成立资管子公司开展资管业务。自此，资管子公司的发展空间得以廓清，这将推动资管业务朝着专业化、综合化方向发展。

截至2020年年末，已有24家银行资管子公司获批筹建，20家开业。设立资产管理子公司具有四个方面的深远意义。

其一，实现真正的风险隔离，有利于净值管理、打破刚性兑付。资管业务是表外业务，风险更具有隐蔽性。从行业长远发展的角度，设立子公司可以在银行资产管理业务和主营业务之间建立起风险防范的隔离墙。

其二，提升资管业务的专业性。资产管理子公司作为独立的法人机构，在账户开立和托管、产品投资等方面获得平等准入的公平待遇，同时具有独立的人财物资源配置权、考核及激励机制，有助于引入市场化机制，推动资管业务在产品设计、风控、投资研究管理等方面更加专业化运营。

其三，完善体制架构，防止监管套利。银行设立资管子公司可以为其理财业务提供相对独立的运作平台，有利于拓展银行资管业务的边界，从长远上推进财富管理业务向合规、稳健的方向发展。站在政策监管层面，资管子公司获得独立的法律主体资格的同时，需要接受统一的监管标准，这就有利于减少监管真空和套利，避免银行将理财业务作为调节资产负债表和监管指标的工具，防止指标造假和监管数据失真，消除潜在的系统风险。

其四，深化金融体制改革。资管子公司设立后，可根据业务发展需求，吸引外部投资者，进行混合所有制改革，使国有资本和非国有资本在经营过程中实现优势互补，推动财管机构的整体治理机制优化；同时，资管子公司的运作形式有利于防范化解主体风险，契合国际通行原则和业务成熟发展规律。

随着中国进入"稳增长，促转型"的实体经济发展阶段，在对外持续推进开放的同时，金融业供给侧改革也在不断深化。一系列宏观调控举措为金融行业带来良好的外部环境，推行供给侧改革将加速各类资管业务的迭代升级。2020年，政策进一步放宽外资市场准入条件，并取消金融机构外资持股比例限制，银行、保险、证券、基金等行业在更为全面开放的政策环境下加速竞合与业务优化。随着金融改革的持续推进、制度架构和监管要求进一步细化，中国百万亿元规模的资管市场也将进入结构深化的关键阶段。

## 二、市场结构优化吸引资本回归

截至2019年年底，中国资管市场规模超过110万亿元人民币，相比2018年的107万亿元增长了3%，这一止跌的发展态势标志着资管市场已从转型阵痛中重拾增长，进入行业结构调整的深水区。据统计[1]，中国资管市场的资金端目前仍以零售为主，但在2015—2020年，

---

[1] 光大银行，波士顿咨询公司：《中国资管系列报告之2019》，2019年。

保险与养老等中长期机构资金占比从22%跃升至27%，养老产业的投资规模增速尤为明显。而在供给端，银行理财、保险、信托、券商、基金和期货等大类资产都经历了不同程度的调整，资管业务逐步回归本源，发展态势稳健。

据中国银行业协会的最新数据显示[①]，截至2019年年底，境内银行理财总规模达23.4万亿元，同比增长约6.2%。保险规模达20.56亿元，同比增长12.2%。信托资产规模为21.6万亿元，同比下降4.9%。公募基金与私募基金资产管理规模分别为14.77万亿元和14.31万亿元，分别同比增长13.29%和10.78%。基金及子公司专户理财规模达8.53万亿元，同比减少24.5%。券商资管资产规模达10.83万亿元，同比降低18.9%。期货公司资产管理业务总规模达到14.29亿元，同比增长12%。未来中国资本市场的改革发展重点，在于优化资产管理内部结构，由银行理财主导的资管供需格局将转变为各类资产产品共同繁荣的格局。

自2019年以来，全球经济环境和国际局势的不确定性，使得境内高净值人群开始改变以往的投资习惯。首先，做多元化资产配置的意识有所提高，更看重投资的稳健性、安全性与流动性。据光大银行和波士顿咨询公司的研究报告显示[②]，面对复杂投资环境和多元配置需求，约有七成的高净值人群选择与三种或以上类型的资管机构合作，以满足更加多元化的资产配置需求。高净值人群深刻体会到，以往依赖单一资产快速赚取高收益的时代早已过去。如今他们更看重财富与资产管理机构的专业性，对产品筛选、资产配置、风险控制和客户体验四大专业能力要求有进一步提升。其中，具有良好口碑的商业银行普遍

---

① 中国银行业协会：《中国私人银行发展报告》，2020年。
② 光大银行，波士顿咨询公司：《中国资管系列报告之2020》，2020年。

受高净值人群的认可，在资管市场占有率方面呈现出显著优势。与此同时，随着境外经济政治局势不稳定因素增多，相比以往热衷境外投资，高净值人群更关注境内投资机会，境外投资占比下降。

在全球经济增长放缓、市场波动加大的背景下，高净值人群对市场的不确定性认识加深，避险情绪加强，对市场风险的敏感度显著上升。过去两年受国际市场波动影响，中国经济和财富市场增速略有放缓，资产安全和资产传承将成为高净值人群两个主要的财富目标。据贝恩公司调查结果显示，在多个单一资产类别出现亏损的市场教训下，高净值人群体会到投资需要在风险和收益间不断做出权衡，无法再借助单一、热门资产企图一劳永逸，财富需要进行专业且长期的配置，并进行动态调整才能保值、增值。

经历新冠疫情期间经济和金融市场的多重挑战，中国高净值人群的财富管理理念进一步趋于成熟理性。据波士顿咨询公司2019年资产管理报告①，从投资收益率预期来看，高净值人群意识到获得与过去两年同等收益率的困难不断增加，对收益率预期进一步降低。其中倾向于"高出储蓄收益即可"的人士占比增加至30%，为过去10年的最高值；而偏好"中等收益率"的人士比例稳定在65%左右。不少高净值人群表示，越来越能够接受单个资产类别的投资收益出现波动。

近年来，随着中国经济的发展以及政策的引导，环境、社会及治理（ESG）投资在中国受到了更多的关注。根据明晟公司发布的最新研究报告显示，2019年MSCI（Morgan Stanley Capital International Index）

---

① 波士顿咨询公司：《2019年全球资产管理报告》，2019年。

中国指数成分股的 ESG 评级与 2018 年相比有所提升[①]。中国经济的日益成熟是推动中国企业 ESG 绩效提升的重要因素。随着中国经济降低其低端制造业的比例，中国需要更多高技能人才以加快转向服务和技术驱动的经济模式。而消费者需求的转变，为那些愿意对更高质量、满足消费者新预期的产品及服务投入资源的公司提供商机。尽管当前中国 ESG 投资仍处于萌芽阶段，整体规模和市场渗透率较小，但增长速度可观。ESG 投资在中国的发展将推动企业更加注重长期社会价值的实现，同时对资本市场起到良性调节作用。未来 20 年，资管机构的模式将进一步拓展并重新聚焦，随着客户认知与需求的转移，机构服务与客户互动之间将呈现多样化的演进路径。

## 三、洗牌期催生差异化竞争

面对金融业开放带来的激烈竞争以及资管新规带来的制度重构，中国资管市场将在挑战和压力中释放出更大的上升空间。2019—2021 年受疫情牵制，市场环境愈加复杂，风险事件频发，致使客群在选择资管机构时更加审慎，重视机构业绩水平的倾向更为明显。因此，对于已建立较成熟服务能力及专业体系的资管机构，如果能够在关键时期有效应对市场挑战，将会迎来新的发展机遇。

据波士顿咨询公司调研报告预计[②]，2019—2024 年境内资管机构将迎来重大的收入增长机遇。然而，鉴于不同财富客群的投资需求差异，

---

① 夏宾：《2019 年 MSCI 中国指数成分股的 ESG 评级有所提升》，中国新闻网，2019 年 10 月 10 日。
② 波士顿咨询公司：《2019 年全球资产管理报告》，2019 年。

有必要打造针对性的覆盖模式，机构需要在成本控制内强化战略聚焦，才能充分发掘增长潜能。机构如果一味依赖基本和传统业务，注重产品销售而非以客户为中心的服务，将会遭遇业绩停滞甚至衰退。为了推动资产管理规模和收入的增长，机构的明智之举是制定针对关键客群和市场的明确战略。

2019年，中国资管机构格局产生明显分化。银行理财非保本部分已实现规模再增长，而信托、基金、券商资管仍经历转型阵痛，处于收缩阶段。公募和保险资管受益于资本市场的稳健发展和资金端充裕，正迅速抢占份额。纵观资管机构的竞争格局，2018—2020年随着资管新规出台，金融市场规范化管理加强，部分资管机构被市场淘汰，而领先市场的机构间竞争越发激烈，服务差异逐渐缩小。总体来看，银行系、券商系、信托系及第三方财富管理机构之间的竞争将持续进行。在政策引导与市场需求刺激下，各大资管机构竞相发展纵深业务，寻求差异化发展的新动力，与其他同类机构拉开差距。

2015—2020年，金融市场波动加大、《资管新规》深入推进，市场对资管机构稳健且体系化的业务能力优势尤为青睐，呈现出回归银行财富管理渠道的趋势。在各类财富管理渠道中，境内高净值人群选择私人银行服务的比例显著提升，相应地非银行财富管理机构的占比出现大幅下降。未来几年，财富管理机构应把握客群结构的变化趋势，充分利用高净值人群回归银行渠道和回归中国市场这两大趋势，进一步提高并拓展在高净值人群财富管理需求中的地位。私人银行应当以更专业化的投资研究顾问能力、更全面化的风控合规能力、更生态化的产品构建能力，建立并保持差异性优势，打造具有抗风险免疫力与韧性的核心竞争力。

## 四、巨变之下机构如何生存

在《资管新规》及其实施细则的引导下,资管业务日趋回归本源,中国资管机构的业务生态也在不断经历发展与演进。

从国外经验看,以客户为中心的解决方案型产品已成为全球领先资管业务与同类拉开差距的核心优势之一。据波士顿咨询公司的资产管理报告显示,2019 年全球解决方案型产品的资产管理规模达 12 万亿美元,占整体规模的 14%。为了夯实这部分产品内容以配置客户需求,行业领先的保险公司或商业银行等需要对接大量委外机构,资管和金融服务机构可以通过提供委外管理或外包服务平台,帮助前者解决委外管理的痛点。此外,还可以通过提供优质产品的创设平台,帮助其解决获取投资标的方面的痛点。境内各类资管机构应尽快在服务能力、服务内容及产品体系三大方面形成差异化竞争优势。

在服务能力方面,各财富管理机构可以针对高净值人群在产品筛选、资产配置和风险控制这些方面的需求着重发力。就产品筛选和风险控制而言,机构应定期对产品和管理人进行评估、监督,建立顺畅的产品信息披露传递渠道,根据评估结果及时协助客户做出投资决策或调整原有配置计划。就资产配置而言,机构应当积极建立数据分析能力,实时为高净值人群提供收益、波动等业绩表现情况,以及现有组合配置对应既定配置策略的执行和偏离情况,并通过数字化技术赋能投资顾问,为高净值人群做出更为严谨、全面的归因分析,提出切实有效的调整方案。

此外,在服务模式上,资管机构应加强内部资源整合,建立并完善顾问式服务模式。同时,积极探索金融科技可否对机构现有的业务模式进行优化,从服务模式、服务渠道、业务流程等方面建立有特色的差异化服务。

整体而言，资管机构应尽快找到触发资管需求的场景和生态，联合外部合作伙伴，为客户提供更切合其生活需求和痛点的综合解决方案。近些年我国养老行业快速增长，资金规模大幅上升（2019年年底养老金资金规模达11.5万亿元，增速从上一年的16%上升至51%）。而随着企业年金和职业年金参与人数的持续攀升，基于养老金的资管产品应运而生，市场空间巨大。在此背景下，资管机构可在养老金管理系统、员工福利管理系统和相关增值服务方面发挥优势。比如，可借鉴贝莱德公司的数字财富管理业务之一iRetire，这项业务为投资者提供了覆盖全生命周期的综合性养老投资与规划服务。在产品体系上，资管机构需要加速贴合市场需求和监管新规的产品落地，为客户提供抗周期、抗波动的产品组合与资产配置方案。

## 五、数字化带来资管新课题

中国金融体系正全面走向数字化，科技与数据日益成为行业的基础设施，而数字化能力业已成为各类资管机构的核心竞争优势或劣势，资管市场的竞争格局也将面临重塑。

加之本次全球疫情的影响，越来越多的金融服务场景由线下转为远程线上，高净值人群与机构的交互方式也在悄然转变，数字化服务水平逐渐成为赢得客户青睐的关键。根据波士顿咨询公司调研报告，受访的高净值人群较上一年表现出对线上交流方式更高的接受程度，尤其针对投资收益反馈、宏观政策解读、特定业务办理等需求，他们会更多地选择通过移动端APP或移动社交媒体平台等数字化方式进行沟通。

包括大数据和区块链技术在内的金融科技,进一步推动了数字资产的兴起。数字资产兼具数字属性与资产属性,经技术加持以数字形式在线上流转的传统资产同在此列。数字资产丰富了可投资资产的范围,提高了信息处理与分析技术,变革了交易和风控方式。数字资产的机遇对资管机构而言,可以助力其打造数据处理能力以获取更广泛的可投资标的、更准确的估值分析和更有效的交易和风控。对资本市场而言,这意味着更多的投资机会、更频繁的交易与流转,催生了众多潜在的增量性机会,提升了资本市场的广度、深度和效率。对整个资管行业而言,围绕数字资产的业务发展预示着行业生产要素的配置模式正在向更高效的数据密集范式挺进。

据中国信通院的数据资产研究报告披露[1],数字化渗透对于全能型资管机构来说意味着全面的体系升级。对以中小公募和券商为代表的精品资管机构来说,技术进步降低了准入门槛,也提升了差异化的难度。而对于资管行业的众多科技与基础设施供应商来说,数字资产业务的发展意味着更多元的服务场景和更广阔的市场空间。因此,各类资管行业参与者都应该系统性地将数字化纳入未来的业务规划中。

中国资本市场数字金融的逐步渗透,势必带来资金端和资产端的多项颠覆性发展。在资产获取、投资管理、分销及客户交互等各个环节促进改革与创新,对于以零售客户为主导的中国资本市场影响尤为显著。因此,对于正在经历颠覆性挑战的资产管理行业,分销能力日益成为资产和利润可持续增长的关键动力。

在美国等较成熟市场,批发渠道是潜力最大的分销模式,即通过

---

[1] 中国信通院:《数据资产管理白皮书 4.0》,2019 年。

与财务顾问及其他中介直接合作，利用零售渠道进行分销。据光大银行与波士顿咨询公司数据统计[1]，目前通过财务顾问获取的管理资产已占美国市场管理资产额的 1/3，在零售管理资产额中占比超过 75%。但是，对于资管机构而言，通过与财务顾问合作来提高收入，甚至是维持现有业务的难度正在不断提高。随着业务的数字化程度不断加深、佣金模式向费用模式转变以及大型机构增长放缓等趋势，传统批发模式和合作关系正受到顾问业务本身变化的影响；而包括人工智能在内的数据管理技术正在彻底改变资产管理职能，分销渠道对资产管理机构的重要性日益提高，其中批发渠道的变化尤为迅速。因此，为赢得竞争，资产管理机构必须具备强大的数据应用和数字化能力。

金融科技和数字化的有效经营，将极大提升资管业务的效率，进一步拉开机构的业务差距。在政策、客户需求、资金、技术、人才和市场竞争这五重变量的推动下，中国资管机构将面临数字化变革带来的洗礼与挑战。波士顿咨询公司董事总经理刘冰冰表示："在数字时代，如何信息化二次升级，移动化快速成长，智能化持续探索，开放化合作共赢，是资管机构所面临的核心议题。"对于中国资管零售业务，数字化经营理念与手段将为机构的触客方式、投资管理、产品解决方案等方面带来大有可为的空间。

## 六、新玩家进场，是祸还是福

普华永道的数据显示[2]，到 2025 年，中国资产管理规模将达到 14

---

[1] 光大银行，波士顿咨询公司：《中国资产管理市场 2019》，2019 年。
[2] 普华永道：《第 23 期全球 CEO 年度调研：2020 年资产和财富管理行业趋势》，2020 年。

万亿美元，较 2018 年年底的 4 万亿美元增加两倍以上。中国市场对境外资管机构充满吸引力。近些年得益于监管政策的灵活调整，中国资本市场正逐步向境外资管机构开放。2019 年，中国持续推动金融市场有序开放，各类外资机构正在积极重新布局中国资管市场。

中国已允许境外资管机构以外商独资企业（WFOE）形式设立私募基金管理机构。2018 年，外资在国内共同基金的持股上限从 49% 提高到 51%。自 2020 年 4 月 1 日起，证监会宣布取消证券公司和基金管理公司的外资持股比例限制。从长期来看，外资比例上限放开将促使金融机构提升自身技术、管理及制度建设。而从监管角度来看，在与外资期货公司的磨合中，国内监管机构也会从监管手段、制度和理念等方面进一步提升市场管理水平。

预计未来几年，外资资管机构将趁势扩大在中国资本市场的布局。目前已有部分全球资管巨头在寻求与中国互联网巨头的合作。时至今日，证监会已经核准了包括野村证券、摩根大通证券和瑞银证券在内的三家外资控股券商。富达国际（Fidelity International）、贝莱德和瑞银资管等资管巨头也在积极申请境内全资公募牌照。2019 年 12 月，银保监会批准东方汇理资产管理公司（Amundi）和中银理财在上海合资设立理财公司，成为在华设立的第一家外资控股理财公司。光大银行资产管理部总经理潘东表示："尽管早在 2004 年外资资管机构就开始进入中国市场，但 2019 年呈现了三种新路径：一是新牌照切入，如东方汇理（Amundi）和中银理财共同组建了外资控股理财公司。二是新模式切入，如先锋集团与蚂蚁金服通过基金投资顾问的方式共同探索智能投资顾问业务。三是新技术切入，如景顺资管（Invesco）与京东数科共同探索资管平台搭建和科技输出。"[1]

放眼当下未走出疲软的全球市场,中国经济的逆势增长尤为抢眼。中国市场和投资者都在日趋成熟,人口老龄化和财富规模增长的长期趋势进一步提升对专业产品与服务的需求。随着越来越多境外资管机构获得在岸牌照,中国本土机构将面临严峻挑战,同时也将间接提升中国资管市场的有效竞争,推动资管行业向市场化、专业化、国际化的方向发展。

从长远来看,外资进场对中国资管机构来说,机遇大于挑战。正如波士顿咨询公司在2019年资产管理报告中指出的,从市场环境角度,外资机构长期导向的投资风格和内容丰富的产品设计将推动本土资管市场和资本市场的健康发展。从客户教育角度,外资机构将与国内机构携手开展投资者教育,引导投资者建立资产配置意识以及中长期价值投资理念,并帮助更多零售投资者分享到资管价值。从人才交流的角度,外资机构的顶尖管理人才进入中国市场后,势必带来先进经验的交流和碰撞。从生态构建的角度,上述多家外资机构已经启动与国内线上财管机构的股权合作,以期用智能投资顾问等新兴技术与专业投资配置理念,与境内机构进行经验互补和碰撞,拓宽业务范围,寻求共赢。

境外资管机构可以利用自身在投资实践、科技硬件和内部治理等领域的优势抓住中国市场开放这一良机。以投资实务为例,与中国同行相比,境外资管机构在资产配置和风险管理方面更胜一筹。中国资管机构的权益投资和固定收益这两部分业务通常比较孤立,缺少

---

[1] 光大银行,波士顿咨询公司:《中国资产管理市场2019》,2019年。

一个跨职能部门来统筹管理资产配置，以及为客户提供个性化的资产配置建议。此外，在中国资管机构的专项业务管理中，风险管理仍被视为后台职能。境外资管机构可借助其在投资和风险管理上的先进经验，赢得国内日益增长的养老基金业务，以及银行和保险公司的委托业务。

与此同时，境外资管机构还可通过出售被动型投资产品赢得市场份额。据中国银行业协会数据分析[1]，目前中国共同基金市场的被动型产品（包括交易型开放式指数基金ETF）所占份额仅为13%左右。相比之下，被动型产品在美国约占共同基金总资产的35%。尤其在2018—2020年，我国ETF市场经历了跨越性的发展。2018年ETF数量接近200只，规模激增58%至5 773亿元人民币；2019年ETF数量超过260只，规模增长23%至7 121亿元人民币。两年间，中国ETF规模接近翻了一番。当然与海外成熟市场相比，当前中国ETF市场在结构和产品丰富度上仍有较大差距。具有ETF营销经验、构建领先ETF生态圈的境外资管机构有望在中国市场大有作为。尽管境外资管机构具备一定优势，但这不意味着他们在中国能够稳操胜券。境外机构仍需要与谙熟市场和监管环境的中国企业合作。在拓展高净值和大众零售客群时，外资机构若能与本土市场参与者联手，对各方来说都是利大于弊的。

随着中国资管市场开放程度的加大，合资和外商独资机构入局将加大市场竞争。这将无疑对中小型资管机构带来一定压力，但短期受业务范围、资本实力等方面的差异与约束，境内机构承受的整体冲击

---

[1] 中国银行业协会，清华大学五道口金融学院：《中国私人银行发展报告（2020）暨中国财富管理行业风险管理白皮书》，2020年。

有限。不过从长期来看,境外机构入场将有助于带来大量境外增量资金以及先进的管理经验、丰富的业务模式,与境内机构形式差异化的良性竞争。总的来说,境外资管机构纷纷进场产生的"鲇鱼效应",将搅动中国资管市场这一池春水,帮助带动良性竞争的同时激发更大的市场活力。

# 第三节　转型中的价值博弈：
# 中国家族财富传承

　　40 年前的改革开放，诞生了中国以企业家为主体的第一批高净值人群，形成了一个由"新富"构成的中国财富市场。这些创富一代大部分自 20 世纪 80 年代末开始陆续下海经商，赚取第一桶金，通过创办企业开启财富积累的通道。40 年后的今天，随着中国经济高速稳定成长，中国第一代企业家的数量和财富体量快速增长，高净值家庭积累了可观的财富。

　　中国非同寻常的经济增长和迅速成熟的金融制度与基础设施，进一步助推高净值人群的快速上涨和私人财富的迅速积累。2013 年 9 月 28 日，征收遗产税被写入党的十八届三中全会文件草稿，引发全社会热议。2017 年 1 月 1 日起中国正式启动与部分国家和地区的金融账户涉税信息自动交换的相关程序。遗产税概念的普及、隐私保护等问题正在促使越来越多的高净值家庭开始积极寻求有效的税务规划，以最低成本实现财富的传承。伴随中国创富一代集中步入退休阶段，叠加包括遗产税在内的相关新政刺激，中国高净值家庭的财富传承需求日渐凸显，财富传承服务逐渐走向前台。

　　据波士顿咨询公司估计[1]，2020—2025 年，中国步入财富传承期的高净值家庭（年龄超过 50 岁且家庭可投资金融资产在 3 000 万元以上）将增长至 22 万户，拥有的总可投资金融资产超过 20 万亿元人民币，

---

[1] 兴业银行私人银行、波士顿咨询公司：《中国财富传承市场发展报告：超越财富·承启未来》，2017 年。

这个数字还未包括可能数倍于此的投资不动产和企业股权。中国社科院的一项调查数据显示，目前中国第一代企业家的年龄平均为55～75岁，这意味着在未来5～10年内，将有300多万家私人企业面临企业传承问题。根据中国民营经济研究会家族企业委员会发布的《中国家族企业传承报告》，在839家抽样的家族控股企业中，仅有92家企业基本完成了企业主的更替，而89%的企业仍然处于第一代创始人的管理控制之下。根据调研数据，有超过60%的企业家尚未进行企业传承安排，绝大多数企业家没有针对子女接班提出明确要求和规划，对职业经理人的态度也尚未完全放开[1]。

可以预见，未来数年将会是中国第一代民营企业家陆续进入和完成家族企业与财富交接传承的关键时期。如何实现创富、守富、传富的平稳过渡，打破"富不过三代"的魔咒，已经成为中国家族企业最为关切的热点，也给服务于高净值家族企业的私人银行机构提供了前所未有的机遇和挑战。

## 一、保富理念一脉相承，需求撬动市场进阶

财富管理在欧洲有1 000多年的发展历史，而中国有史记载的财富管理可追溯到2 000多年前。在中国语境下，"理财"一词最早可追溯到《易经·系辞下》中的"理财正辞，禁民为非曰义"，意思是管理财政，导正言辞，禁止民众为非作歹，是合乎"义"的行为。《辞源》指出，理财先为管理财务，后指管理财政。《管子·牧民》说"仓廪实而

---

[1] 中国银行私人银行：《2020中国企业家家族财富管理白皮书》，2020年。

知礼节，衣食足则知荣辱"，西汉著名政治家贾谊在《论积贮疏》中指出"夫积贮者，天下之大命也"，强调积贮的重要性。积贮不单是金钱的集聚也可以是物品的累积。北宋著名文学家苏轼崇尚开源节流的财富管理之道，禁止生活中各种不必要的开支和浪费，以控制消费、强制"储蓄"的方式积累财富。可见古人很早就重视财富积累，并将这种理财观念代代相传。

除了重视财富经代积累和留存，中国古人尤其强调"财富"在物质层面以外的精神指向，强调家族将财富以物质和精神两重形式延续给后人。北宋时期，范仲淹官拜宰相，把俸禄拿出来购置义田，赡养范氏一族的贫寒子弟。之后范式后代将祖宅捐赠出来，作为全苏州子弟的学堂，泽被一方。范家子孙传到现在已是数十代，800年间时常出优秀的后代[1]。

清代名臣曾国藩的外孙，也是彼时上海商会第一任会长的聂云台，放弃唾手可得的仕途，于商海中沉浮历练，开办银行，经营航运业、矿产业和纺织业，均取得成就并名声大噪。他曾在上海《申报》上发表《保富法》系列连载文章，探究显赫家族的兴衰之道，讨论如何得到财富、保有财富，在当时引起了很大的反响。《保富法》中总结道："贪财与不贪财，关系着别人的利益和幸福。所以发财便能造罪，不贪财方能造福。从历史的事实、社会的经验看来，若是真心利人，全不顾己，不留一钱的人，子孙一定会发达。"在聂云台看来，"怎么做一个有钱人"一点不比"怎么成为一个有钱人"来得容易。古人遵循修身、齐家、治国、平天下的信条，因而理财既可指理国之财，也可指

---

[1] 李文治，江太新：《中国宗法宗族制和族田义庄》，社会科学文献出版社2020年版。

理家之财[1]。

　　与全球领先市场相比，近代中国家族财富管理市场的发展起步较晚。随着改革开放以来本土企业家的财富积累以及西方先进家族财富管理理念的渗透，国内超高净值企业家族逐渐形成针对家族财富保护、家族企业治理与家业传承等多方面的专业服务诉求，揭开了中国家族财富管理市场进阶发展的序幕。

　　如今伴随着新冠疫情，全球正面临经济下行风险、"黑天鹅"和"灰犀牛"事件频发、数字经济驱动产业变革等新形势，众多变动因素使得全球金融市场动荡加剧、外部环境越发错综复杂，所有这一切促使国内家族财富管理的诉求越发强烈，中国家族财富管理将迈入全新的发展阶段。

　　在一个社会中，家族财富的安全稳健传承既受到国家政策、宏观经济、法律制度等外部因素的影响，也受到企业经营状况、财富传承规划与家族成员关系等内部因素影响。据《2020年瑞银—普华永道亿万富豪年度调研》结果显示[2]，中国有98%的亿万富豪（财富规模达到10亿美元）是白手起家，相比之下，美国是72%，欧洲、中东和非洲地区仅为61%，后者的财富多代传承现象更为普遍。随着我国创业一代企业家群体的年龄不断增长，家族企业的财富管理需求从私人财富的保值增值，跃升到整个家族企业的财富管理、家族治理与财富传承方面。

　　经历近年全球经济和金融市场的多重挑战，中国家族企业在市场

---

[1] 群学书院：《聂云台：中国人"富不过三代"的原因》，澎湃网，2020年9月29日，https://www.thepaper.cn/newsDetail_forward_9398480。

[2] 瑞银，普华永道：《2020年瑞银—普华永道亿万富豪年度调研》，2020年。

教育下快速成长，对财富安全与财富传承的关注度明显提升，并开始寻求传承规划、企业转型、家族治理和传承方面的金融、法律工具与服务。从招商银行和贝恩公司的调研结果来看[1]，在当前错综复杂的国际环境和瞬息万变的市场环境中，企业能否实现稳定经营是家族企业眼中导致财富流失的首要风险因素，而他们对财富管理的需求也日趋综合化、多元化。

在这样的市场趋势下，家族企业对传承服务的理解和需求达到了新高度，它们要求财富管理机构在产品筛选、资产配置、风险控制和客户体验方面具有更高的专业度。据招商银行和贝恩公司调研显示，中国家族企业近些年对家族信托、大额保单、家族办公室等传承工具的理解和认可不断深入，希望通过这些工具或渠道实行家族财富的长期传承规划，防范传承过程中可能面临的多重风险。调研显示，在上述各类传承工具中，大额保单被家族企业接受的程度相对更高。此外，借助家族信托搭建传承架构的家族企业比例较过去一年有所提升；设立家族办公室的比例较以往也有显著提升[2]。作为财富管理行业中的一个细分领域，家族财富管理的未来将是一片不断延伸的蓝海。中国的财富管理机构应当把握历史机遇和市场发展新趋势，加快提升自身的业务能力，在为家族企业提供财富传承服务的同时达成共赢。

## 二、"新钱""老钱"迭代，传承面临特殊挑战

2020年春，新冠疫情爆发，并在全球迅速蔓延。在疫情影响下，

---

[1][2] China Merchants Bank，Bain & Company：*2019 China Private Wealth Report*，2019.

全球经济陷入低迷，"逆全球化"趋势抬头，国际地缘政治趋势复杂，全球经济发展前景不确定性增加。各国政府采取财政与货币刺激政策，全球风险资产价格大幅波动。伴随这些外部因素，包括家族企业在内的中国高净值人群的风险意识增强，对财富安全的需求显著增加。

面对这样一个充满变革与机遇的时代，中国家族企业的财富传承体现出有别于欧美国家"老钱传承"的独特性和复杂性。波士顿咨询公司 2020 年发布的《中国财富传承市场报告》指出[1]，在财富传承安排上，中国的高净值家庭面临着风险隔离、家业稳固、代际差异等多方面的传承课题。而上述这些使得家族财富传承这一舶来品在中国的落地实施充满挑战。主要问题集中在以下三个方面：

首先，"家""企"权属缺少分界和隔离。中国的第一代企业家多是白手起家，在企业发展初始阶段，往往是倾注全部身家全心经营，企业资产、家庭资产和个人资产往往混杂在一起。因此，中国企业家从心态上往往将企业和家业视为一体或等同。加之，过去 40 年中国的市场环境处于动态发展和不断完善中，在资本积累初期，由于市场法律规范不健全，中国创富一代在企业经营过程中，也遗留下一些处于灰色地带的资产或负债权属问题，比如亲戚间资产代持、朋友间互保等，这些都可能在财富传承过程中面临风险。同时，在企业和家庭财富积累发展初期，企业家往往将资产集中在企业本身或房地产投资，财富配置过于单一。在这样的背景下，"家"和"业"在现实中难以进行明确的认定和区分，间接导致企业所有权、股权和相关资产处置的复杂性，最终给财富传承带来很大的挑战。

---

[1] 波士顿咨询公司：《中国财富传承市场报告》，2020 年。

其次，家事处理缺乏系统性和透明性。中国的家族企业在经历时代和家庭财富的快速变化时，往往出现一些家庭内部的争端，并引发财富分配的冲突。究其原因主要有三个方面：其一，不少家族企业在成长过程中，创始人、配偶及其家族成员采取多人持股的方式管理企业，而未能做出企业股权和经营的长期经营计划，为将来资产认定和分配带来隐患。其二，部分企业主或其子女在经历婚变后，需要处理自己或族人的复杂家庭关系，导致围绕生前和身后的财产所有权、经营权和受益权出现争端，最终不免对簿公堂，损害家族和企业的长治久安。其三，由于上述家业关系的复杂性，家族企业往往非常重视隐私保护，这本身也给财富传承筹划带来挑战。

再次，代际差异成为传承路障。目前中国家族企业的财富传承是从创业一代到二代，这与欧美"老钱国家"处于多代传承的阶段有鲜明差异。加之进入 21 世纪后社会变迁剧烈，在两个截然不同的时代背景下成长起来的企业一代和二代，拥有了非常不同的生活阅历、工作习惯，甚至世界观和价值观。两代人对于家族企业和财富管理的目的、方式和规划不可避免会产生分歧和冲突。

兴业银行私人银行和波士顿咨询公司在报告中勾勒了企业创富一代和二代的画像[1]。针对家族企业管理，两代人在管理机制、业务发展、风险偏好、海外资产配置等领域均呈现出日渐明显的分化趋势。具体来说，是否接手家族企业、是否坚守传统行业、采用何种管理方式等，都是近年来家族企业传承讨论的焦点。《中国家族企业传承报告》调研

---

[1] 兴业银行私人银行，波士顿咨询公司：《中国财富传承市场发展报告：超越财富·承启未来》，2017 年。

显示[①]，尽管多数企业主仍然希望由子女来继承企业，但二代的接班意愿并不高，有14%的家族企业二代明确表示不愿意接班，高达45%的二代对于接班的态度尚不明朗。其背后折射出社会经济发展的迭代更新。一方面，创业一代的家族企业大多从事传统制造业，经济环境变化往往导致企业传承与企业转型同时起步，而年轻一代对这两者既缺乏经验，对父辈的老本行也没有兴趣经营，有些二代甚至直接放弃家族企业的原有产业，试图"华丽转身"金融市场，在全新的领域建立自己的企业和财富，结果往往不尽如人意。另一方面，由于企业二代大多在海外接受教育，因此在企业管理和财富管理的理念方面，他们与父辈以及创业"元老"有着较大差异。这些都为家族企业的转手与传承带来诸多不确定性。

## 三、二代传承为何成为"过不去的坎"

随着家族企业一代达到退休年龄的人群快速扩大，企业接班是许多家族企业眼前最大的痛点，也关系家族企业存亡的挑战。如果两代人能成功渡过代际传承的矛盾冲突阶段，寻找到属于他们自己的融合模式，则能成功交棒。但如果两代人之间未能成功磨合，则会出现二代出走家族企业，家族企业的管理从家族成员转手职业经理人，甚至出现家族企业直接破产消亡的现象。

早在20世纪30年代就有欧洲学者预测，随着上市公司的快速增长，家族企业这一存在迟早将淡出历史舞台。然而，近一个世纪的历

---

① 中国民营经济研究会家族企业委员会：《中国家族企业传承报告》，2015年。

史却给出相反的结论。家族企业的生命力以及它们对于社会政治和经济的影响远远超过人们的预想。兴业银行私人银行和波士顿咨询公司在一项家族企业和非家族企业的比较研究[①]中，通过对149家受家族企业控制或影响的上市公司进行调研，把它们和在相同国家、相同行业的非家族企业进行对照。调查发现，家族企业的业绩表现更为稳定，尤其在经济低迷时期，家族企业的表现明显好于非家族企业。家族企业对社会商业价值的贡献不可小觑。

但同时，麦肯锡的研究报告显示，家族对家族企业的平均控股寿命只有24年，这意味着在第一代创立家族企业大约24年之后，不到一代人的时间，家族企业就将脱离家族控制。哈佛大学的一项调查统计显示，仅有约30%的家族企业可以传到第二代，而能够传至第三代的家族企业数量不足13%，能够在三代以后还能继续为股东创造价值的家族企业仅有5%。另一项对250家中国香港、台湾地区以及新加坡的家族企业传承的研究发现，企业在所有者交班过程中均蒙受了不同程度的损失。具体而言，在家族企业新旧掌门人交接年度以及此前的5年中，企业的市值在扣除市场变动后平均蒸发近60%[②]。由此可见，相比于经营，家族企业在其传承和家族治理上面临的挑战或许更为棘手。

目前，中国家族企业大多从事传统产业，企业创新和转型出路是大多数二代接班中面临的问题，两代人对于企业管理和转型的分歧更是造成两代人之间沟通交流不畅。因此，影响接班过程的因素不仅有来自两代人之间张力和互动关系等，也与企业所处在的产业生命周期及外部的社会文化背景有关。

---

[①][②] 兴业银行私人银行，波士顿咨询公司：《中国财富传承市场发展报告：超越财富·承启未来》，2017年。

中国一代民营企业家大多出生在资源匮乏的年代，注重物质的积累，他们在创业过程中经历过一穷二白，获益于处处都有市场空白的历史契机，因而他们属于典型的"经验派"，在创业实践摸爬滚打中积累经验、阅历和领导力。相比之下，二代出生在资源丰厚的年代，拥有良好的物质条件，大多有海外留学背景，具备别样的视野并易于接纳新事物，因而在企业管理上偏向现代化的企业管理方式，容易与一代产生分歧。

此外，与欧美家族企业不同，中国的家族企业通常面临独生子女政策留下的历史"后遗症"，即传承的希望和担子都落到唯一一位二代继承人肩上。在这种"小家庭、大企业"的模式下，子女的事业选择空间变得狭窄、压力变得更大。生于多元化和个性化时代的家族企业二代，往往渴望有多种人生选择、尝试不同于父辈的人生道路，却被推上了接班之路。在这种价值观的代际差异下，不管二代接班是否出于主观意愿，接班过程中的冲突和矛盾，与父辈之间的博弈，往往让许多接班的二代陷入进退两难的境地。

而另一种更为常见的情形，是一代企业主已经垂垂老矣却还把持着大权，但二代早已过了而立之年却在公司决策中没有最终决定权。这种现象并不仅仅在华人家族企业中普遍存在。根据一项针对欧洲企业的调查，当一代企业家们被问及退出企业经营后打算做些什么时，被调查者中仅有20%选择退休，而40%选择继续在公司"兼职"[1]。然而，毕竟"一山难容二虎"。在一个企业中，如果存在两位领导人，矛盾和冲突发生的可能性会增加。两代人之间如何化解矛盾和冲突，既

---

[1] 兴业银行私人银行，波士顿咨询公司：《中国财富传承市场发展报告：超越财富·承启未来》，2017年。

是一个"家族治理"的问题,也是考验两代人"心理素质"的问题。当然,可以通过外部渠道或专业机构的帮助来化解矛盾和冲突,比如建立"家族宪章",建立有效的沟通平台,预防和解决潜在的纠纷和冲突。波士顿咨询公司在一项针对全球家族企业的调研中指出,直面冲突、化解冲突对家族成员来说是最重要的考验之一;而回避冲突会把家族中日积月累的矛盾隐藏起来,到了火山爆发的那一天,往往难以挽救。很多时候,这个时点就是一代企业主在还未留下明确继承规划的情况下去世时,家族内部由于争财夺权或其他事宜爆发冲突,错过了进行财富传承和家族治理的黄金时段。

基于上述这些挑战,提前安排接班培养计划是非常有必要的,家族企业的传承接班并非是一朝一夕之事。首先,趁一代企业主还健在的时候,家族领导者就应当尽早以设立家族理事会、制定"家族宪法"等方式,建立一套科学和民主的议事制度,让有章可循的协调、沟通以及纠纷解决机制逐渐在家族中深入人心。其次,传承接班不能等到一代即将交班时才开始考虑或做出安排。有效的接班可以预留 10~15 年的时间进行培养和过渡,需要从小培养二代对公司的特殊情感和归宿感,强调家族与企业是命运共同体,在潜移默化中提升后代子女对家族及企业的认同感、责任感和忧患意识,增强家族后代成员的传承内在动机。

## 四、财富管理机构的展业模式有待丰富

中国财富传承市场尽管正在不断升温,客户需求持续上升,参与机构日益多元,但与海外成熟市场相比,不论是在工具应用的丰富性上,还是服务种类的丰富度和深度上都有较大的差距。随着越来越多

的中国家族企业将企业与财富传承提上议程,家族财富传承中诸如健康风险、婚姻风险等问题日益成为其关注的焦点。伴随新政策刺激与遗产税的逼近,家族企业开始关注大额保险、家族信托和保险金信托,希望通过这些法律和金融工具应对上述风险、规避额外的财务负担。

对家族企业来说,大额保险是指企业主投保金额较大的人身保险,保障风险包括被保险人在发生意外、身故或重大疾病等情况时,给予受益人(企业继承者或家族成员)保险金方面的保障。根据中国民生银行和胡润百富榜《中国超高净值人群需求调研报告》[①],国内有三成超高净值人群持有境内或境外大额保单产品。国内知名人士如李嘉诚和马云等,都为自己和家人配置了保额高达千万元的人寿保险。

除了保险保障功能以外,大额保险作为家族财富传承的工具,可以实现保值增值、避免和降低税费、债务风险隔离等作用。相比遗嘱而言,大额保单可以避免遗嘱拟定过程中发生的律师费用和公证费用。在征收遗产税的情况下,保险可以用来规避财富传承过程中的巨额遗产税。

针对家族企业的财富传承,信托可以将家族企业的财产委托给信托机构代为管理,家族资产的所有权脱离企业主而转变为信托持有,但家族资产的受益权仍由家族成员享有。通过信托架构,家族企业可以避免因意外身故、婚变分产等导致的财富管理风险,实现家族财富的顺利传承。典型的有遗产信托,比如英国戴安娜王妃。她在生前立下遗嘱,将其遗产(共计 2 100 万英镑,缴纳遗产税后共计约 1 300 万英镑)设立信托,交给信托受托人(其母)管理,等到威廉王子和哈

---

① 中国民生银行,胡润百富榜:《中国超高净值人群需求调研报告》,2015 年。

里王子年满 25 周岁时才能予以等份继承（每人 650 万英镑）。1997 年，戴安娜遭遇车祸身故，其母亲作为信托的受托人向英国高等法院申请将两位王子继承信托财产的年龄提高到了 30 岁。之后，两位王子分别在 2012 年和 2014 年满 30 岁，顺利继承了戴安娜为他们设定的信托财产（此时，他们可以继承的财产已由起初的 650 万英镑增值到 1 000 万英镑），实现了戴安娜家族财富的安全传承。

目前，国内主要的家族财富管理机构仍处于跑马圈地、培育市场、打造品牌的阶段，许多机构的业务徒有家族信托之名，实际上主要仍以投资产品销售为目的，而非真正意义上的财富传承安排。究其原因，除了由于部分法律法规不完善，导致中国境内财富传承的工具种类受限以外，机构在其综合服务能力和营利模式上也没有进行提升，未来需要在展业模式上大力进行升级。

首先，从"卖方"立场转变到"买方"思维。财富传承服务不同于私人财富管理，它包含了从顶层结构设计到一系列具体产品服务的综合解决方案。中国的财富管理机构需要打破卖方思维，突破产品导向等体制机制的制约，完善跨部门跨机构的协同服务机制，不断锻造综合服务能力，才能向真正意义上的全能服务提供商迈进。正如香港家族办公室协会会长方建奇所述[1]，由于目前受市场发展阶段、客户意识和从业机构能力的制约，多数机构仍然秉持着"卖方思维"，习惯于围绕高净值客户个人以投资产品销售为主要方式进行展业。事实上，"买方"立场是第三方财富管理机构区别于私人银行等大型金融机构

---

[1] 复旦大学泛海国际金融学院全球家族财富管理研究中心：《对话方建奇：掌握制度资源，化约束为利器》，2020 年 9 月 25 日，https://mp.weixin.qq.com/s/ASaZJQ7kftDXk9d4yt1ivw。

的核心优势。这些机构需要充分发挥其固有的"买方"优势和专业度，真正从客户家族传承的角度对客户需求进行深入了解，制定整体规划安排，进而解决中国家族当下面临的两大挑战：产业转型和家族长青。

其次，打造专业多元的人才队伍。波士顿咨询公司2017年高净值客户调研显示[①]，对服务机构和产品专业性的质疑是高净值人士未选择家族信托服务的第二大因素，这一问题在资产规模超过3 000万元的超高净值客户中更加明显。目前，商业银行私人银行和信托公司作为市场上的主要参与者，仍然扮演着金融服务提供商的角色，而在法律税务领域缺乏内部专业人才来对接。即便可以寻求如律师事务所等外部专业服务机构，但内部对于外部合作机构所提供方案的合理性、优劣和潜在风险均难以判断。此外，由于完整意义上的家族信托在中国市场起步时间较晚、案例稀缺，具备本土实践经验的从业人才更是少之又少，在面临客户的个性化需求时，难以简单地照搬海外代表性案例为客户提供实用、专业的意见，因此从业机构亟待加强多元专业人才体系建设，特别是在法律、税务、投资这三大核心领域。立足长远的机构需要弥补过去以产品为中心的服务方式而导致的能力短板，通过提升内部人力资源，发展财富传承服务的专业化展业模式。

最后，培育更加综合化的盈利模式。财富传承服务具有高度个性化，需要基于对客户家庭和企业的全盘了解进行一整套结构安排，同时要借助持续的法律和税务筹划。然而目前不少中国客户更倾向为看得见、摸得着的产品买单，而对于财务和财富规划、法律税务等专业服务的价值认识不足，不习惯为专业咨询服务付费。这就导致机构

---

① 波士顿咨询公司：《2017年高净值客户调研》，2017年。

收入的来源停留在资产管理费和产品代销费模式。在这种模式下,从业机构的出发点更多的是推动投资产品的销售,而相对忽视了顶层规划和定制设计。因此,对于从业机构而言,积极探索更加契合客户需求的盈利和分享利润模式,才能推动财富管理市场朝着更健康的方向发展。

## 五、定位分化,行业竞争格局共生共荣

自2012年下半年家族信托试水以来,各类机构竞相入场,开启了对中国财富传承市场的布局和争夺。然而,从业机构在服务客户的理念、方式和能力上,与海外成熟市场的领先实践仍有较大差距。从客户角度而言,他们对财富传承和专业服务的认知尚有不足。这些都制约了市场的进一步发展。从市场未来竞争格局来看,中国财富传承市场参与机构的定位将会逐渐分化,或将形成以少数巨擘——如大型商业银行、信托公司和一些顶级家族办公室——和功能型机构为主、共生共荣的竞争格局。

放眼全球,海外主流财富传承市场均呈现寡头垄断现象,即少数大型跨国金融集团和全能型家族办公室成为市场主流竞争者,而一些"小而美"的功能型专业机构提供细分市场的专业服务。究其原因,这种格局的形成是由于家族财富传承服务本身具有综合化、定制化、专业化的特点,倒逼从业机构必须同时具备跨界服务的综合实力和各类专业人才,且需要从业机构长期持续地投入资源。而通常,只有大型综合金融集团才具有足够的资源投入能力和意愿。同时,另一些历史悠久的全能型家族办公室精英,则通过定位于超高端客户,凭借其深厚的客户关系和高端专属定制,在竞争激烈的市场中占有一席之地。

伴随资管新规及相关政策细则的出台,从客户资源、牌照优势、专业基础、资源投入等方面来看,未来中国财富传承市场的参与机构或将逐渐分化,趋向于形成少数全能型与功能型服务机构相生相伴的竞争格局。目前,国内大型银行拥有无可比拟的高净值客户资源和庞大的资金优势,信托公司拥有独特的牌照优势和资管优势,两类机构业务起步较早,实现了普遍性的合作关系,未来可以进一步联合展业,共同打造专业的人才梯队,从而占据市场领先地位。此外,少数定位于服务高净值和超高净值家庭的单一家族办公室和联合家族办公室,作为家族财富管理的中枢机构,可以通过与信托、银行以及其他专业服务机构的合作,为顶级家族企业提供专属、个性化、全方位的财富管理服务。

与此同时,功能型机构凭借独有优势能够与全能型机构"分庭抗礼"。正如中国人民大学汉青研究院特聘教授郭升玺指出[1],从实际运作及成本效益上来看,第三方财富管理机构没有足够精力,也不需要包办全领域的服务。从业机构可以依托自身的背景转型为功能型服务商,不仅在原本专业基础上更有底气,同时通过业务的梳理区隔,可将原本与其他同质机构的竞争关系转化成合作关系。据兴业银行私人银行和波士顿咨询公司的调研分析[2],由于财富传承市场的专业复杂度和广度,"小而美"的功能型机构可以充分发挥优势,凭借在法律、税务、家政服务以及特定市场等细分领域拥有的较高专业性,直接为客户提

---

[1] 复旦大学泛海国际金融学院全球家族财富管理研究中心:《对话郭升玺:大资管时代,私人财富管理该往何处走?》,2020 年 11 月 20 日,https://mp.weixin.qq.com/s/g65zk4cITD8ZOgBVBIuslg。

[2] 兴业银行私人银行,波士顿咨询公司:《中国财富传承市场发展报告:超越财富·承启未来》,2017 年。

供特定领域的定制服务及建议,从而在竞争中占据一席之地。

展望未来,中国财富传承领域的大发展是时代的要求,也具有重大社会意义。这不仅有关单个家族企业的延续,对于社会长治久安和支持实体经济的长期发展也有积极意义。中国第一代创业家的家业传承也是中国改革开放 40 年积累的社会财富的传承。作为中国经济的重要支柱,民营经济的发展壮大至关重要。民营企业家的家业传承将直接关系到这些企业的持续稳定经营。在这个过程中,所有权、经营权、受益权清晰的认定与区分也有利于企业的专业化发展和可持续竞争力的打造,对于助推中国经济转型和长期持续发展有积极意义。尽管经过多年的发展,中国财富传承行业已顺利起步,但是目前行业仍处于发展初期。展望未来,中国的财富传承市场工具和配套法律有待进一步完善,客户财富传承的观念有待进一步培育,从业机构的服务模式和能力也需要大力提升。财富传承行业的发展,需要各相关方凝心聚力,共同打造一个健康繁荣的市场。

财富传承市场的发展需要相关参与方的共同努力,做好配套制度的建设、客户理念的教育和从业机构的能力提升。制度建设层面,《信托法》奠定了良好的法律基础,但是仍然需要相关部门不断完善信托所有权的认定、信托登记制度的具体规范指引,以及税法、婚姻法、公司法等直接相关的法律法规为家族信托行业的规范发展提供制度保障。

此外,在基金、非慈善性基金会等更多财富传承工具上,也需要相关法律监管制度的开放和支持。客户教育层面,伴随家族财富传承需求蓬勃发展的,是这些家族企业管理者对传承理念更深层次的认知,其中尤其重要的是,逐渐认可专业人才提供专业服务的价值,并接受为服务付费的理念,这样才能更好助力行业整体的健康发展。从机构层面来看,对于志在财富传承行业的机构,应当根据自身资源和市场需求发展趋势，明确战略发展方向，并尽早起步抓住先发优势。与此同时，应充分认识到家族财富传承是一个典型的"高投入、长周期、慢回报"的行业，机构要能够"守得住清贫、耐得住寂寞"，才能在长期获得可观的回报。

财富传承在中国是一个挑战与机遇并存的市场，其业务本身的综合性、复杂性和专业性要求从业机构必须明确自己的发展定位，并从客户的个性化需求与痛点出发，匹配专业的服务团队和综合的解决方案。对于家族企业自身而言，提前做好传承规划以及家族内部的沟通和治理机制，加强对信托、大额保单等金融法律工具的理解，认可专业服务的意义和价值，才能更好应对家族财富传承过程中的种种挑战。最后，不断完善的法律制度是一个行业健康、可持续发展的基石。中国财富传承市场已经振翅欲飞，从业机构、广大客户和相关立法监管机构的共同努力，必将携手打造一个健康蓬勃的市场。

## 第四节　数字金融重构财管市场未来

  2015—2020 年，金融科技技术和市场需求的普遍性爆发给全球金融生态带来了深刻的变化。伴随市场需求的互联网金融、金融科技（Fintech）、线上理财、智能投资顾问等新金融概念相继诞生，全球财富管理的数字化发展趋势应运而生。波士顿咨询公司联合陆金所发布的《全球数字财富管理报告》显示，截至 2017 年，美国、中国、新加坡、英国这四个全球主要财富管理市场的财富管理产品线上化销售规模已达到 6 万亿美元。其中，中国的数字财富管理市场规模已经超过 2 万亿美元，年度市场融资额从 2010 年的不足 1 亿美元上升至如今约 30 亿美元。就财富科技公司的数量来看，目前全球已有超过 600 家财富科技公司，其中中国财富科技公司的总融资额占世界总融资额的四成有余，位列世界第一。

  综观全球主要市场，财富管理的数字化趋势已初露端倪，但真正符合数字财富管理范畴的实践却不多。在迭代更新的经济格局下，"数字财富管理"的含义需要被重新界定。概括来说，数字财富管理（Digital Wealth Management）是以数据和技术为驱动、以服务创新为价值定位的财富管理。相较而言，传统的财富管理针对的是拥有更高财富额的高净值人群，他们对综合化服务的要求更高；而数字财富管理面向的人群对价格更敏感、对便捷性要求高、对创新服务的接受度更高。传统的财富管理提供的产品种类繁多，定制化的产品是其核心差异点；而数字财富管理提供简单易懂、信息透明、相对更标准的产品和服务。传统的财富管理通过网点为主要服务场景，依靠紧密的客户关系和专属式服务建立其核心价值；数字财富管理通过互联网、移动端、人机交互等手段，可以随时随地提供高效、便捷、透明的服务体验，突破提供服务时间和空间上的限制。波士顿咨询公司（BCG）全球合伙人兼董事总经理何大勇强调[①]，区别于单纯的现金管理与单纯的线上化，数字财富管理的本质仍然是财富的保值增值，数字化是帮助更高效、更透明、更精准地实现最优资产配置的方式和手段。因此，数字财富管理并不局限于渠道的线上化，而是在人力依赖最低的情况下，尽可能通过技术创造最大价值。

## 一、从全球领先市场看行业增长的关键要素

得益于互联网金融在过去5年中的蓬勃发展，财富管理的数字化发展也成为中国财富管理市场的一大亮点。波士顿咨询公司和陆金所的最新研究报告显示，中国财富管理产品的线上化渗透率为34.6%，位居全球领先地位，可与美国比肩。从财富科技企业发展的角度来看，中国已领先全球市场。根据《全球数字财富管理报告2018》的统计，中国数字财富管理市场规模已经超过2万亿美元，年度市场融资额为全球总融资额的四成有余，体量位列全球第一[②]。

而从数字财富管理的现状和发展基础来看，在全球主要财富市场中，美国和中国在财富管理市场的规模、线上化的接受程度、财富科技的活跃度等方面都明显优于其他国家。然而，就更能体现数字财富管理本质的独立互联网第三方财富管理规模而言，中国的渗透率仅为

---

[①][②] 波士顿咨询公司，陆金所：《全球数字财富管理报告2018：科技驱动、铸就信任、重塑价值》，2018年。

10%，对比美国的 35%，差距仍十分明显。他山之石可以攻玉。中国数字财富管理已具备了成熟的市场基础，发展空间巨大。总结美国等领先数字化财富管理市场的发展轨迹，可以为国内财富管理市场提供更全面的经验与反思。

## （一）美国：新老玩家齐头并进，监管引导步步为营

美国作为全球领先的数字化财富管理市场，其繁荣发展主要得益于三大驱动因素。首先，美国目前在大数据、人工智能、区块链等技术上的研发和应用领先全球，为数字化财富科技的发展奠定了良好的硬件基础。其次，美国中产阶层自 20 世纪 70 年代就开始转向选择以低廉佣金为核心优势的折扣券商、在线券商的服务，他们对线上化财富管理的接受度高，对低费率的诉求也很高，为数字财富管理的客群规模奠定了基础。再次，美国中产阶层需要自主管理部分退休金账户的投资，由此也产生了较为旺盛的投资顾问需求。

在美国的财富管理市场中，智能化和数字化的技术与应用，已经是各类机构所公认的未来核心竞争能力。

一方面，美国市场环境是孵化新兴金融科技公司的沃土。2010 年后以 Wealthfront 和 Betterment 为代表的财富科技公司迅速兴起，他们以大众富裕阶层（在美国，大众富裕阶层包括富裕人群、中产人群和大众人群；在中国，大众富裕阶层指个人可投资资产在 10 万～100 万美元的中产阶层群体）为目标客群，以低费率、低门槛和自动化的投资管理组合为卖点，以期实现资产管理规模的迅速增长。根据波士顿咨

询公司和陆金所统计[①]，2000—2017 年，美国的金融科技公司累计融资额占全球总额的 60% 以上。

另一方面，面对日益激烈的市场角逐，主流机构迅速意识到科技在数字化财富管理上的巨大推动力，纷纷以自主研发或并购的方式跟进。自 2013 年以来，先锋领航（Vanguard）、嘉信理财（Charles Schwab）、富达投资（Fidelity）、美银美林（Merrill Lynch）等纷纷推出低费率、低门槛的智能理财产品，以期重新主导市场的发展。2015 年，贝莱德集团收购财富科技公司 FutureAdvisor，进一步强化其技术能力，确保在数字化财富管理市场上的竞争力。2018 年高盛在技术领域投入近 10 亿美元，约占营业收入的近三成，其技术人员占员工总数的 1/3 以上。

面对繁荣发展的数字化财富管理市场，美国监管当局从框定范围、制定规则、反垄断等方面着力推动市场有序发展。首先，对财富科技公司加以监管。2016 年，美国金融业监管局发布调研报告指出，算法和投资组合设计是财富科技监管的两大重点，明确了相关领域的实践原则。2017 年，美国证监会发布《智能投顾监管指南》，框定智能投顾公司的商业范畴，将其纳入已有的投资顾问监管框架；同时，美国证监会还发布了《智能投顾投资者公告》，向个人投资者详细解释了智能投顾的运作原理，进行投资者教育。其次，完善财富管理合格投资人制度。2015 年，美国证监会颁布《合格投资者定义审查》，建议大幅提高合格投资者的年收入门槛和净资产门槛，同时建议加入证券资产总额、金融专业知识等认证方式，以替代单纯的财富门槛，旨在匹配投资产品风险和个人的金融投资认知水平，减少财富管理市场的不

---

[①] 波士顿咨询公司，陆金所：《全球数字财富管理报告 2018：科技驱动、铸就信任、重塑价值》，2018 年。

适当投资。

## （二）新加坡：主动监管盘活市场资源，沙盒机制求变求新

早在 2001 年，新加坡政府就开始利用数字化提升经济，推动全国信息与应用整合平台，致力于建立一个高度信息化的社会。据机构统计数据[①]，截至 2016 年年底，新加坡国民的电脑端互联网渗透率已达到 82%，移动端渗透率约 95%，信息化水平全球领先。同时，新加坡的财富人群以大众富裕阶层为主，对低成本、高效率的财富管理有较大需求。因此，在数字财富管理方面，新加坡拥有良好的市场环境与客户基础。

新加坡数字化财富管理市场的有序化发展离不开严格、高效、适变的监管措施。新加坡是亚太地区最大的国际离岸财富中心，聚集了众多全球财富管理机构，但他们主要关注的是高净值客群。在全球财富科技的发展浪潮下，新加坡本土兴起的科技公司注意到大众富裕客群在需求与供给上的缺口，开始为主流财富管理机构提供智能投资顾问等技术支持。在此背景下，新加坡金融管理局（Monetary Authority of Singapore，MAS）顺势鼓励创新，并严格行业准入标准，对国内相关金融机构的功能、职能、准入标准等给予明确定义并设立严格的牌照控制。具体到财富管理领域，机构需要获得金融管理局批准的投资顾问和资本市场服务牌照，才能提供针对零售客户的线上或线下财富管理业务。

在监管从严的同时，新加坡当局对金融科技和数字财富管理的监

---

① 波士顿咨询公司，陆金所：《全球数字财富管理报告 2019—2020：智启财富新未来》，2020 年。

管体现了灵活适变的一面。在金融科技领域，新加坡是全球最早引入"沙盒监管"（Regulatory Sandbox）的国家之一。所谓沙盒监管，是在当地管理局限定的业务范围内，允许入选沙盒的机构在确保投资者权益的前提下，鼓励财富科技领域的创新迅速落地，进而根据业务的实际运营情况决定是否推广。MAS对申请主体的类型限制较少，希望利用现有或新技术以创新的方式提供金融产品、服务或优化业务流程的金融机构、科技公司，以及为这些企业提供技术支持或相关服务的企业都可申请。同时，MAS强调，推出"沙盒监管"的目的是通过鼓励应用创新和安全的金融技术，使新加坡成为一个智能金融中心，因此，禁止一切借助"沙盒监管"名义规避法律、法规监管的行为。在新加坡的"沙盒监管"模式下，本土金融科技企业在沙盒中可以测试其技术和商业模式，从沙盒中"毕业"后，它们要继续发展或者扩大业务，就必须符合所有的规定，满足包括进入沙盒测试时被豁免的要求在内所有的监管要求，并获得营业执照。备选机构需要具有切实的技术创新性，能够解决当前重大问题或将为消费者和行业带来益处，并具备实施和推广金融科技解决方案的能力，才能成为沙盒幸存者，从而在市场上合法开展业务。

此外，"沙盒监管"为监管方和企业提供了一个双向沟通的渠道。沙盒内的金融科技企业要定期向MAS提交进度报告。MAS则根据这些报告对政策规定进行调整，同时更重要的是，根据企业在报告中提出的问题，召集各个相关方进行研讨，设法提出解决方案。以进入沙盒测试的一家美国保险公司为例，在其业务流程中，新加坡医生开具的电子化诊断证明，作为保险相关材料，通过区块链技术在系统中传输。这家公司在测试中发现，新加坡医生给出的电子化诊断证明缺乏规范性，难以凭借区块链技术全部识别，无法进入标准化的流程。这家公司在报告中说明了这项问题后，MAS 召集了业务链条的相关机构，共同研讨如何规范电子诊断证明的书写。这种沙盒内企业和新加坡金融管理局之间的互动，既能够让金融科技企业在相对宽松的环境进行业务创新，又能及时发现问题、有效调动资源提供紧扣市场脉搏的解决方案，给新加坡金融科技的创新和数字财富管理的发展带来了很大帮助。

从美国和新加坡这两大领先市场的发展经验来看，开放灵活、前瞻性的监管是科技创新稳步落地的重要保障，提高了销售渠道的中立性和行业参与者的专业性，也有效推动了市场的标准化、体系化建设，从而有益于财富管理市场的长期稳健发展。

## 二、监管趋严，数字化推动市场跨越式发展

2016 年被称为中国互联网金融监管元年。2016 年以前，中国财富管理市场呈现草莽式扩张，"高速"发展的背后带来了乱象丛生的"成长的烦恼"。自 2016 年开始，在中央确立"去杠杆、防风险"的基调下，监管政策开始有序收紧。2018 年，《关于规范金融机构资产管理业务的指导意见》《关于加大通过互联网开展资产管理业务整治力度及开展验收工作的通知》（简称"29 号文"）等的出台，进一步释放出对资管行业监管力度收紧的信号，在"破刚兑""禁止期限错配""合格投资者认定与防止销售误导"等方面对机构合规提出了更详细、更全面的要求。此外，2019 年 7 月，中国人民银行发布《金融控股公司监督管理试行办法（征求意见稿）》，对非金融企业投资形成的金融控股公司开展了更严格的监管，对准入、股东资质、资本来源、公司治理、关联交易、"防火墙"制度等均提出了要求，使得部分流量型机构应对复

杂监管的能力迅速提升。资管新规让"影子银行"驱动的高收益理财产品难以为继。自此，牌照监管、行为监管、穿透监管"三管齐下"，通过提高准入门槛以规范市场，成为监管方有效规避系统性风险的关键举措。

时至今日，对金融市场的监管逐步转向以功能监管和行为监管为重心的横向监管，表现为对从业机构的功能和市场行为加强监管力度、扩大监管范围。以往纵向的机构监管模式在分业经营模式下有较好的监管效果，但随着混业经营的不断发展，我国政府积极调整了监管方式，向功能监管、行为监管的方式过渡。随着我国逐步建立互联网金融的行为监管体系，技术与金融生态的融合将有助于资产和财富管理市场的转型升级，引导其回归服务实体经济的本源。

金融科技的广泛应用改变了财富管理的商业模式，也将成为下一个10年该行业尤为重要的发展方向。经历新冠疫情后，无接触服务需求剧增，包括财富管理行业在内的整个金融行业线上化与智能化的进程都将加速。聚焦财富管理领域，在以中国为代表的新兴市场，虽然客户对数字化的接受程度较高，但财富积累时间短，投资理念并不十分成熟，财富管理机构自身的专业度也有限。一方面，据调研机构分析，在亚洲新兴市场，以银行为代表的传统财富管理机构依靠线下渠道优势占据绝大部分市场份额，却没有完全摆脱渠道产品销售的思维，尚未形成专业的投资顾问服务体系。另一方面，互联网金融科技巨头在财富管理领域的创新，主要是基于移动支付业务的发展，用于管理日常流动资金，而不能覆盖客户的财富管理需求。

因此，在尚未健全的市场环境下，数字化和智能化或将推动新兴市场加快实现跨越式发展。世界银行数据显示，全世界已有20多个国家的民众使用手机支付账户多于传统银行账户，这些国家大多集中在亚洲与非洲。据波士顿咨询公司的报告统计数据，智能化已经帮助不少新兴市场从现金场景直接跨入移动支付；在财富管理领域，以中国为代表的发展中市场有机会从缺乏专业投资顾问服务直接跨入数字化普惠财富管理时代。在理想情形下，智能技术可以在更短的时间内进行投资者教育，通过智能投资顾问等服务满足更广泛的大众富裕人群的财富管理需求，形成投资者成熟、服务普惠、风险管理能力优异的健康市场格局。

具体到如何实现数字化的服务创新模式，传统金融机构和互联网企业各有所长，需要相互合作、共同推进财富管理的智能化变革。传统机构提供金融经验与专长，互联网企业提供客户流量和智能技术，双方通过合作各取所长，达到共赢。典型的有2019年蚂蚁金服与美国著名资管机构先锋领航（Vanguard）成立的合资公司，其致力于借助前者全球领先的资管能力盘活后者数亿活跃用户的财富需求。再比如，同年9月中金与腾讯合资成立的一家金融科技技术公司，结合前者在财富管理领域的专业优势和后者的智能化技术及庞大的客户群，打造数字便捷化、差异化的财富管理解决方案。

## 三、技术铸就财管行业新的信任基石

以往的中国财富管理市场，客户对服务的信任主要基于机构的刚性兑付能力，对财管机构业务能力的判断较欠客观和全面。在如今更规范的市场环境下，财富管理客户的信任根基将发生本质的变化。以往行业领先机构凭借其庞大的体量拥有竞争优势，往往缺乏动力真正从客户的需求出发改进产品和服务。面对日益成熟的财富管理市场，过去单纯依靠体量和渠道优势跑马圈地的模式难以为继。与此同时，财富管理客户对服务的信任及判断标准也要作相应的调整。

信任是财富管理的基石，而金融科技正在重塑中国数字财富管理的信任基石。波士顿咨询公司和陆金所的研究报告指出[①]，与财富管理相关度最高的四项辅助技术——大数据、人工智能、区块链和机器人自动化流程——将在客户画像、资产规划、组合管理等环节改变传统的财管业务逻辑，助力财富管理机构实现降本增效、客群延展、控制风险、提升体验等效果。随着整个财富管理市场的大转型，客户对过往基于机构刚性兑付能力和客户经理个人关系的信任基石将被打破，金融科技技术将取而代之，从以下两个方面重新建立财富管理的信任标准。

首先，洞见需求，比客户更了解客户。人工智能技术能够在咨询方面与人工形成互补，大数据技术能够帮助机构实现立体精准的客户画像和客户分层，以此匹配相应的产品。目前，大部分机构在客户画像的处理上缺乏深度的多维分析，难以进行资产配置和服务方式等体系化的精准匹配。不同于过去采用客户经理或调查问卷触达客户的方式，大数据时代的数据共享能够在保障客户个人隐私的前提下，从多方位更精准地了解客户的需求，纠正潜在的人为认知偏差。

其次，信息透明，回归客户利益为本。金融技术可以增强市场信息的透明度、提升客户体验，助推财富管理行业向更规范、透明的方向发展。在过往信息不对称的时代，财富管理机构凭借信息优势和渠道优势，更容易从自身利益出发，向客户销售能够让机构获得最大利益的产品，而非最适合客户、最优质的产品。在新的资管规定和政策框等范围

---

① 波士顿咨询公司，陆金所：《全球数字财富管理报告 2019—2020：智启财富新未来》，2020 年。

内，机构业务将向基于绩效的财富管理转变。财富科技通过智能算法和实时动态的移动端呈现，能够间接迫使机构将客户的组合信息更客观、动态、实时地呈现在其面前。一方面，随着整个行业透明度的提高及市场竞争的加剧，财富管理机构将被倒逼从最佳资产配置的角度进行真正从客户利益出发的财富管理。另一方面，数字时代也能够赋予客户更大的选择权，让客户选择真正代表自己利益的财富管理机构和顾问。

波士顿咨询公司何大勇表示："中国的金融科技及线上化财富管理在过去5年发展迅猛，在全球占据不可忽视的地位。然而，中国真正的数字财富管理的发展仍处于起步期。中国财富管理市场、数字财富管理模式都在思变与应变的关键节点，所有参与者都需要思考未来的道路与方向。"[1]

## 四、数字化普惠服务点燃市场新增量

根据波士顿咨询公司的全球财富管理报告的统计[2]，全球财富市场总额整体上增速放缓，预计2020—2025年将以年均5.7%的速度增长。尤其在成熟市场，传统机构的利润空间被挤压，2014—2018年，财管机构的资产收益率平均下降了4个基点。在此背景下，财富管理市场亟须寻找新的增长来源，而大众富裕阶层的巨大财富管理需求尚未得到满足。大众富裕阶层的大部分资产仍为现金或储蓄形式，尚未被财富管理机构挖掘，潜在财富体量可观。目前，大众富裕客群以17%的

---

[1] 波士顿咨询公司，陆金所：《全球数字财富管理报告2019—2020：智启财富新未来》，2020年。
[2] 波士顿咨询公司：《全球数字财富管理报告2017》，2017年。

资产管理规模贡献了机构财富管理收入的27%，其单位资产收入贡献其实更高。以大众富裕客群为代表的普惠市场，是下一个10年各类财富机构不容小觑的新机遇。

通常来说，受制于财富体量等门槛的限制，广大长尾客群较超高净值人群的专业财富管理的可得性较低，而财富科技技术的应用能够使财富管理变得更加普惠。从供给侧来看，技术可以突破专业投资顾问人才供应的限制，让更多专业的投资建议触及更广泛的人群。从需求侧来看，财富科技的应用能够大大降低财富管理的成本，使专业财富管理不再成为富裕阶层的专属。

具体到应用场景，数字化、智能化技术可在如下两方面加持财富管理服务。

第一，个性化普惠顾问，实现客群下沉。过去，由于服务成本门槛高，财富管理机构往往聚焦于高净值客群，大众富裕客群很难获得针对性服务。数字化财富管理将颠覆既有的业务模式。智能化能够显著降低机构提供个性化服务的成本，普惠更多人群，进而降低财富管理的门槛，使过去未能得到充分服务的大众富裕阶层也能享受专业的财富管理服务。据机构调查[1]，单是大数据分析，就能为机构带来10%~20%的客服成本缩减和20%~40%的运营成本下降。此外，财富科技可以使财富管理变得更加精准。数据挖掘与分析使机构对客户的理解更加透彻、预判更加准确，从而使机构能够更好地提供定制服务，同时培养客户对机构的信赖感，进而激发更多长尾客户通过机构服务解决其个性化需求。

---

[1] 波士顿咨询公司，陆金所：《全球数字财富管理报告2018：科技驱动、铸就信任、重塑价值》，2018年。

第二,数字化精细经营,实现全周期管理。过去,数字化工具的应用被认为是机械化的、"不近人情"的。随着智能技术不断发展,数字财富管理服务并不是简单地将人工投资顾问完全替代为人工智能,而是基于客户真实的财富水平、风险偏好以及所处生命周期,提供财富保值增值、税务及财务管理、传承规划等有多方位的财富管理服务。智能化能够更好地捕捉客户的实时与个性化需求,帮助机构真正从客户的真实需求和目标出发,提供个性化的投资与财务规划建议。例如,智能化财富管理服务可以根据每个客户的家庭成员状况、工资收入情况、目标消费与生活状态,量身定制适合每个人生阶段的财务管理与投资规划。这不仅包括日常家庭收支规划,也包括为达成诸如子女教育、购置房产等特定目标而做的中长期财富投资规划。例如,美国智能投资顾问鼻祖 Betterment 就为投资者提供了基于六类投资目标的智能投资组合。在未来,随着智能投资顾问业务趋于成熟,每个家庭都能拥有家庭专属的投资顾问甚至财务顾问。

根据财富管理服务复杂度的差异,数字化和智能化技术扮演的角色有所不同。针对高度基于规则的服务内容,人工智能可以完全替代人工。在诸如寻找最低费率产品、最优交易价格、最低税收的投资组合等方面,智能化能够完全替代人工,甚至做得更好。例如,摩根大通于 2017 年开始使用的 LOXM 智能交易机器人,通过对过去几十亿条实盘和模拟盘的历史数据进行深度学习,寻求在最佳时机以最佳价格完成交易,并基于交易数据和当前市场状态来自动发现新的交易机会。

针对更加复杂的规划类财富管理服务,比如高净值人群的法律和税务筹划、信托和传承规划等,智能化技术手段很难完全替代人工,但能够凭借实时信息获取、海量数据分析等来赋能人工,提高其服务客户的能力和效率。例如,2018 年法国巴黎银行的子公司富通(BNP Paribas

Fortis）收购了 GuiSquare 公司 25% 的股权，以开发和完善专门服务私人银行客户和客户经理的线上智能化财富管理工具。该工具可以帮助客户经理快速高效地进行客户交流、报表生成、个性化财务规划建议等环节，甚至可以提供收益现金流分析、收益情景模拟等专业化支持。

综上所述，数字化和智能化技术在财富管理领域的应用不是在零和游戏中重新分配各方的利益，也不仅仅是降本增效，而是通过个性化的服务和高效的经营，普惠更多客户、满足更多需求，从而达到客户和机构的共赢。

## 五、数字财富管理疏解中国式"中产焦虑"

20 世纪上半叶法国著名的思想家罗曼·罗兰曾说："财富令人起敬，它是社会秩序最坚固的支柱之一。"[①] 当社会阶层固化，财富集中在少数巨富手中时，人们对财富管理的新增需求有限，传统的私人银行已经可以满足这类市场的需求。而当社会财富人群仍在快速积累，尤其是中产和富裕阶层迅速增长时，财富管理需求不断提升、客群持续下沉，继而催生各类服务机构和平台涌现。与此同时，数字化工具有效打破了时间与空间的限制，很大程度解决了成本和效率的矛盾，有望填补财富管理市场的供应缺口。当前中国具备极佳的数字财富管理发展基础，未来有望成为全球发展最快的数字财富管理市场之一。

据机构分析[②]，中国在财富管理发展进程中存在三大挑战。首先，

---

① ［法］罗曼·罗兰：《母与子》，外国文学出版社 1990 年版。
② 波士顿咨询公司、陆金所：《全球数字财富管理报告 2018：科技驱动、铸就信任、重塑价值》，2018 年。

市场亟须规范。以往的刚性兑付将原本分摊到投资者身上的风险转移到少数金融机构身上，抬高了风险的集中度。此外，当前大部分客户仍然被动接受现有产品模式，而非主动选择符合自身情况的理财产品，而销售导向无法做到真正以客户为中心的优质服务。其次，投资方式有待成熟。目前中国投资者对风险分散的意识很大程度仍停留在机构刚性兑付能力而非投资标的上。第三方调研机构数据显示[1]，约有八成投资者做资产配置的平均期限分布于3～12个月，并把80%以上的资金投资于固定收益类产品，平均投资期限远短于成熟财富管理市场。最后，机构良莠不齐。从整体来看，机构的业务能力和对技术的应用水平差异悬殊；部分领先机构不断提高专业水平，成为行业典范，但也不乏部分平台以金融科技为市场营销的手段而非业务改造的引擎，并没有通过技术和数据创造价值[2]。

诚然，目前中国的财富管理市场与国外成熟市场还有一定的差距，但从另外一个角度看，市场的发展潜力也是巨大的。尤其在传统财富管理与数字化结合的领域，中国以互联网金融为代表的金融科技力量或将带动整个线上财富管理弯道超车。加之近年来，资管新规等各项监管政策加快落地，为数字财富管理模式的发展带来了新的机遇。在此背景下，中国互联网金融行业正不断地朝着正规化、规范化方向发展，一个高度自律、创新、具有中国特色的数字化财富管理体系正羽翼渐丰。

与此同时，数字财富管理有望给中国社会近在眼前的迫切问题提

---

[1] 波士顿咨询公司，陆金所：《全球数字财富管理报告2018：科技驱动、铸就信任、重塑价值》，2018年。

[2] 波士顿咨询公司，陆金所：《全球数字财富管理报告2019—2020：智启财富新未来》，2020年。

供解决途径。中国拥有一个庞大且快速成长的中产阶层群体，这是智能化时代中国财富管理市场发展的重大机遇。伴随着移动互联、智能投资顾问等创新，财富管理机构能够高效且低成本地为广大中产阶层提供个性化的财富服务。中国中产阶层中有很大一部分出生于20世纪八九十年代，这类人群被称作"焦虑的一代"，具有鲜明的需求痛点。他们拥有典型的"4-2-2"式家庭（"4-2-2"式家庭是指同为独生子女的夫妻双方的四位老人、夫妻二人以及两个子女构成的家庭结构），夫妻二人面临着按揭买房、赡养老人、养育子女的重任，同时还要为自身的退休养老、医疗保障等方面进行规划，因此对家庭财富管理及中长期财务规划服务具有迫切的需求。

在此背景下，以智能投资顾问为代表的个性化财富规划，成为疏解中国式"中产焦虑"的有力手段。如何进行储蓄与投资、如何平衡收入与支出，以达到如购置房产、子女教育、赡养父母等特定的生活与财务目标，是每个中国中产家庭都会面对的问题。以大数据等智能技术为支撑、以特定生活目标为驱动的家庭财富管理与财务规划服务，或将成为破解中国式"中产焦虑"的疏通渠道。家庭财富管理以家庭为单位覆盖全生命周期，提供资产负债统一管理的财富管理方案，包括投资规划、保障规划、投融资规划、子女教育规划、养老规划和财富信托规划等。以海外留学教育为例，智能化模型通过多种因素的输入，计算出每个家庭所需的留学费用需求，模型所考量的个性化因素涵盖不同国家的生活水平和通胀情况、孩子所处的不同留学阶段、家庭资产与负债情况等。据此，机构可以为家庭提供定制化的中长期投资组合。

目前，中国财富管理大众客户的投资理念尚不成熟，这就越发需要专业的财富管理服务。习惯了连续数十年的高速经济增长，中国投资者普遍希望用很短的时间（通常在一年之内）实现较为可观的回报（通常在5%~8%甚至更高）。这类投资模式在曾经影子银行大行其道之时也许能够赚到"快钱"，但在当前的宏观监管与市场环境下必将难以为继。这时，智能化技术与工具或将在中国财富管理市场上独具价值，帮助大众投资者在短期波动的市场环境下把握中长期的价值投资机遇，助力中国多层次资本市场的可持续健康发展。

综上所述，数字财富管理是未来10年财管行业发展的必然方向，在带来市场增量和业务模式变革的同时，也给机构以及监管带来了全新的课题与挑战。对于机构而言，智能化无疑是占领竞争制高点的关键变革力量，但如何在生态中找准定位、建立智能技术变现的能力将成为各类机构的新课题。首先，如何突破金融机构自有场景的限制、开放协作，进而实现高质量的海量数据沉淀，是财富管理机构联手互联网金融机构时面临的核心挑战。其次，如何实现对客户风险承受能力的精准判断，并引导普遍拥有强烈刚性兑付预期的中国投资者建立成熟的财富管理观念，这些挑战都需要专业化、体系化的能力建设。财富管理本身是一项重人力、重经验的体系化业务，人才梯队的建设、多元能力的培养需要时间沉淀。

对于监管而言，一方面，财富科技可以提升行业的效率和价值，帮助金融监管更加高效、精准、灵活；另一方面，智能技术同时也会带来新的风险，包括数据安全与隐私、算法的可解释性和可问责性，以及科技技术带来的新型市场欺诈等。面对快速变化的市场环境和前所未有的技术革命，监管机构或许要肩负更多重的角色，既是变革的观察者和监督者，也是创新的赋能者，甚至引领者。

与发达国家成熟的财富管理市场相比，中国财富管理市场仍处于快速发展的初级阶段，机构和从业人员的专业能力都有待提升。科技的发展将给中国财富管理市场带来弯道超车的跨越式发展机会。科技能让数字财富管理的竞争格局变得更开放,能让数字财富管理的生态竞合变得更多元。未来,有一技之长的机构已不足以具有持久的竞争力,只有足够的综合能力才能快速弥补短板、抵御冲击,在激烈的竞争中存活下来,而在激烈竞争的同时跨界合作也或将成为常态。

# 第二章 行业发展

# 第一节　中国家族办公室：从无序到有序

数年前，家族办公室在中国还只是一个相对陌生的概念，到今天却大有方兴未艾、风起云涌之势。随着中国经济快速发展，中国高净值人群的财富规模持续上升。对这些高净值人群来说，财富管理需求从创富阶段的财富保值增值，逐渐扩散到分散资金风险、跨境资产配置、财富传承等方面，家族办公室因此有了长足的发展空间。

此次新冠疫情并没有放慢中国造富巨轮的前进速度。《2020年中国家族办公室白皮书》显示[1]，过去一年中国财富市场逆风前行，企业家家族仍对国内市场和经济环境持乐观看法。2020年福布斯中国富豪榜的上榜者总财富值由前一年的9.1万亿元飙升至14.1万亿元，有近2/3的上榜者在过去一年财富有所上涨。同时，2020年的上榜门槛为15.5亿美元，前一年为10亿美元。国内家族办公室市场将持续释放可观的增长潜力和巨大的市场价值。

据安永会计师事务所估计[2]，目前全球约有10 000家单一家族办公室，其中一半是在近15年成立的。国内作为新兴市场仍处于蓬勃发展阶段。然而，这个领域虽看似一片光明，实则可能暗藏荆棘。真正意义上的家族办公室并非只是聘请专业理财人士组建一个投资加后勤的小型团队那么简单，背后的法律架构、治理结构才是潜在的难点。

---

[1] 福布斯中国，平安银行私人银行：《2020年中国家族办公室白皮书》，2020年。
[2] 安永会计师事务所：《安永家族办公室指南》，2019年。

## 一、代号"5600号房间"的蜕变

最早的家族办公室并无详细确切的史料记载。家族办公室的雏形最早可追溯到6世纪至9世纪的欧洲,当时是为欧洲各国王室管理财富的专职机构。欧洲被普遍认为是财富管理的起源地。16世纪的瑞士日内瓦有了最早的私人银行业务,19世纪中期出现私人银行和信托公司这样的专业机构,为工业革命时期暴富的家族服务。家族办公室则成为这些专职机构中最为神秘,同时也是最顶级的形态。19世纪中后期,一些抓住工业革命机会迅速崛起的家族企业创始人将金融家、法律人士和财务专家集结起来,专门研究如何管理和保护自己家族的财富并维持商业利益,进而形成家族办公室(Family Office)的前身。

20世纪80年代,美国在第二次工业革命的红利下迅速崛起。家族办公室在北美地区生根发芽的因素完全是家族企业。在当时,家族企业是支撑美国和加拿大国民经济的中流砥柱,分别占美国国内生产总值的64%,占加拿大国内生产总值的45%。当家族企业发展到一定阶段,依靠企业本身的财务管理已经无法满足家族财富管理的需要。此时,家族在财务端面临资产配置、分散风险、家企财务隔离的需求,在家事端面临家族传承、家族成员发展等需求,因而设置专门的财富管理机构变得十分必要,于是家族办公室应运而生。

作为现代家族办公室的发源国,美国为我们提供了家族办公室的法定定义。根据美国证券交易委员会1940年通过的《顾问法案》(Advisers Act)第202(a)(11)(G)-1条以及《多德-弗兰克法案》(Dodd-Frank Act of 2011),家族办公室的释义如下:

(1)除了家族客户以外无其他客户。"家族客户"包括现在和过去的家族成员以及核心雇员。"家族实体"包括为家族成员或以慈善目的设立的家族信托、家族基金会和家族企业。"家族成员"包括拥有同一祖先的十代以内的直系亲属以及他们的配偶。

（2）由家族客户全资拥有，并由其中一名或多名家族成员和（或）家族实体完全控制。

（3）不以投资顾问的身份为公众提供服务。

根据美国家族办公室协会（Family Office Association）的定义，家族办公室可以概括为：专为超级富有的家庭提供全方位财富管理和家族服务，以使其资产的长期发展，符合家族的预期和期望，并使其资产能够顺利地进行跨代传承和保值增值的机构。由此可见，家族办公室除了为（超）高净值家族的完整资产负债表进行360度的全面管理和治理，还提供一系列"表外业务"。家族办公室在欧美被视为家族财富的守护人，体现了以"买方"为导向服务的最高级形式。相比同行业的其他服务机构，家族办公室的市场价值更趋向一种服务哲学，不局限于某一种组织部门形态。它既可以是一种办公室实体、一种法律体形式，也可以是各种实体的集合。

现代意义上的第一个家族办公室，由洛克菲勒家族创办。洛克菲勒家族至今已经传承六代，通过家族办公室对家族事务和传承进行专业管理的模式，也已被全球财富家族广泛接受和效仿。1882年，约翰·戴维·洛克菲勒（下称"老洛克菲勒"）建立了洛克菲勒办公室，将其命名为"5600号房间"（"Room 5600"，即洛克菲勒大厦的办公室房间号码）。建立家族办公室的契机，是老洛克菲勒需要一些专业人士来帮助他打理庞大的家族资产，但由于在很长一段时间内他都拒绝将投资团队专业化，因此这个家族办公室一直非正式地运行着。直到1974年，家族第三代成员纳尔逊·奥尔德里奇·洛克菲勒（Nelson Aldrich Rockefeller）提名美国副总统期间，当时美国政府要求披露其家族信息,人们才在洛克菲勒家族办公室低调运作近一个世纪后,得以一窥其究竟。根据洛克菲勒家族提供的文件,洛克菲勒家族办公室负责除 1934—1952 年信托资产以外的家族资产,并根据不同家族成员的需求提供不同的投资咨询服务。

1977 年,家族掌门人纳尔逊·洛克菲勒从副总统位置上引退后,着手对洛克菲勒家族办公室开展调研,建议成立一家家族拥有的公司来重组家族办公室,该公司将向外部客户提供服务并收取费用。他提出该建议的主要原因是为了削减支出。随着美国通货膨胀率的不断上升,洛克菲勒家族的资产规模日益膨胀,同时家族成员对家族办公室的服务质量要求不断提高,导致家族办公室的运营费用逐年提高。1980 年,洛克菲勒家族办公室成为一家在美国证券交易委员会注册的投资顾问公司,是为洛克菲勒金融服务有限公司(Rockefeller Financial Services Inc.),业务范围从只为家族成员服务的单一家族办公室拓宽到为外部客户(包括高净值个人、家庭、家族办公室和机构投资者)提供资产管理服务的联合家族办公室。

如今,洛克菲勒家族办公室设有五大部门,分管现金管理、创业投资、信托管理、保险业务及保险经纪业务。该机构帮助洛克菲勒家族做投资规划、解决内部财务问题,保证家族成员享受优质的服务,并且为家族做慈善事业回馈社会、提升家族荣誉。时至今日,在家族办公室的财富管理助力下,洛克菲勒家族的财富有增无减,并在美国乃至全球范围内的多个领域拥有举足轻重的影响力[1]。

---

[1] 洛克菲勒家族案例相关内容可参见,磐合家族研学社:《洛克菲勒家族丨神秘的"5600 房间"》,2019 年,https://mp.weixin.qq.com/s/KgU2bCymv8_6wUJ8pOCFCQ。

## 二、量体裁衣：家族办公室的定位与监管

就家族办公室的组织形式来看，全球范围内主要有单一家族办公室和联合家族办公室两种。目前，单一家族办公室（Single Family Office）在全球约有 10 000 余家，其服务对象为"超级富豪家族"，即资产净值在 1 亿美元以上的家族。在国内，单一家族办公室的门槛较国际惯例而言适度放宽，一般要求客户家族资产净值达到 3 亿~5 亿元人民币。相对单一家族办公室，联合家族办公室（Multi Family Office）对资产规模的要求也相应降低。专业机构 Family Wealth Alliance 为这种联合家族办公室设定了标准：财富在 100 万~1 500 万美元的家族就可以考虑雇用联合家族办公室。联合家族办公室通常服务 5~7 个家族。目前，中国家族办公室的资产管理规模为 42 亿元人民币。其中，使用单一家族办公室的占 30%，使用联合家族办公室的占 16%，使用私人多家族办公室和混合家族办公室的各占 9.2%。

不同类别的家族办公室，运营成本不尽相同。从设立成本和维护成本角度来分析，若参考欧美的实践，按美国证券交易委员会 2011 年所提示的标准，设立单一家族办公室，家族可投资资产规模通常需要达到至少 1 亿美元，行业内约有 2 500~3 000 家单一家族办公室管理着 1.2 万亿美元的资产。而选择联合家族办公室的家族，可投资资产规模可降至 2 000 万美元到 1 亿美元。通常来说，在欧洲与北美地区，如果要实现一个全功能的、深度整合的家族办公室，那么可能需要家族资产在 10 亿美元以上，对应开销在 1 000 万美元左右。

目前，国内家族办公室仍然处于业务发展的早期阶段，尚未出现专门针对家族办公室业务制定的监管法律，也没有相应的统一监管机构和行业协会。随着这些业务的继续开展与家族办公室业务的不断扩大，未

来很有可能会出现专门针对家族办公室的监管法案以及相关牌照。

2020年1月7日,香港证券及期货事务监察委员会(简称香港证监会)发布了一则通函,为拟于香港进行资产管理或其他服务的家族办公室提供一般指引。若公司或家族办公室是为了管理资产(包括证券或期货合约)而以企业形式设立的,该公司或家族办公室可能需要持有第9类受规管活动(提供资产管理)牌照。在香港提供资产管理服务是否需要申领牌照,并非取决于客户是否为家族。因此,家族信托受益人或家族成员之间的关系,与确定是否申领牌照无关。

中国大陆的家族办公室大多注册为投资咨询或财务咨询有限责任公司。截至目前,中国大陆持有"家族办公室"牌照的机构有诺亚财富、青岛睿璞、宜信青岛三家,这是2015年青岛市财富管理金融综合改革试验区的一次试水。在此之后,该牌照再未颁发过。2015年,全国注册成功的家族办公室不超过100家。2018年新增44家,2019年新增9家。

单一家族办公室在发达国家和地区的准入监管较为宽松。以中国香港地区为例,香港证监会中介机构部发牌科于2020年1月7日发布的《有关家族办公室的申领牌照责任的通函》(以下简称《通函》)针对单一家族办公室规定,如果家族办公室是以独立的法律实体形式成立,并由受托人或持有家族资产的公司全资拥有,那么该家族办公室无须申领牌照。假如家族办公室纯粹向相关公司提供资产管理服务,便无须就第9类受规管活动(提供资产管理)申领牌照。换言之,如果家族办公室只面向自己的家庭成员,或面向家族以外的客户但并不在香港境内提供投资顾问服务,即可豁免香港证监会的监管。

但如果家族办公室在香港本地对家族以外人士提供投资顾问服务或资产管理服务,则会受到香港证监会的监管,并需要取得相关业务牌照。阿里巴巴集团的联合创办人蔡崇信在香港设立的家族办公室Blue Pool Capital就取得了香港证监会发出的第4号牌照（就证券提供意见）、第5号牌照（就期货合约提供意见）和第9号牌照（提供资产管理），共同管理蔡崇信家族和马云家族的资产。

无独有偶，新加坡对于单一家族办公室的准入标准也相当宽松。新加坡金融管理局将家族办公室定义为"一个为单一家族管理资产而同时由其家族成员完全持有或控制的单位"，其无意要求单一家族办公室持有牌照，换言之，单一家族办公室可以通过针对相关企业管理资金的牌照豁免安排而获得牌照豁免。此外，对于实质上为单一家族管理资产但结构上不符合现有牌照豁免要求的单位，也可以向新加坡金融管理局申请个案特殊豁免安排。

在美国的法律体系下，家族办公室由于涉及向客户提供投资建议，被美国证监会认定为投资顾问，并因此受到《1940年投资顾问法案》的监管。2010年，为解决华尔街在金融海啸中暴露出的业务风险和透明度问题，以及重振华尔街在国际金融市场中的地位，在美国时任总统奥巴马的大力推动下，美国国会通过了《多德－弗兰克法案》。2011年，美国证监会正式颁布了《家族办公室条例》，规定家族办公室只要符合在结构上被家族成员控制、服务客户限于家庭成员等条件，就可豁免被定义为投资顾问，即豁免受《1940年投资顾问法案》的监管。

除了单一家族办公室因其本身性质而基本无须进行准入监管外，发达国家和地区对于联合家族办公室并没有专门采取针对性的准入监管政策，而是将其视为在既有监管框架之下的某一类金融机构，进行常规监管。香港证监会《通函》开宗明义地指出："香港并无专为家族办公室而设的发牌制度。"而联合家族办公室"其资产管理活动与持牌资产管理公司的活动大致相若"，故直接适用资产管理公司的准入规则即可。

新加坡金融管理局在金融机构准入设定中，将联合家族办公室归类为基金管理公司，并进一步细分三类准入门槛。类似地，美国证券交易委员会制定的《家族办公室规则》明确表示，在公众面前以投资咨询机构身份出现，或作为投资咨询机构向金融消费者，或投资公司提供投资咨询服务的家族办公室，属于联合家族办公室，由于涉及大量的公众客户，并不适用该条例，仍受美国证监会和《1940年投资顾问法案》的监管。

随着家族办公室日益在国内成为财富管理的热点领域，监管实践中的些许空白将会被补齐。为引导行业朝着健康有序的方向发展，对家族办公室进行有效监管可以基于这两个方面开展。

首先，行业准入。如前文所述，当前我国家族办公室尚未有特定的准入和执照要求，既可以作为金融机构、律所、家族企业的内置部门存在，亦可以通过注册有限责任公司等形式单独设立。参考欧美成熟市场的做法，比如在作为全球财富管理高地的瑞士，家族办公室需要严格遵照瑞士联邦金融市场监管局的相关法律开办业务，同时根据自身业务种类的情况，申请牌照或者注册激活相关服务内容，并接受年度外部独立审计。此外，各个金融监管机构分别对家族办公室进行的不同金融业务进行监管。

其次，主体界定。发展至今，国内家族办公室行业也逐渐呈现寡头家族办公室与各类功能型家族办公室齐头并进的局面。但如今号称家族办公室的机构类型较多且良莠不齐，"以家族办公室之名，行金融产品销售之实"也是长期存在的乱象。目前，国内仍有不少家族办公室仅以金融产品销售产生的佣金支持日常运营，并未真正以家族办公室的核心理念来执行业务。鱼龙混杂、质量参差不齐的"伪家族办公室"使得超高净值客户难以信任家族办公室能解决其财富管理需求，这正成为阻碍中国家族办公室行业良性发展的绊脚石。因此，做好家族办公室的行业监管、界定监管对象的范围也是刻不容缓的问题。

家族办公室在中国属于新生事物，行业整体上还处于快速成长的早期发展阶段，监管实践还处于摸索领域。美国、新加坡、中国香港等发达国家或地区已经建立了较为成熟的家族办公室监管框架。无论是从助力家族企业有序传承的角度，还是从规范财富管理行业健康发展的角度，借鉴发达国家及地区的家族办公室监管经验，对我国家族办公室行业进行监管探索，都具有重要的现实意义。

## 三、后疫情时代的财富目标：增长与平衡

2019 年新冠疫情爆发之前，亚洲财富的大幅增长导致了成功的企业家家族对量身定制的家族财富管理服务的需求更上一个台阶。2020 年，一系列客观因素使得财富管理的专业知识及技能比以往任何时候都显得更为重要。一方面，新冠疫情和国际关系的紧张局势增加了金融市场的风险；另一方面，相对宽松的货币政策和宏观经济刺激政策助长了许多国家资本市场的股票价格。中国拥有世界第二大亿万富翁群体，仅次于美国，在全球财富管理行业的表现突出。据数据统计[1]，中国国内生产总值的增长从 2020 年的小幅下降回升到 2021 年第三季度的近 5%。由于中国是疫情危机后经济复苏表现最好的经济体，2020 年福布斯中国富豪榜上，400 名上榜富豪的总财富值从前一年的 1.29 万亿美元飙升至 2.11 万亿美元。

根据福布斯中国和平安银行私人银行对中国财富管理市场的调研

---

[1] 福布斯中国，平安银行私人银行：《2020 年中国家族办公室白皮书》，2020 年。

反馈[1]，目前国内的家族办公室总数在 2 000~3 000 家左右，国内超高净值客户规模预计在 10 万人左右。2019 年国内财富总值在 10 亿美元以上富豪人数在 400 位左右。但同时，国内家族办公室市场上机构总量远远小于客户总量，家族办公室能够获取客户的空间仍然很大。据瑞银《2020 年全球家族办公室报告》统计，截至 2020 年，中国家族企业的平均净财富为 65 亿元人民币，（超）高净值家族使用家族办公室服务的主要动机是保全财富。

新冠疫情对中国企业家家族的投资策略起到了警醒作用，财富保障和规避风险成为后疫情时代财富管理的两大新目标。疫情给国内企业经营带来的负面影响不可避免，但受益于投资策略的改变，超过 60% 的参与者的家族投资回报与过去持平，甚至获得了增长。更为重要的是，疫情促使家族财富管理及传承理念的转变。越来越多的中国企业家家族开始注重不可控事件发生前的风险防范。在参与 2020 年调研的家族办公室中[2]，采用以增长为导向的投资战略的占 44%，以平衡为导向的投资策略占 43%，而采用以保全为导向的战略的比例只有 13%。据瑞银的调研报告反映，不少家族办公室考虑在未来 12 个月内改变资产配置的计划，并表示可能会削减大宗商品、其他有形资产和房地产，同时增加私人股本投资。通常来说，由于对国内市场的认知度更高，中国家族办公室在国内投资方面具有较强的冒险精神，对风险的容忍度也较高。但在海外投资方面，他们的风格与国内投资的截然不同，对风险的容忍度相对较低。

---

[1] 福布斯中国，平安银行私人银行：《2020 年中国家族办公室白皮书》，2020 年。
[2] 瑞银，Campden Wealth，惠裕全球家族智库，中航信托：《2020 年中国家族办公室和财富管理报告》，2020 年。

毫无疑问，财富的安全和保障是本次新冠疫情期间家族企业最主要的需求。福布斯的调查结果显示，在疫情发生后，有近一半的被调查家族企业主把财富安全保障及保值增值作为首要问题。调查还发现，在面对不可控事件发生时，未使用家族办公室的家族企业和已使用家族办公室的家族企业所采取的措施也截然不同。未使用家族办公室的家族企业较为被动且滞后，在企业层面被迫降低了经营成本，在家族投资层面甚至没有采取任何措施。而已使用家族办公室的家族企业不仅获得了相关金融机构的资金支持，也适度改变了投资策略，更稳健地实现了资产安全和保值增值的目的。

在家族企业与家族财产权利界限的问题上，福布斯调研发现，中国家族企业对于企业与家族财产和权利的风险隔离意识还略显薄弱。调研中，仅有13%的家族企业主表示已经将家族的私人资产与企业资产相分离。同时，55.3%的家族企业主表示征收遗产税会改变家族财富的传承方式，或已经设计好相应的家族财富传承计划以免受到遗产税的影响。由此可见，国内已经具有对于家族财富传承的保护意识。在调研中[①]，13.0%的企业主表示目前已经通过法律文件将企业与家族风险隔离，38.8%已考虑进行家族与企业的财产和权利分割。这反映出目前国内家族对于企业与家族的财产和权利的风险隔离已具备一定的防范意识。但同时，仍有接近半数对解决企业与家族财产的权利界限没有任何计划或采取任何行动，总体来说，企业家家族对风险隔离意识还略显薄弱。因此，国内的财富管理机构有必要提升专业服务水平，使家族成员更重视家族财富的风险管理。

---

① 福布斯中国，平安银行私人银行：《2020年中国家族办公室白皮书》，2020年。

与此同时，后疫情时期，国内家族企业比以往更重视家族办公室的生活类服务。受访的福布斯上榜企业家在访谈中普遍指出，除了专业的资产配置、财富保障、财富传承等金融类服务之外，因为今年的疫情，留学教育规划、移民规划、出行规划及健康管理等服务日益对他们的生活起到越来越重要的作用。

## 四、中国家族办公室如何实现二次跳跃

从 2013 年至今，国内家族财富管理市场已走进第八个年头，经历了发展的萌芽阶段。据中国人民大学汉青经济与金融高级研究院特聘教授郭升玺的分析[1]，中国家族办公室的发展历程大致可分为两个阶段。

第一个阶段：2013 年年初至 2016 年。提供家族办公室服务的财富管理机构大规模涌现，其中大多数是以提供从子女就学、健康管理到设立信托的"一站式服务"多家族办公室形态出现，并于短短三年内数量从零增长至数千。

第二阶段：2016 年年底至今。到了 2016 年年底，家族办公室行业的爆发式增长发生了一个本质的变化：此时金融账户涉税信息自动交换标准（Common Reporting Standard）等国际监管要求的出台，给家族办公室从业者强调的"跨境资产规划"实务落地能力加了"下划线"。中国高净值人群关注的焦点突然从高收益转向资产保护规划，客户需求开始倒逼专业落地。于是，部分家族办公室开始进一步往专业化方

---

[1] 复旦大学泛海国际金融学院全球家族财富管理研究中心：《对话郭升玺：大资管时代，私人财富管理该往何处走？》，2020 年 11 月 20 日，https://mp.weixin.qq.com/s/g65zk4cITD8ZOgBVBIuslg。

向深耕,除了专业理念外,从业机构也都将收入及现金流,纳入运作的重要考量主轴;也有从业者觉得"家族办公室"这块牌匾,因跨境法律、税务等服务技术门槛较高,不仅无法带来短期附加营收,反而平添额外的成单麻烦;也有家族办公室本身的资金不具优势,没有原本客户沉淀支持,新业务也无法吸引客户落地。种种现实因素导致许多机构开始逐渐从中国家族办公室市场上退出。

当部分第一波家族办公室从业者退出的同时,第二阶段的后继者开始逐渐进场,此时新加入的参与者,除了经过市场洗礼后实力坚强、具有客户基础的金融机构外,还有如律师事务所、税务师事务所等专业性机构,以及境外服务提供商等由各种专业人士组成的国际机构。从2017—2019年,中国内地、中国香港、新加坡等成立的针对华人市场服务的家族办公室亦有数百家之多。

随着跨境监管的大量新规出台、中国香港逐渐失去中岸优势等一系列局势变化,家族办公室从业者面临新的实务挑战,不少家族办公室从市场逐渐退出。郭升玺教授指出[1],家族办公室其实不需要都提供全能包办服务,这在实际运作及成本效益上也不现实。反之,如果机构愿意放下"吃独食"的态度,或可依托自身的背景转型为"功能性家族办公室",不仅在原本的专业基础上更有底气,同时通过对业务的梳理区隔,可将原本与其他同质机构的竞争关系转化成合作关系。譬如,移民类、法税类、产品类、销售类家族办公室之间可进行封闭式合作,股权和财务相互独立,共同服务客户,如此"团体战"的模式

---

[1] 复旦大学泛海国际金融学院全球家族财富管理研究中心:《对话郭升玺:大资管时代,私人财富管理该往何处走?》,2020年11月20日,https://mp.weixin.qq.com/s/g65zk4cITD8ZOgBVBIuslg。

才能强强联合,而非抱团取暖。

时至今日,中国家族办公室的发展已走到十字路口。就整个行业的发展趋势及挑战,郭升玺教授从三个角度加以阐释[1]。

其一,是市场的策略吊诡。在国际惯例中,家族办公室多由成本中心的单一家族办公室沉淀专业能力,当行有余力后,向外发展服务多个客户,也就变成了多家族办公室。国内的家族办公室由于时间压力,成立之始多是直接开门做生意的多家族办公室,团队专业能力与客户积累都是成立后慢慢完成,但由于时间与资金成本的现实压力,根本不允许慢慢沉淀积累专业,这就容易导致机构(或其投资者)在运营的方向上,逐渐往如何"弯道超车"的吸引客户思维上走。然而,公关宣传往往是有专业背景的家族办公室的致命弱项,有需求的客户难以从广告中分析哪些机构有真的专业实力,这就容易导致市场信息的杂乱。

其二,是买卖方的逻辑冲突。广义的财富管理行业,是基于客观的"第三方"角度对客户投资等需求提出建议配置。这种营业逻辑,与买方角度为主的家族办公室本应是高度契合的。但是,国内机构遵循历史发展经验,使得主事者逻辑较多仍停留在"产品销售"的卖方层面。然而,目前国内客户的法律、税务等服务诉求、跨境诉求都很难在传统的产品上体现,那么,到底是选择继续卖产品忽略买方需求,还是在公司业务上搭建法律、税务服务的买方业务?买方业务怎么计算关键绩效指标(KPI)?两者之间是否有排斥效应影响公司整体利益?这些已成为许多财富管理公司无法判断的矛盾。

---

[1] 复旦大学泛海国际金融学院全球家族财富管理研究中心:《对话郭升玺:大资管时代,私人财富管理该往何处走?》,2020 年 11 月 20 日,https://mp.weixin.qq.com/s/g65zk4cITD8ZOgBVBIuslg。

其三，是运营主轴的选择挑战。除了有资金优势的机构投资的多家族办公室外，独立运作的多家族办公室如果没有存量客户作为支持，势必面临资金流的问题。因此，哪一种运营模式是最佳方案，就成了一个多维度的难题。

福布斯中国和平安银行私人银行联合发布的《2020年中国家族办公室白皮书》显示[①]，国内已使用家族办公室和未使用家族办公室的家族企业主对于税务、法律等外包服务的看法近乎一致：目前这类服务缺乏系统性，对客户的需求不明晰，无法满足其家族财富管理的长远需求。同时，接受访谈的3位家族办公室从业高管均表示，由于国内家族办公室的起步时间相比海外的家族办公室较晚，复合型人才基本都分散在国内头部商业银行及其他财富管理机构，因此，业内人才资源有限也是国内家族办公室面临的主要挑战。据机构分析，这一现状使得腰部以下的家族办公室难以轻易获取客户资源和信赖。即便不是腰部以下的家族办公室，国内的家族办公室从业人员也必须做好5~8年的漫长部署去积累超高净值客户。

面对上述多重挑战，国内家族办公室需要从如下三个方面提高专业能力。一是家族治理能力。中国创富一代普遍遇到家族企业治理与家族传承的困境。如何做好家企分离，避免家企不分的法律风险，如何让家族与企业的接班人顺利接班等，都是家族办公室急切需要提升的职能。二是投资管理能力。在目前的财富管理行业，尤其遗产管理方面，对资产配置能力的要求越来越高。由于家族办公室的投资水平仍然参差不齐，因此能够提供优质资产管理服务的家族办公室还是非

---

① 福布斯中国，平安银行私人银行：《2020年中国家族办公室白皮书》，2020年。

常稀缺。三是专业人才团队建设。对国内大多数家族办公室来说，招聘外部人才和寻找经验丰富的服务提供商是他们面临的主要挑战之一。家族办公室长远发展的核心还在于人才，人才团队的建设至关重要。

经过市场数年洗礼，家族办公室的参与者无论专业背景、资金基础等能力都更加成熟，也在不知不觉间形成合力，悄悄改变着中国家族办公室的版图。郭升玺教授认为[①]，从整体来看，中国家族办公室行业正在往"寡头化"方向迈进。首先是具有资金、跨境证照及客户优势的"大型机构寡头"。在规模红利的驱动下，这类家族办公室只要吸纳市场的专业人才，就可以将前述家族办公室行业的挑战问题减轻。其次是"专业寡头"。依托于合伙人自身的专业背景（包括法税、投资、置业、保险等）的功能型家族办公室将成为另一股主流，并在不同专业中出现头部机构。与此同时，跨境取得不同管辖区的业务相关执照，也将是家族办公室日后发展的一项硬指标。

未来5~10年，将是中国的家族办公室经历分化、洗牌和常态化发展的转型阶段。在探索中国特色的家族办公室道路上，中国家族办公室应更深入了解新财富拥有者的思维方式和行为特性，这对其把握好未来行业的发展趋势及其需求有一定的启示作用。

## 五、ESG投资：鱼与熊掌可以兼得

ESG投资日益成为财富管理的一大流行趋势。国际资本市场对责

---

① 复旦大学泛海国际金融学院全球家族财富管理研究中心：《对话郭升玺：大资管时代，私人财富管理该往何处走？》，2020年11月20日，https://mp.weixin.qq.com/s/g65zk4cITD8ZOgBVBIuslg。

任投资（Responsible Investment）表现出浓厚的兴趣，越来越多的投资者和资产管理公司将 ESG 因素引入公司投资决策的框架。ESG 是环境（Environmental）、社会（Social）和治理（Governance）的缩写。ESG 投资是指在投资决策过程中除财务回报之外还需要考量上述三个方面的因素。

早在 20 世纪 70 年代，洛克菲勒家族就已提出，投资决定应当包括道德、社会、财务三个维度。洛克菲勒家族办公室的投资原则，追求以解决方案为导向，并在获取收益的同时有利于社会发展。在当时，该理念是站在 ESG 投资的时代最前沿，发出了当下可持续与影响力投资（Sustainability and Impact Investing）的先声。

洛克菲勒家族办公室不仅通过为洛克菲勒家族信托和家族基金会提供咨询服务来帮助家族实现一个多世纪的传承，还通过对世界发展趋势的洞察，间接影响企业主和家族办公室的投资价值观。Scorpio Partnership 的一项研究发现，高净值千禧一代展现出自己对于可持续发展和社会责任为驱动的价值取向，并将其付诸责任投资的实践。这项研究曾预计到 2020 年，约有 24 万亿美元的家族资产将由千禧一代控制。90% 的超高净值千禧一代希望在未来 5 年增加责任投资的占比，84% 表示对可持续投资感兴趣[1]。

19 世纪 70 年代，创始人老洛克菲勒创建标准石油公司，并在 10 年间垄断了美国 90% 以上的炼油业。发展至今，洛克菲勒家族所管理的资产已经远不止石油行业，但石油一直被看作洛克菲勒家族的基石。随着技术革命时代的来临，洛克菲勒家族主动放弃了对石油等传统能源领域的投资，转向投资太阳能等可再生的清洁能源，释放出对能源未来看

---

[1] 芮萌，颜怀江：《千禧新潮流——ESG 投资面面观》，《家族办公室》，2020 年第 11 期。

法的"信号"。2014年在联合国气候峰会开幕前夕，洛克菲勒兄弟基金会宣布，由于煤炭和油砂是碳排放最为集中的两种来源，基金会将大幅度削减石油和煤炭等化石燃料投资，出售旗下的石油行业相关资产，扩大可再生能源产业的投资。洛克菲勒兄弟基金会总裁斯蒂芬·海因茨表示："人类正在面临日益严重的环境威胁，生态系统正在遭受环境恶化的严重挑战。我们认为，不存在继续开采新的石化能源与资源的理性基础。洛克菲勒兄弟基金会对全球气候变化问题高度关注，希望为保护地球贡献一份自己的力量。"[1] 基金会决定出售他们在煤炭业和加拿大油砂行业的投资，投入可再生能源。联合国此前公布的数据显示，全球的能源消耗中，约80%的能源是化石燃料。洛克菲勒家族认为，必须把大部分剩余化石燃料留在地下。海因茨称，如果老洛克菲勒本人在世，也会同意这一决定，还会"带头投入"可再生能源的投资。

洛克菲勒家族不仅从理念上转变为可持续发展投资，也在实际投资中践行这种理念。2016年，洛克菲勒家族基金会声明将以最快的速度退出在美孚石油集团内持有的公司股份，而采取此举的主要原因是他们认为美孚石油误导了公众对于气候变化风险的认识。美孚石油的前身是标准石油公司，即老洛克菲勒财富发家的地方。此外，洛克菲勒家族基金还将从煤矿和加拿大石油公司中撤资。这些举动在向世人表明，洛克菲勒家族具有自我改革的勇气。

在市场不确定性使投资者情绪持续承压之际，环境、社会和治理问题的重要性比以往更加凸显。在港交所修订ESG报告指引后，香港上市公司正面临更加严格的ESG披露要求，ESG投资已不再是可有可

---

[1] 磐合家族研学社：《洛克菲勒家族丨神秘的"5600房间"》，2019年，https://mp.weixin.qq.com/s/KgU2bCymv8_6wUJ8pOCFCQ。

无。根据 MSCI 的研究，相较于 ESG 评级较低的企业，ESG 评级高的企业由于较高的竞争力和超额收益，往往有更高的盈利能力，而发生系统性风险事件的频率也更低。

如今，全球财富管理和资产管理行业正面临越来越大的压力，有必要跟随形势将 ESG 纳入投资决策，并提供更多有利于可持续发展的财富管理产品。普华永道最近的一项全球调查发现，受访的资产所有者中把 25% 以上的资金投入 ESG 型产品的比例从 2017 年的 48% 上升到了 2019 年的 75%。在这方面，洛克菲勒资本管理公司的"S&I 投资"采取特有的"四柱方法"（Four Pillar Method），以此评估企业在实践 ESG 投资决策方面的表现。

"四柱方法"包括治理、产品和服务、人力资本管理、环境。治理层面，是从评估企业管理层及其董事会的质量、诚信、透明度和问责机制为起点，衡量董事会的构成是否具有足够的多样性、透明度及其他影响企业运行的特质。产品和服务层面，是指投资那些商业模式、产品和生产模式与可持续发展理念相一致的企业，并评估企业的市场活动、客户关系及供应链的透明度。人力资本管理层面，衡量的是企业的人力资本管理对员工的生产力和公司的长期发展产生的影响。环境层面，主要评估企业如何应对气候变化及向低碳经济转型，比如减少温室气体排放等减轻环境负担的举措。

时至今日，ESG 投资正在为许多市场设立新的标准。但在资产和财富管理领域，机构和家族企业更多地将其视为声誉问题。如果能抓住 ESG 驱动的市场趋势所带来的契机并贯彻落实，资产和财富管理公司就有机会扩大自身的差异化优势；深谙 ESG 机制的家族办公室，也将处于有利地位，在实现家族企业和自身发展的同时，为促进社会、经济和环境的可持续发展贡献自己的力量。

## 第二节 大资管时代，私人财富管理往何处走

2020 年对于全球经济以及资产和财富管理行业而言，都是不寻常的一年。由于金融市场的动荡，资管行业规模在经历了多年的稳健增长之后出现波动，而未来波动或将延续。即使疫苗和诊疗方案能够战胜新冠疫情，我们所处的世界也将不复从前。拐点来临之际，资管行业领军者也将迎来新的挑战和机遇。

在经历长达 10 年的持续繁荣之后，主要资产市场开始出现负回报，资管机构资金日趋外流。行业面临盈利能力下降、收入利润率缩减的压力。同时，地缘政治和经济的不确定性也在不断加剧。这些变化迫使资产管理人越来越密切地关注环境、社会和治理等联动因素。新冠肺炎疫情则更加强化了该趋势。展望下一个 10 年，一方面，资产管理行业的市场更波动，竞争更激烈，经济不确定性上升；另一方面，随着行业不断发展，科技走向舞台中心，新一轮机遇已然涌现。能否在难以预测的时期提供回报？如何在 2020 年更好地应对该趋势？这些都成为资产和财富管理公司面临的严峻考验。

2018 年 4 月，以"回归本源"为主旨的资管新规落地，标志着中国过去建立在"监管套利"和"隐性刚兑"之上的百万亿元规模资管和财管行业的超常规发展将告一段落。原有商业模式下发展起来的存量业务应监管要求在 2020 年前完成转型。与此同时，资产管理和财富管理业务还面临数字化技术颠覆传统业务模式的挑战。近几年崛起的非银行机构在不断蚕食这个市场蛋糕，对于银行家而言，行业似乎正步入一个最坏的时代。但是这个最坏的时代可能孕育着最好的机会。

全球管理咨询公司麦肯锡预计[1]，到2021年中国个人财富将达到人民币158万亿元，并且非现金和存款的资产占比将提升到56%以上；同时机构投资过去五年管理资产增速也达到20%以上。此外，互联网金融监管趋严也为财富管理机构创造了有利的宏观环境。因此，身处或进军这片蓝海市场的各类机构应该积极着手准备自己的业务转型，打开通往这个"最好"也是"最坏"时代的大门。

## 一、中国资管迎来大航海时代

2019年10月，国际货币基金组织发布的《世界经济展望》中[2]，将2019年全球经济增长预期从上一年的3.5%下调至2.9%，为2008年金融危机以来的最低增速。与此同时，世界不确定性指数从1996年起开始评估143个国家的经济不确定性，该指数在2019年达到了369，创历史新高。变幻莫测的地缘政治和监管环境，以及社会对待财富的态度转变，都需要我们重新思考财富的意义。

同时，莱坊全球财富规模评估模型得出的初步结果表明，地缘政治和市场环境的不确定性并没有减缓财富的增长。莱坊的私人财富报告显示，全球超高净值人群在未来5年预计将增长27%，达到64.9万人[3]。据财富评估模型测算，2019年以来，全球范围内净资产达3 000万美元及以上的超高净值人群增长了6.4%，累计达到513 244人。根

---

[1] 麦肯锡：《未来十年全球财富管理和私人银行的趋势及制胜战略——准备迎接加速变化的未来》，《麦肯锡中国金融业CEO季刊》，2021年春季刊。

[2] The International Monetary Fund, *World Economic Outlook Database October 2019*, October 11, 2019.

[3] Knight Frank: *2019 The Wealth Report*, 2020.

据普华永道的年度调研数据，随着投资者预期的转变和市场环境不确定性的增加，资产管理和财富管理企业在2020年将面临考验。尽管未来并不风平浪静，但仍存在许多机会。据普华永道预计[1]，到2025年，全球资产管理规模将达到145万亿美元。在快速增长的市场中，财富增长和人口增加创造了新的投资机会，资产和财富管理服务的需求也随之上升。此外，中国等重要市场的逐步开放，也将为行业带来更多的机遇。普华永道的全球首席执行官年度调研显示，全球在未来12个月被认为对公司增长前景最重要的市场或经济体中，中国仅次于美国，排在第二位。新兴市场的地位日趋重要。然而，想抓住新的增长机会，就需要对当前的市场趋势及投资者所想有一个清晰完整的判断。

据机构预测[2]，到2024年全球超高净值人群的增长率将达27%，接近65万人。届时，亚洲将成为世界第二大财富中心，预计未来5年增幅为44%。在超高净值人士增长最快的20个国家中，有6个位于亚洲。从人口的角度来看，亚洲地区最适合经济和财富的增长，其资本市场规模仅占能够支撑增长所需规模的1/5，具备足够的拓展空间。从政治的角度来看，2019年的中美贸易摩擦增添了中国的国际影响力。

光大银行与波士顿咨询公司联合发布的《中国资管系列报告之2019》报告认为[3]，接下去10年资管市场的关键词是"结构调整"。报告显示，中国资管市场规模已从2019年的转型阵痛中涅槃，增长3%达到110万亿元，涨幅虽小但止跌意义重大。中基协发布的2020年四季度资产管理业务统计数据显示，截至2020年四季度末，基金管理公

---

[1][2] 普华永道：《第23期全球CEO年度调研：2020年资产和财富管理行业趋势》，2020年。

[3] 光大银行，波士顿咨询公司：《中国资管系列报告之2019》，2019年。

司及其子公司、证券公司、期货公司、私募基金管理机构资产管理业务总规模约58.99万亿元，相比于上季度末的56.17万亿元，环比增长5.02%。从规模增速来看，公募基金规模19.89万亿元，相比于2020年三季度的17.80万亿元大增约2万亿元，环比增加11.72%，成为资管总规模扩张的核心力量。增速较高的还有基金公司管理的养老金和资产支持专项计划，截至2020年四季度规模分别为3.36万亿元和2.11万亿元，分别环比增长11.24%和13.67%。截至2020年四季度末，公募基金总份额为17.03万亿份，环比增长8.88%，显示出广大基民的投资热情。其中混合基金和货币基金份额增速较快，截至2020年四季度末，基金总份额分别为2.79万亿份和8.09万亿份，分别环比增长13.21%和11.05%；股票基金份额则为1.19万亿份，环比增加4.52%；债券基金增速相对较慢，约有2.47万亿份额，环比增加1.13%。与此同时，合格境内机构投资者（QDII）基金的份额却出现了萎缩，环比减少4.25%。

同时，行业竞争格局面临重塑，数字化能力将成为资管机构的核心竞争力。从市场主体结构来看，在政策新规的引导下，市场结构得到进一步优化，各类外资机构伴随金融市场有序开放已经开始重新布局中国资管市场。2020年上半年至2021年，来自世界各地的多家知名优质外资金融机构获准在中国设立子公司。2020年8月，公募巨头先锋领航集团宣布"撤离"中国香港和日本，将亚洲总部前往上海。在2018年关闭新加坡业务后，中国香港是先锋领航在亚洲的主要办事处所在地。同年8月22日，银保监会官网公布中国已批准全球最大的资产管理公司贝莱德（BlackRock Inc.）、新加坡主权财富基金淡马锡控股（Temasek Holdings）和中国建设银行组建一家财富管理合资公司。银保监会官网公布的"中国银保监会新闻发言人答记者问"中还表示，美国安达保险集团已获准增持华泰保险集团股份至 46.2%，成为其最大股东。此外，中法合资、中澳合资和中英合资的 3 家外资保险公司也分别下设了专门的资产管理公司。来自韩国的大韩再保险在华设立了再保险分公司。

下一个 10 年，中国在规模上将超越欧洲大陆，跃升为全球第二大资产管理市场。麦肯锡预计至 2021 年[①]，中国个人财富将达到 158 万亿元人民币，并且非现金和存款的资产占比将提升到 56% 以上，同时机构投资过去 5 年管理资产增速也达到 20% 以上。根据国际经验，银行由于其强大的客户资源、完整的账户体系和一体化的业务能力，优势明显，若率先引领转型，有望继续成为未来中国大资管和财富市场的主导力量。

## 二、客户体验是捕捉变革机遇的抓手

截至 2020 年年底，中国个人金融资产已达 205 万亿元人民币。然而，对标世界发达经济体，中国居民的金融资产占比明显偏低。据央行统计，2019 年中国居民的住房资产占总资产的 59%，而金融资产占比仅为 20% 左右；美国的两项数据分别为 24% 和 71%。管理咨询公司麦肯锡认为，在居民财富管理需求持续高涨、数字化浪潮强势来袭、行业创新不断涌现的背景下，中国资管和财管行业正迈向全新发展阶段。预计未来中国个人金融资产仍将维持 10% 的增速，2025 年这一数字有望达到 332 万亿元。这个蕴藏巨大潜能的市场将开启全新的发展

---

[①] 麦肯锡：《未来十年全球财富管理和私人银行的趋势及制胜战略——准备迎接加速变化的未来》，《麦肯锡中国金融业 CEO 季刊》，2021 年春季刊。

格局，共赴"蓝海"的各类财富管理机构该如何捕捉机遇乘风破浪？在麦肯锡最新发布的报告中[①]，行业将出现五大趋势，需要机构给予关注。

**趋势一**，（超）高净值客户财富需求分化加剧，客群细分经营刻不容缓。以个人金融资产计算，中国已成为全球第二大财富管理市场。未来5年，高净值及以上客户的资产增速更快，预计将以13%的年复合增长率增长。此外，由于年龄、财富来源、风险偏好、投资目标等不同，客层内部需求进一步分化。以（超）高净值客群为例，麦肯锡认为市场上已涌现出企业家、家族办公室客户、富二代、专业人士等价值主张鲜明的子客群，他们在特有产品、跨境投资机会、附加增值服务等方面均有独特的需求。但目前，国内鲜有机构能够真正做到差异化服务。一方面由于对客群的细分颗粒度不够，另一方面因为机构针对不同客群缺乏明确的价值主张以及定制化的产品和服务方案。面向未来，如何细分经营、重点聚焦，将是资产和财富管理机构需要考虑的关键问题。

**趋势二**，商业模式由"自有产品销售"向客户需求驱动的"开放产品平台"转型。麦肯锡分析指出，过去5年中国个人财富的资产配置日趋多元化。一方面，存款、信托和银行理财占比下滑，基金、股票和保险占比持续提升；另一方面，我国居民持有的投资品类相较于发达市场普遍更少，未来人均持有的金融产品个数有望进一步提升。这两大趋势都预示着资产配置多元化步伐即将加速。随资产配置多元化应运而生的，是对资产配置专业性要求的提升。然而，目前国内大

---

① 麦肯锡：《未来十年全球财富管理和私人银行的趋势及制胜战略——准备迎接加速变化的未来》，《麦肯锡中国金融业CEO季刊》，2021年春季刊。

多数财富管理机构仍采用销售自有产品为主的经营模式;尚未实现以客户为中心、客观、中立、专业的投资顾问服务。这导致不少客户需要通过多个机构进行分散资产配置,无法满足其一站式、多元化的财富管理诉求。为了进一步满足客户需求,目前产品端常见的封闭式平台和缺乏遴选的超市型平台,将逐步向兼备拳头产品推陈出新、以客户为中心引入产品的全谱系产品平台转型。

**趋势三**,线上线下无缝衔接式客户体验日益重要。疫情后国际金融市场动荡加剧,客户忠诚度受到进一步考验。普华永道针对全球首席执行官的调研显示[1],客户体验是未来首席执行官投资的决策中最关心的问题之一,其重要性可见一斑。被调查者表示,对如何为客户创造价值有清晰的愿景,是企业实现战略目标的最主要因素。据麦肯锡分析,数字化时代对"优质客户体验"的定义,落脚点在于线上线下全渠道无缝衔接。而客户在逐步接受数字化服务方式的同时,仍然注重面对面的沟通。因此,"人机结合"而非"纯机器人服务"的服务模式将成为主流。从过往经验看,客户交互渠道越多,其综合价值往往更大。面向未来,机构应集合线上、远程服务中心和线下渠道,由传统物理网点"面对面"的服务模式向线上、远程和线下一体化融合服务模式转型。

**趋势四**,贯穿行业价值链的数字化应用炙手可热,未来将向专业化和智能化发展。相比过去,新生代消费者更看重方便、快捷、多渠道的数字化体验。以银行业为例,麦肯锡亚洲个人金融调研显示,亚洲居民每月线上交易的次数是其在线下支付的3~4倍,且65%左右的受访者表示愿意或者可能会把四成的存款转入纯数字化银行。疫情

---

[1] 普华永道:《第23期全球CEO年度调研:2020年资产和财富管理行业趋势》,2020年。

期间，客户更多选择非接触方式办理业务，进一步加快整体数字化转型进程。数字化渠道的根本性提升，对于改善客户体验无疑非常重要，因为这有助于从整体上了解并满足不同客群的需求。普华永道的调研结果显示，大多数资产和财富管理公司都在数字化转型方面做出了不同程度的努力，但只有不到20%的受访者表示取得了实质性的重大进展。如何将数字化应用落地并赋能资管业务是企业未来发展的一大挑战。

在"线上化"领域，目前国内金融机构已走在全球前沿甚至引领全球。麦肯锡基于数据分析指出，基于金融科技应用的"专业化"和"智能化"方面，国内资管行业仍有很大发展空间。例如，通过大数据进行客户经营和精准营销，提升产品研究和投资顾问咨询专业化，升级风险管理系统等。除此以外，麦肯锡认为中国资管数字化进程还存在两个较大的提升点。首先，目前数字化渠道仍以服务大众和富裕客户为主，针对（超）高净值客层的数字化解决方案并未跟上；其次，针对细分客群（如企业家客群）的定制程度仍存在较大挖掘空间。

**趋势五**，跨境财富管理业务和离岸资产配置需求将大幅提速。中国居民全球化投资意愿一直较高，但过往受制于有限的渠道，离岸投资相比发达国家市场仍存在差距，且以高净值以上人群为主。据麦肯锡数据分析，过去5年，中国离岸投资占个人金融资产（PFA）的比例长期保持在5.7%~6.1%，与美国的7.9%~8.8%仍然存在差距。其中，中国香港地区仍是中国大陆、日本和其他北亚地区高净值人士首选的主要离岸中心。香港家族办公室协会最新的一项调查发现，近96%的受访者认为"跨境理财通"能为香港私人财富管理及家族办公室行业发展带来相对优势。其中，34%受访者预期公司业务受理财通带动增长10%以内，20%认为业务会增长10%~20%，亦有9%受访者预期业务增长 25% 以上。

随着国家金融市场双向开放加速，新渠道不断涌现、跨境投资愈加顺畅，跨境业务将在政策东风的鼓励下更加多元化。自 2021 年开始，机构投资者迎来多次 QDII 额度下发，国家外汇管理局发放 QDII 额度的速度有所加快。此外，粤港澳大湾区的跨境理财通试点是继港股通、沪伦通之后，资本项下互联互通的重要尝试，粤港澳大湾区居民个人未来有望通过"北向通"或"南向通"的形式跨境投资粤港澳大湾区银行理财产品，未来还存在纳入保险产品的可能。

麦肯锡认为[1]，与全球领先机构相比，中国财富管理机构欠缺的并非是发展机遇与理念，而是真正意义上的财富管理商业模式，以及机构化、体系化的核心能力。基于中国资本市场逐步开放、资管行业转型升级的大背景，行业长期趋势将不断拉开绩效好坏公司之间的差距。麦肯锡研究发现，在这种趋势下各种规模的机构都可能有赢家和输家。预测企业成功与否最关键的指标并非规模，而在于是否具有足够强大的执行力，锁定行业中价值最高的份额。麦肯锡与业内许多预测一致认为，这些因素将会掀起一波整合浪潮。而经营惨淡的资产管理公司无论规模大小，都会因达不到越来越高的行业标准而出局。这些长期趋势不仅影响着行业的经济效益，而且也催生了主要资产类别价值分配方式的根本变革。

这一长期趋势对资管行业的发展并非坏消息。绩效不佳的竞争者会因为更高的行业标准逐渐出局，新的投资模式让客户接受各个资产类别的创新，而这种新思维，又将彻底改变客户的投资方式。与此同

---

[1] 麦肯锡：《未来十年全球财富管理和私人银行的趋势及制胜战略——准备迎接加速变化的未来》，《麦肯锡中国金融业 CEO 季刊》，2021 年春季刊。

时，金融科技也创造了前所未有的机会，改善客户体验的同时提高了资产管理公司的效率。简而言之，运营模式和价值主张具有前瞻性的机构正面临千载难逢的机遇，未做好准备的机构将被淹没在市场推进的浪潮中。

## 三、技术应用成为芝麻开门的钥匙

人工智能和大数据技术驱动下，智能资管正在从分销、投资研究和运营模式三个领域对资管的全价值链进行颠覆和赋能。科技将成为资管行业新的生产要素，改变生产关系，并提升生产力。面向未来，资管机构必须提升技术运用能力，否则繁荣发展将无从谈起。数据与分析是业内公认能改善决策质量、削减成本和推动业绩增长的途径。投资管理及分销方面的潜力巨大，但目前资管机构在这方面的技术应用普遍不足。当然，金融科技的未来走向亦存在高度不确定性。

Roubini Thought Lab 进行了一项研究，并发布了题为《2021年资产和资产管理：准备转型变革》（原为英文）的报告[①]。其搜集了来自10个世界市场中2 000位投资者和世界500强公司的数据并加以分析，采用了来自25个国家的经济模式和预测，同时借鉴了40多位市场领导者、经济学家、技术人员和投资专家的意见。报告指出，从北美出现越来越多的女性投资者，到新兴市场出现越来越多的中产阶层投资者，全球金融行业正发生一系列深刻的变化。同时，报告指出，人工智能、虚拟现实、区块链和实时分析这些智能技术是越来越多投资供应商寻

---

① Roubini Thought Lab, *Wealth and Asset Management 2021: Preparing for Transformative Change*, 2020.

求运用的技术。该报告预测，这些智能技术的结合将会对资产行业产生巨大影响，打开多元化投资者的全球资产大门。Forrester 发布的一份报告显示[①]，未来 5 年中，人工智能和物联网技术（IoT）将给金融科技公司带来更大的发展机会，提高消费者的参与度。

然而，在一个快节奏的市场环境下，投资机构要了解客户的需求和行为，并通过适当的技术变革以满足他们的要求，这点很重要。近些年，全球领先的资管企业纷纷开始大手笔增加科研投入，加速布局智能资管业务。根据埃森哲与投资公司协会（ICI）联合进行的研究[②]，企业运营主管正在积极转变其运营模式，以实现更大的灵活性和成本效益。接受调查的 33 家美国资产管理公司管理着近 15 万亿美元的资产，其中近 2/3 的受访公司（64%）在过去 3 年中完成了一次重大的运营模式变革，为的是提高其运营效率。调查发现，42% 的资产经理认为，他们现有的运营和技术不能支持公司的整体发展战略。发现和采用新兴技术，对于帮助资产管理企业支持衍生品和替代产品等复杂投资、提高其投资数据的质量和可访问性，以及在整个投资生命周期中解决遗留技术的限制至关重要。截至报告统计时，已有 55% 的资产管理公司已经制订计划来评估新技术的业务和运营潜力。总体而言，大多数资产管理公司都开始接受或尝试接触人工智能和机器人流程自动化（Robotic Process Automation）等新兴技术，并看到了积极的结果。超过 2/3 的运营主管（70%）预计，人工智能将为行业带来下一波成本削减；此外，52% 的运营主管目前在其运营中使用机器人流程自动化，82% 的受访者表示机器人流程自动化已经实现了预期结果。

---

① Forrester, *The IoT Heat Map*, *2016*, 2017.
② Accenture Consulting, *Reinventing Operations in Asset Management*, 2019.

从应用渠道来看，资管机构科研加大了信息系统投入，致力于打造投资、风控及运营一体化的资产管理平台。比如，摩根大通2016年仅在资管条线就投入8亿美元用于科技支出，主要在全球范围内为销售团队提供产品查询和投资材料查询工具，并为客户提供新的技术工具，实现流程自动化。此外，机构还可以通过投资、战略合作或者团队自建的模式加速在智能资管领域的布局。比如建立或优化智能投资顾问平台：聚焦于货币类、债券类和ETF类产品的线上组合分销，建立服务零售长尾客群的直销渠道，加强大数据和人工智能在投资研究领域的应用。全球资管行业领军者都在积极布局智能资管领域的金融科技公司。以高盛为例，2014年年末，高盛领先投资了智能投资研究领域炙手可热的新星Kensho，后者估值已超过5亿美元。

总体来看，大多数机构已认可区块链、人工智能等金融科技正在改革整个资管行业。46%的服务供应商和52%的投资者认为，激烈的竞争环境和金融科技公司的崛起，是2015—2020年驱动变革的主要因素，为了满足消费者需求，行业领导者尽早抓住最新潮流，时刻保持领先地位。西北通道企业（Northwest Passage Ventures）创始人兼首席执行官亚历克斯·泰普斯科特（Alex Tapscott）在调研报告中表示[1]，区块链是资产行业的"游戏变革者"。玛格丽丝风险投资公司（Margaris Advisory）的风投资本家兼创始人斯皮罗斯·玛格丽丝（Spiros Margaris）在接受《比特印杂志》（*Bitcoin Magazine*）的采访时说，区块链技术可以最终成为某些行业的技术变革者，并且对资产管理行业极具吸引力，因为它可以去除中间商，以更低的成本提供更快速的结算，但同时他

---

[1] Roubini Thought Lab, *Wealth and Asset Management 2021: Preparing for Transformative Change*, 2020.

补充说:"将区块链比作神奇的子弹,不论应用到哪个行业都可以带来巨大利益、节省成本的说法也有过度炒作的嫌疑。"①

## 四、后疫情时代新的监管和投资视角

毕马威发布的全球资产管理报告显示,全球范围内的监管机构已普遍回到新冠疫情之前的工作状态,但也有了新的优先事项和视角。长期以来,强有力的企业治理一直是监管的当务之急,但当展望未来时,公司的社会及环境义务正在重塑并凸显出来。新冠疫情突显出所有商业部门都是跨越国界深度相互联系的,各种类型和财富水平的社会都很脆弱,我们所处的环境正面临越来越大的压力。后疫情时代,监管机构不仅寻求和鼓励复苏与增长,也要求公司对社会和环境做出更多的考量,并采取行动对可持续金融的需求做出回应。

在此背景下,越来越多的资管机构开始在投资决策过程中考量环境、社会及治理因素,力争在不损害回报的前提下为社会创造正向影响。毕马威在报告中指出,在选择投资标的时,资管机构开始越来越多地运用环境、社会和治理数据来加深风险认知,挖掘新的价值机遇。可持续性投资是一种旨在鼓励积极社会影响、避免消极社会影响的投资理念,在西方普及度最高。其中欧洲资管机构的资产中几乎有一半都是可持续性投资,可谓各国之中的佼佼者。一些体量较小的资管市场,比如加拿大、澳大利亚和新西兰的可持续性资产占比甚至较欧洲更高。此外,报告指出可持续性投资在其他地区迅速增长。例如,

---

① Roubini Thought Lab, *Wealth and Asset Management 2021: Preparing for Transformative Change*, 2020.

2016—2018 年，日本的可持续性投资规模实现数量级的飞跃。这一现象部分归功于日本投资者对联合国《负责任投资原则》的认同和支持。消费者希望自己的投资可以传递正面价值，因此推动了大众零售市场对可持续性的关注。

　　专注环境、社会和治理的可持续投资正在为许多市场设立新的标准。在机构市场，越来越多的证据表明，结合环境、社会和治理因素进行决策可以提高投资业绩，从长期来看尤为明显，而大型机构投资者最关注的恰恰是长线投资。毕马威的报告数据显示[①]，目前投向环境、社会和治理主题的资管规模达 110 万亿美元，这无疑赋予了资管机构改变世界的能力。凭借一己之力，与包括政府和所投资公司在内的关键利益相关者合作，资管机构可以通过可持续投资沉淀企业的社会影响力，并利用这种力量撬动未来的商业生态。对于部分投资者来说，财务回报仍将是考量的重中之重。而越来越多的投资者期望资管机构在制定投资策略时将可持续因素纳入考量。这一转变已经对产品设计、资产配置以及业绩目标产生颠覆性影响。作为资管领军者，面临的核心挑战是既要承担社会责任，又要履行优化投资回报的受托责任。许多投资者不再接受二选一，而是希望企业未来的财务回报和社会效益相得益彰。

　　对资产和财富管理机构来说，如能抓住这一投资趋势变化带来的契机并贯彻落实，资产和财富管理公司有机会在此过程中获得扩大差异化优势，进一步提高行业竞争力。越来越多的证据显示，可持续投资正成为包括私募股权在内的主流资管机构日益关注并进行创新的领

---

① KPMG，*Supporting Growth and Ensuring Care: Evolving Asset Management Regulation Report*，2020.

域，而这种关注也正在让这些机构收获回报。同时，机构也在进行更多投入以建设、衡量和反馈在改善环境、社会和治理方面的成果。波士顿此前的研究表明[①]，公司如果能在业务相关领域采取有社会责任感的行为，同时亦将促进其财务表现。在近期一份报告中，来自哈佛商学院的研究人员发现，在业务战略和运营相关的社会和环境问题上表现良好的公司，其股票回报远高于表现欠佳的公司。作者还发现，根据权重设计不同，表现最好的公司的资产管理超额回报比表现垫底公司的高出3%～7%。与此类似，他们还发现表现优异的公司的销售回报率也更高。无独有偶，机构研究者发现，制定一系列社会和环境相关制度的公司在股市表现更好，资产回报率和股权回报率更高。针对利用核心业务打造正面的社会和环境影响的公司，波士顿咨询公司进行了更为深入的研究，分析在不同行业中，与公司估值和基本面呈现正向促进关系的特定领域。尽管研究初步结果展示了良好的前景，投资者兴趣也在明显提高，但可持续投资在实践中仍然面临不少挑战，包括如何定义负责任的投资、衡量数据可得性以及考量标准等。永续会计准则委员会（Sustainability Accounting Standards Board）以及全球持久性报告协会（Global Reporting Initiatives，GRI）发布的"GRI准则"已经明确了在不同行业企业应当处理并报告的具体投资问题。尽管上述方法具备一定潜力，但目前关于投资机构或投资者应采取的具体行动还未能达成一致意见。由于缺少统一标准，即便足够多的企业报告了可持续投资相关的信息，人们也很难将信息进行对比。随着公司在该领域的报告质量提高，外部机构能够获取的数据质量提升，可持续投

---

[①] 波士顿咨询公司：《2017年全球资产管理报告》，2017年。

资的发展前景也将更加明朗。

## 五、变革离我们还有多远

诚然，有人可能认为资产管理行业将延续过去的发展轨迹，不会发生重大变革或被颠覆。这种观点可以理解，毕竟从过去几十年的发展历程来看，资管行业的创新和战略调整步伐始终保持循序渐进的特色。正是得益于这种缓慢的发展风格，资管机构才能够在稳固优势的前提下稳扎稳打，确保现有的利润份额不受影响。下一个 10 年，全球资产管理行业是否会延续类似的发展模式？维持现状是一种可能，但也可能出现更具颠覆性的变革。在经过重塑的行业格局下，领先的资管机构可能联合科技巨头将未构建差异化竞争的同行挤出市场份额。明智的资管机构应以第二种更具颠覆性的场景为基准，未雨绸缪、提前布局。

2015—2020 年，从投资者、供应商到整个价值链，中国的资管市场也在发生系统性的深刻变革。2019 年以前，市场上占据主导地位的底层产品是非标和保本产品，因此占主导的资管机构是信托、基金子公司、通道化券商资管和保本型银行等。2019 年以来，标准化和净值型产品占比快速提升，公募基金、私募基金、银行理财子公司、主动型券商资管快速崛起。

就银行来说，银行理财子公司纷纷成立，进行净值化改造。2018 年《资管新规》正式落地，其核心是统一监管政策、打破刚性兑付和产品净值化转型，并明确要求具有证券投资基金托管业务资质的商业银行应当设立具有独立法人地位的子公司开展资产管理业务。自此，银行理财拉开了转型发展的大幕。对比国际领先的银行资产管理公司，它们的产品形态主要以净值型产品为主,基本上不存在保本型或预期收益型产品。在新的资产管理业务监管规则的约束下,银行理财子公司要转变以往承诺保本、保收益的产品形态,调整预期收益率模式,实现产品净值化管理。2020年第四季度,未公布预期收益率的理财产品占比66%,非保本型理财产品占比96%。截至2021年1月23日,银行理财产品净值化改造已有较大进展,据Wind统计数据显示,银行全口径下净值化产品占比37.11%,其中1 513家农村商业银行净值化产品占存续产品比例为37.78%,135家城市商业银行净值化产品占存续产品比例为53.67%,13家股份商业银行净值化产品占存续产品比例为37.36%,6家国有银行净值化产品占存续产品比例为12.87%。

就券商资管来说,自通道业务和资金池业务受限以来,券商资管纷纷转型主动管理业务。在此期间,券商的管理资产规模呈现快速下降态势,但主动管理规模则无论绝对金额还是业务占比均快速增长。另外,券商资管也开启了公募化转型之旅。首先,原有大集合产品公募化改造。随着公募市场发行火爆,多家券商的大集合公募化改造进程也有所提速。其次,在《资管新规》下,纷纷申请公募牌照。截至2021年4月份,国内已有14家券商资管子公司持有公募基金牌照。

就公募基金来说,产品规模大幅增长,结构优化空间大。公募基金是标准化、净值型财富管理时代的最大受益者。一方面,公募基金作为标准化净值型产品的主力品类,具有强大的市场人气,公募基金的从业人员具有更丰富的从业经验。另一方面,公募基金的投资门槛在众多资产管理机构中最低,在全民注重财富管理的时代,公募基金自然拥有最广泛的群众基础。2020年,公募基金管理规模净增约5万亿元,其中,2万亿元来自净值增长、3万亿元来自产品新发。截至2020年年底,基金份额总计17.26万亿元,同比增长25.74%;资产净值 20.01 万亿元，同比增长 36.50%。

在《资管新规》、"房住不炒"、资本市场深化改革等一系列政策的推动下，中国资管市场开启转型变革的进程。随着资管市场进一步健全，居民财富可以加速流向资本市场，资本市场的生态也将随之发生变化，裹足不前或准备不足的市场机构或许会成为明日黄花，而从事标准化净值型资产和财富管理的机构可能迎来长足发展的契机。

展望未来，在赢者通吃的资产管理行业中，众多无力打造卓越投资业绩或巨大体量的资管机构，也许要奋力避免被边缘化的危险。"不变则亡"这一趋势将首先在美国市场应验，随后不久亦将席卷欧洲和其他较小的市场。面临市场变革与转型，根据波士顿咨询公司的相关分析[1]，资管机构或可通过"另辟蹊径"的发展路径避免被颠覆的命运：走小而精的发展途径。持续不断创造卓越业绩在资产管理界并不常见。然而，资管机构唯有具备必要的专业能力、深耕特定领域，才可能取得这样非凡的成就，否则难以吸引并留住顶尖的专业人才。走"精品店"路线即深耕一隅，专注于投资业绩，需要具备三大关键要素：其一，吸引最优秀的投资研究人才，量身定制客户服务和产品，确保资管机构的价值主张和价值传递在行业中保有一席之地；其二，在投资过程中开创性地运用数据与分析技术；其三，要构建这一能力，势必要探索新兴技术的取舍之道。

然而，在数字化专长和消费者营销方面，即便规模最大、资源最全的资管机构也无法与数字化巨头抗衡。数字化巨头凭借这一优势，很可能给整个行业带去颠覆性影响。在某些领域，数字化巨头的独特

---

[1] Boston Consulting Group, *Getting the Most from Your Diversity Dollars*, 2017.

能力可转化为资产管理市场的竞争力。例如，谷歌显然可利用各类服务收集消费者的情绪数据，从而提高市场洞察力、更精准地预测市场或个股表现。同样，如果亚马逊开发一个整合评论和其他数据查询功能的共同基金销售平台，帮助消费者快速选择合适的产品，这个平台或许能迅速赢得消费者的信任。未来，资管机构应该思考的不是其他数字化巨头会不会进军资产管理市场，而是它们会何时采取行动，并将如何颠覆价值链的哪些环节。

## 第三节　中国财管人力资源全息照

　　经历过去 20 年的市场沉淀，我国居民财富规模不断增长，从事财富管理工作的从业人员也在过去 10 年间激增至约 1 040 万人。这些从业人员广泛分布在银行、证券、保险、第三方财富管理等领域，且人数规模在持续增长。但同时，我国财富管理人才供给的结构性矛盾突出，尤其缺少精熟国内外市场、兼备金融、法律、产品等知识技能的复合型、实操型人才。而从需求端看，据瑞银的统计数据[①]，国内私人财富市场形成至今不到 15 年，企业平均净财富已达到 65 亿元人民币，家族办公室的平均管理资产规模 42 亿元人民币。随着国际金融市场持续动荡、海外资产加速回流，国内私人财富市场规模不断扩大范围。根据瑞信研究院的《2020 年全球财富报告》[②]，截至 2019 年，中国成年人（10.99 亿）人均财富达到 70 962 美元（约合 47 万元人民币），年均增速为 12.8%；总资产超过 1 000 万元人民币的高净值个人有 197 万人；预计未来 5 年，总资产超过 2 亿元人民币的超高净值个人人数将增长 58%。由此催生财富管理领域的资产规划、风控、传承、跨境等多方位需求。

　　伴随我国居民财富管理的需求不断迭代升级，一个迫切的问题摆在我们面前：这些身处一线为个人、家庭及机构服务的专业人士，是否有足够的能力承担"财富管理者"的职责？这不仅是每一个金融业高级从业人员都应思考的问题，也是关系到每一个家庭利益的重要问题。这个问题的答案不仅直接决定财富持有者的财富安全及财富管理

---

① UBS, et al. *Chinese Family Office and Wealth Management Report*，2020.
② 瑞信研究院：《2020 年全球财富报告》，2020 年。

的质量、财富持有家庭的长久幸福，同时将深刻影响我国财富管理的市场结构和发展方向。

## 一、细分行业的人力资源现状

目前，国内财富管理人才队伍的规模和质量处于上升趋势，包括国际金融理财师（CFP）、金融理财师（AFP）和金融理财管理师（EFP）等在内的持证人员的比例也在不断提高。但与中国财富管理行业的整体规模相比，行业内的高级财富管理人才仍然较欠缺。究其本质，财富管理是围绕"人"的行业，人才是连接市场和客户的桥梁，是企业服务和品牌的塑造者和践行者。作为填补国内巨大市场供求缺口的人力资源，财富管理从业人员的专业素质决定了上亿家庭享有财富的质量。

根据奥纬咨询（Oliver Wyman）发布的《全球财富经理报告》分析[1]，全球财富管理机构需要着重两方面夯实企业的人力资源开发和积累。其一，提升关键能力。据行业分析，具备差异化的价值主张和商业模式可以为企业实现税前利润翻一番，财富管理机构可以凭借关键能力的差异化以及明确的价值主张脱颖而出。时至今日，行业内大多数机构依然把"提供一站式服务"作为战略目标，但真正能做到全维度管家式服务的机构少之又少。其二，调整人才管理。财富管理机构有必要将员工队伍转型视为当务之急，帮助近半数员工掌握新技能，尤其是与数据分析应用相关的技能。同时，企业可以寻求外部合作伙伴，

---

[1] 奥纬咨询：《全球财富经理报告》，2019年。

挖掘利用金融服务领域之外的跨界人才来获得所需的技能组合。

由于行业准入标准的缺位，财富管理行业在短期内不可避免会出现鱼龙混杂的局面。在向"以客户为中心"的转型背景下，财富管理机构需要对其业务进行全方位的革新升级。这其中，人才队伍将扮演至关重要的角色。市场监管方需要建立财富管理从业资质准入制度，并在此基础上形成财富管理人才储备体系，确保相关从业者持证上岗、合规执业，优化金融人才结构、突破行业发展瓶颈，促进财富管理市场稳步、有序、高质量发展。

## （一）财富投资顾问"人在囧途"

伴随国内资产配置多元化应运而生的，是对资产配置专业性要求的提升。由于国内个人投资者的理财知识、理念尚未赶上供给端的演变，因此其自主参与投资的难度正在加大，而对专业投资顾问的需求也日益增加。咨询顾问从理解客户需求开始，帮助客户更清楚地认识自我和实际需求，并形成双方约定的条件以及目标，按照"契约精神"严格地系统化实施。同时，就实施的内容、过程、预测的风险、预期的目标等要素进行控制，并对照初始设定的实际情况和契约，就合理性和针对性程度调整预设的偏差。在财富管理发展成熟的国家和地区，咨询流程发挥至关重要的作用。例如在瑞士，80%以上的财富管理机构都投入大量资源来定义和实施机构性的顾问咨询流程，这不仅能标准化流程，且能高效整合机构内外资源，为客户提供优质体验和价值。这也是财富管理专业机构的核心竞争力之一。

然而，目前国内大多数财富管理机构仍采用销售自有产品为主的经营模式，尚未实现以客户为中心，客观、中立、专业的投资顾问服务。这导致不少客户需通过多个机构进行分散资产配置，无法满足其一站式、多元化的财富管理诉求。以高净值客群为例，据银行业协会关于私人银行的报告统计，七成以上高净值人群选择与3家及以上机构合作以满足多样化资产配置需求，而资产规模在5亿~100亿元和100亿元人民币以上的高净值客户中，选择与5家及以上财富管理机构合作的客户比例分别为42.5%和100%。

因此，国内财富管理机构需要从"财富产品销售"向"客户需求驱动的投资顾问模式"转型，由"自有产品销售"向"开放产品平台"转型。国内客户对专业投资顾问的接纳度越来越高。专业投资顾问可以有效、科学地管理客户的投资规划，也可以大幅节省客户的时间成本。基于国际领先实践，专业投资顾问应为客户提供量体裁衣的资产配置建议。值得一提的是，投资顾问的全权委托业务潜力较大。对标美国市场，2019年全权委托业务在私人银行客户的账户余额中占比高达33%；而在中国，全权委托处于起步阶段，即便在最领先的私人银行也仅有约15%的比例。据麦肯锡的研究数据显示[①]，随着"买方投顾"模式在国内正式登上历史舞台，全权委托式投资顾问将在未来5~10年迎来快速发展。而这一发展的实现需要模式、流程、团队和系统维度的全方位支撑。

除了商业模式以外，以私人银行为典型代表的国内财富管理机构还面临薪酬结构错位及其连带的一系列连锁问题。与财富投资顾问不同，银行的管理运营人员和网点客户经理都有可以合理践行的薪酬体系和发展路径。而财富投资顾问很难找到与之类同的岗位。目前，绝大多数国内私人银行并没有真正意义上的财富投资顾问，财富投资顾

---

[①] 麦肯锡：《未来十年全球财富管理和私人银行的趋势及制胜战略——准备迎接加速变化的未来》，《麦肯锡中国金融业CEO季刊》，2021年春季刊。

问更多的是作为私人银行复杂产品的"高级参谋",协助网点客户经理完成对客户的经营。这就不可避免地带来财富投资顾问与网点客户经理在客户经营方面的利益分配问题。

与财富投资顾问难以市场化的薪酬形成鲜明反差的,则是银行对其综合素质的高要求。据业内人士透露,国际金融理财师(CFP)、特许金融分析师(CFA)、注册会计师(CPA)等专业资格以及若干年以上的工作经验几乎是财富投资顾问的招聘门槛,相比其他银行从业人员,对其专业性的要求显然更高。而高要求却难有对等的薪酬支撑,这在某种程度上导致国内私人银行在该领域出现人才缺口。在这个背景下,财富投资顾问的流动性往往较大,进而容易引发私人银行客户不满。近年来顶尖财富投资顾问普遍游走于私人银行、财富管理公司以及家族办公室等竞争性同业之间,人员的经常变动势必影响客户对服务机构的信任,也使客户对这些不断变换的投资顾问所给出的财富管理方案的可靠性产生质疑。现如今,国内私人银行还在初步发展阶段,而全行业中有 10 年以上工作经验的财富投资顾问恐怕凤毛麟角。中国私人银行需要形成能够服务高端财富管理需求的私人银行家队伍,明晰、合理的晋升路径与薪酬支撑是人才培育过程中不可或缺的环节。

## (二)理财师是时候提升服务站位了

根据《中国金融理财人才素质报告》[①],进入理财从业人员的专业素质整体偏低,中等偏下水平集中度较高。据报告量化分析,精英理财

---

① 金融理财标准指导委员会:《中国金融理财人才素质报告》,2020 年。

师与其他理财师在规划能力上的差异，主要体现在投资规划以及税务规划两个方面，其中投资规划的能力差距在22%左右，而税务规划模块的能力差距在20%左右。相对而言，财务规划与保险规划是两者能力差异较小的领域，精英理财师与其他理财师的差异仅为10%和15%。由此可见，投资模块是两者差异最大的模块，也恰恰是金融理财工作中最为重要的一部分。根据机构调查问卷显示，中国金融理财师在日常工作中面对最多的客户需求就是对投资规划的咨询。而根据理财师的反馈，51.56%的理财师认为投资规划是较有难度的工作内容。

财富管理规模的增加对金融理财人才的专业素质提出了更高的要求。总体来看，理财师的素质变化与经济增速正相关。经济发展更快的地区，也是财富积累更快的地方，对理财师的素质要求也更高；而经济发展较慢的地区，对理财师的素质要求相对较低，对高素质人才的吸引力也相对较低。相较于其他地区，长三角和珠三角的精英理财师需求缺口较大。假设高净值人士需要更复杂高端的理财服务，则供求两端在地域分布上存在明显不平衡。长三角与珠三角的高净值人群分布相对较高，占比分别为35.0%和21.4%，但精英理财师数量较少，分别仅为20.0%和12.3%。假设每名精英理财师可有效服务50名高净值客户，则长三角和珠三角对精英理财师的需求缺口分别达到约4 800名和2 600名，而真实需求缺口可能远不止于此。由此可见，在某些地区，财富管理需求增长的速度已经远超精英理财师的培养速度。有效提升本地理财师的数量和技能或将是当地机构在未来一段时间的重要任务。

从细分行业的角度来看，保险业、证券业和基金业的理财师近年来专业素质提升较快，且与银行业理财师的素质差距有所拉大。银行业理财师与非银行金融机构理财师的素质有持续拉大的趋势。作为理财业中客户信任度最高的机构，商业银行无论在资产管理规模还是客户数量上都处于行业支柱地位。但是,当其他机构的服务质量和专业水平迅速提升,客户自身的金融理财观念逐渐成熟时,理财师的专业素质差异可能会影响未来的市场竞争格局。目前,我国管理资产规模(AUM)超过人民币 2 000 亿元的基金公司员工普遍超过 400 人,而多数理财规模达数千亿元甚至上万亿元的银行,资产管理部通常仅有数十人,个别大银行资产管理部人数上百,原因就在于从理财产品销售到投资管理等多个环节,仍然主要借助分行和总行其他部门的力量。面对日益加剧的市场竞争,商业银行需要建立体系化的人才队伍,快速构建投资研究能力以及产品设计和营销拓展的能力。

随着外资金融机构限制的全面放开、中国金融业开放的步伐愈发加快,中资私人银行面临在岸与离岸的双重竞争。金融科技掀起行业变革,颠覆并重塑了包括私人银行在内的财富管理机构传统的服务模式。《资管新规》的不断深化,抑制了行业乱象,同时也要求境内机构在新的监管环境中探寻新的发展战略。在此背景下,境内财富管理机构应积极发挥深耕境内市场的优势,继续深化境内外一体化管理,从而与境外机构拉开差距。新财道财富管理股份有限公司董事长周小明指出,财富管理机构应不断提升专业站位,重构机构的职业素养。就理财师来说,周小明认为从业人员的职业素养可以循序渐进地加以提升:先从销售顾问到产品顾问,这意味着理财师应充当客户的产品顾问,帮助客户去审查、选择客户所需要的各种投资产品,而不仅仅是销售产品;进而从产品顾问走向财富规划师,帮助客户构建符合其投资偏好的投资组合,为给客户的家庭、家族财富管理提供全方位的金融服务[1]。

---

[1] 胡萍:《信托财富管理业务启航 人才队伍建设正当时》,《金融时报》,2021 年 4 月 12 日,第 8 版。

具体到财富管理服务上，招商银行与贝恩公司的调研分析指出[1]，中国财富管理机构需要进一步积累境外市场投资管理经验，加深对境外市场政策及趋势理解，同时借助境内对高净值人群财富目标、风险偏好等的深入了解，提供高质量境外投资信息及组合建议。从产品角度而言，中资财富管理机构应加紧开拓境外市场产品种类，强化境外产品采选能力，为客户提供更多优质境外投资选择，从而进一步加强竞争力。

## （三）家族办公室如何留住人才

家族办公室业务是家族财富管理的金字塔顶，通常被认为是财富管理"王冠上的明珠"。家族办公室核心的目标是家族投资与家族治理，而家族治理的核心目标是实现财富和价值观的多代际的传承，但家族办公室的投资跨度时限较长，如若不能保持关键决策人才的稳定性，家族的长期资产配置策略就会受到影响。家族办公室可以看作家族所拥有的"第二企业"，其建立发展和人才架构也遵循基本的商业逻辑，人才配置依然是家族办公室发展策略中极其关键的一环。家族办公室在挑选人才时，不仅要重视专业能力、价值观、与家族的契合度，还要提供有吸引力的薪酬和激励。对于专业人士来说，选择服务于家族办公室可以拓宽自身职业发展的路径以及工作中多模式的职能切换。

如今全球范围内 70% 的家族办公室是由家族成员领导的。通常来说，家族办公室的首席执行官由家族财富的创造者或者二代继承者所

---

[1] 招商银行，贝恩公司：《2019 中国私人财富报告》，2019 年。

担任，其他家族成员参与管理家族办公室并参与投资决策及日常运营。如果家族办公室的首席执行官由非家族成员担任，那他们中多数可能在家族企业中任职多年或长久以来担任家族的财富管理顾问。家族办公室的高层管理人员通常需要深入参与到家族的投资活动和日常生活中，因此，选择和雇佣有能力、可信任的人才是至关重要的。根据摩根大通和世界经济论坛发布的调研数据显示，当家族决定组建家族办公室时，约44%的家族会从依托的家族企业中选择可信赖的管理人才，而从长远考虑，为了吸引和留住人才，这些家族也会提供远优于其他工作的报酬和激励条件。

现阶段，国内家族办公室的发展刚刚起步，其业务开展需要吸纳更多具有金融背景的顶尖人才加入其中，提供有竞争力的薪酬和激励机制有利于家族办公室拓宽可选择人才的范围。对于那些想跳脱传统金融服务行业的专业人士来讲，如果只专注于税务、会计和行政等事务的职能范畴，从长远的职业发展来看吸引力会明显降低，而家族办公室的业务多面性可以给专业人士更灵活广阔的发展空间。

据瑞银调研统计[1]，从年龄和工作经验来看，大多数家族办公室的首席执行官平均年龄在50~60岁，并拥有至少10年以上担任领导者的经验。其工作内容包括家族办公室中短期的财富目标规划、长期的投资计划、日常运营的有效性以及家族的代际传承。家族办公室的首席执行官需要具备通才的素质，他或她要对诸如投资、税务、法律、信托等多领域的资本运作非常熟悉，在家族办公室需要决策时能够在不同的场景中自如切换自己的角色。在规模较小的单一家族办公室中，

---

[1] UBS, et al. *Chinese Family Office and Wealth Management Report*，2020.

首席执行官、首席财务官（CFO）与首席投资官（CIO）的职能可能由同一个人担任，同与非家族成员的投资分析师一起通力合作实现家族财富的增长。就家族办公室的首席投资官来说，面对瞬息万变的外部投资环境，首席投资官在投资理念、尽职调查、策略制定等方面发挥着关键的作用；除了对宏观局势的把握以外，在微观层面，首席投资官还必须具有专业的投资组合策略运作和风险对冲经验，并深谙另类投资领域的多样化配置，结合独有的专业敏锐性可以帮助家族有效评估所面临大环境下的市场波动和各种风险因素。有调研数据显示，约1/3的投资官由在家族办公室工作超过10年的家族成员担任，约2/3的投资官则由具有20年及以上丰富投行经验的专业人士担任。就家族办公室的首席财务官来说，其职能主要是为家族建立有效的财务监管体系，保证各项金融职能的正常运作，涉及职能包括投资分析、税务规划、现金管理、财务报表、信托规划、风险管理及保险等方面。首席财务官通常由金融和会计领域的专业人士担任，专注于家族办公室的流动性管理、成本控制、合规事务，进而为家族办公室的投资策略提供专业意见。最后，家族办公室首席运营官（COO）的职能则主要是负责家族办公室日常运营的事务，包括系统管理、合规审查、数据安全、财务监管等方面。

　　家族办公室的人员架构可以总结为两种形式：一是类似家族企业运营的雇佣制；二是高层管理人员持股的合伙人制。以何种基准去评判家族办公室的运营成果，什么样的薪酬和激励机制是最合理的？这些标准都应在家族办公室设立之时确定，并应根据市场环境的变化定期更新。总体上讲，基于长期激励方案的合伙人制度对顶尖专业人才的吸引力要强于单纯的雇佣制。典型的薪酬激励模式包括如下三种：其一，虚拟股权（Phantom Equity），即家族办公室股权形式的虚拟化，可以更好地激励专业人士专注家族办公室的长期经营和收益。虚拟股权不要求持有者进行前期投入，家族办公室可以无偿派发一定数量的虚拟股权给管理者，持有者按照所持股权比例参与家族办公室税后投资收益的分配。虚拟股权的使用会增强家族办公室和高层管理人士之间的合伙人关系。其二，共同投资机会（Co-investment Opportunities），投资专业人士可以把自有资本加入家族办公室的资产配置策略，这项激励措施一般提供给家族办公室的首席执行官、首席运营官以及私募股权管理者。其三，附带权益（Carried Interest），一般是指风险投资基金经理在投资者收回全部投资后，从资本增值部分中分享一定比例的投资利润权益。

家族办公室在确立合伙人激励制度之前，有必要确定衡量投资结果的合理参考基准。参照基准可以有效地激励和提升专业投资人士的工作表现，参与者也会因达到投资目标而获得额外的奖励。如果家族办公室的投资基准不确定或不清晰，会对家族办公室成员的工作形成压力，也容易导致他们对家族办公室产生不信任感。家族办公室投资基准的设定既可以是绝对的，也可以是相对的；既可以依据家族设定的资产配置策略，也可以依据家族目标的优先度来设立（比如可以根据留给下一代的确定资产存量设置），还可以依据家族特定水平的生活消费指数来设置。

## 二、人力资源管理：另一份家族资产收入表

所谓"家族人力资源"实际上就是所有的家族成员，包括父母、子女，甚至祖父母、孙子女以及其他加入家族事业中的旁系血亲聚合在一起所形成的资源，这种资源可能是同代或跨代的，不仅囊括每个

家族成员所拥有的能力、资源、财富、事业，还包括成员们所具有的精神力量和彼此之间形成的向心力。彼得·德鲁克（Peter F. Drucker）于1954年出版的《管理的实践》一书中最早提出"人力资源"的概念，他指出："和其他所有资源相比较而言，唯一的区别就是它是人。"（原为英文）[1] 德鲁克认为人力资源拥有其他资源所没有的素质，即"协调能力、融合能力、判断力和想象力"。如果一个家族企业缺乏有效的人力资源代际传承，不仅会给家族企业的持续发展带来挑战，而且会使家族企业失去新生的机会。家族的经营和企业的经营一样，当一个家族开始评估其家族成员的有效寿命，计划在其一生中最大限度地利用每一个成员的人力和智力资本时，这个家族或许可以避免进入能量缩减和混乱的状态；反过来说，家族的混乱与无序才是这个家族资产负债表中最大的"负债"。

目前，中国家族企业普遍面临家产传承的诸多难题。根据福布斯中国2015年对前100名中国家族企业的二代进行的信息收集和分析显示[2]，他们之中有39%为独生子女，这对中国家族企业的新老更替造成了深远的影响。调查数据显示，20世纪70年代初中国的平均家庭规模为4.74人，1982年降低到4.43人，1990年降低到3.97人，2004年进一步降低到3.36人。从这些数据可以看出，计划生育政策的推行，我国单户家庭的平均规模逐渐缩减；与此同时，中国民企财富家族的家庭规模也呈现同样的缩减趋势。中国人口结构的变化趋势使得我国民企在传承安排上有别于欧美同类型企业，家族企业的交接往往是一道"是非题"而非"选择题"，使得家族内传承的可操作空间受

---

[1] Peter F. Drucker, *The Practice of Management*. New York: Harper Business, 2016.
[2] 福布斯中国:《中国现代家族企业调查报告》, 2015年。

到限制。"小家庭、大企业"的传承结构已成为一个中国特色的传承难题。

从企业人力资源的角度来看,这一难题在两个层面为家族的发展带来挑战:一是心理层面。在独子、独女的家庭环境下,创富一代和传承二代都压力陡增。基于心理博弈的角度,如果只有一个继承人,那么一代父母辈所面临的博弈选择几乎受限于如下的"单选题":要么任孩子为所欲为,要么威胁孩子将家产全部捐给慈善公益。二是企业接班选择层面。家族企业在面临孩子不愿或者不能接班的情况下,是否有实际的选择可以推进传承要务。

面对这一潜在的困局,家族企业不妨将家族的人力资源管理与企业自身的业务模式升级两相结合。如果企业二代有愿望且有能力进行企业创新或转型的尝试,不妨在管理好风险的前提下,给予他们适当的鼓励和空间,并对可能的失败做好相应的心理准备。如果尝试成功,那么传承接班的问题不仅得以初步解决,企业的转型升级也得以水到渠成。以油烟机知名品牌方太的家族企业为例。当一代掌门人茅理翔创办的慈溪无线电厂亏损越来越大而新产品又没有销路时,他与儿子茅忠群一起重新调整企业发展战略,尝试"二次创业"进入从未接触的油烟机领域并最终转型成功,展现了父子二人的进取心和决断力,而这个过渡、接班、转型的过程持续了将近十年之久。

此外,在如今全球化与数字化的商业场景下,家族企业的领导者应该思考如何实施人、财、物在时间和空间的多维度配置,有效分散风险。这一点,200多年前的罗斯柴尔德家族(Rothschild Family)给后世做了垂范。家族企业的缔造者梅耶·阿姆谢尔·罗斯柴尔德(Mayer Amschel Rothschild)深谙家族人力资源配置的重要性,通过将他的5个儿子派往当时欧洲的五大心脏地区(伦敦、巴黎、维也纳、那不勒斯、法兰克福），让罗氏五虎驰骋欧洲金融界，拉开了金融帝国的帷幕。将家族所拥有的人力资源分散到5个不同的地方，既是战略布局也是分散风险以增加抵御政治和经济风险的概率，保证至少有一脉可以经受住潜在的风险[1]。事实证明，利用人力资源进行风险分散的策略是高明的。这样的远见不仅体现在财富和资产的分散配置能够对冲地缘风险，更重要的是，在动荡的多事之秋，尤其是在当时欧洲反犹太人的偏见和思潮大背景下，这种策略也大大提升了家族延续血脉的抗风险能力。

除了分散风险、合理配置好家族的人力资源财富，还需要重视如何管理和提升家族的人力资源，如何提升家族成员之间的协调能力、融合能力，最大限度地让每个家族成员拥有学习和成长的机会，达到最大限度地利用每一个成员的人力资本和智力资本。因此，家族可以考虑留出充分的预算用于家族成员的定期学习和培训。学习的资源包括有关家族企业方面的讲座、公司治理的讲座以及大学提供的高管培训课程，还包括家族企业自己内部的内训课。与此同时，对于要培养的家族年轻一代，把他们安置在家族企业董事会下设的委员会中，虽然他们还没有直接被选任董事，但是让他们耳濡目染地了解公司的运作，进行力所能及的决策，对未来接班人的成长具有不可低估的重要意义。此外，定期举行家族会议，还应当在家族会议中留出专门的时间请专家给家族成员培训，内容包括家族治理、财富管理、孩子教育等。家族应该鼓励家族成员和家族的外部顾问建立师生关系，为家族成员的成长以及职场发展提供帮助。

---

[1] 创客海：《罗斯柴尔德：一个老父亲带着五个儿子征战欧洲金融界》，2017年9月8日，https://www.sohu.com/a/190719487_638049。

与此同时，家族核心管理层要制定家族在人力资源方面的"资产收入损益表"，定期审视家族的人力资源发展情况。家族的资产收入损益表不仅用来衡量金融资本，同时也要用来衡量人力资本和智力资本。欧美财富家族成功管理家族人力资源的实践之一，就是每年从每个家族成员那儿获得最新的简历和个人使命宣言，由此来"盘点"家族成员的人力资源状况。这种做法可以让家族管理的领导者清晰地知道家族成员在追求个人发展和幸福指数方面的状况，而这些成员就构成了家族资产损益表中的人力资源资产。当家族领导者了解家族所拥有的人力资本和智力资本情况后，就可以像配置资产那样对家族成员进行最佳的布局和安排，做到物尽其用，人尽其才，更具优势地致力于实现家族企业的共同目标：财富的长期保有，同时成倍地提升家族的幸福指数与和谐指数。

另外，在家族人力资源中，家族女性成员也是一份宝贵而具有独特价值的重要资源。在美国，未来 10~20 年女性接班人的比例将大幅上升；而在国内，已经有不少女性承担了企业领导人的角色。据麦肯锡发布的一项针对担任公司高管女性的研究数据[1]，公司执行委员会中女性比例高的企业在权益回报率以及盈利上的表现都优于同级别职务中没有任何女性的公司。根据福布斯《2019 年中国商界女性排行榜》公布的数据，100 位新晋商界女性所管理的企业营业收入额已超过 11 万亿元人民币。

---

[1] 新浪财经：《麦肯锡：女性高管比例高的上市公司业绩更好》，2012 年 7 月 2 日，http://finance.sina.com.cn/360desktop/stock/stocktalk/20120702/221112458040.shtml?from=wap。

## 三、天时地利筹人和：本土人才储备计划

2020年是上海国际金融中心建设"承上启下"的关键之年，国家对上海提出向国际金融中心更高能级迈进的指示。金融中心是市场、机构、人才、服务的集散地。在亚太地区，中国香港和新加坡作为国际离岸金融高地，都在力争打造全球私人财富中心。上海作为中国金融开放的先行者，在2020年"全球金融中心指数"排名中，首次超过香港地区和新加坡，位列第四。上海迈向更高能级的国际金融中心，要把握市场结构、监管环境、人才供需的转变，通过引领制度环节、规则环节的开放，营造更加国际化、市场化的金融环境，稳固其"国际在岸金融中心"和"全球人民币资产配置中心"的功能定位，贯彻落实新发展格局，优化供给结构，改善供给质量，提升供给体系对国内需求的适配性。

上海建立财富管理从业资质准入制度，可从以下几方面开展工作：

一是政府引导，市场主导。"十四五"规划强调，构建新发展格局，要充分发挥市场在资源配置中的决定性作用。在政府引导下，联合市场机构和科研院校，建立培训、考试、认证为一体的财富管理行业协会制度，在组织层面设立考试委员会，负责考试选拔与资质认证，以及课程委员会，负责课程设计与培训。考试委员会和课程委员会的组建，包括财富管理领域各市场机构的专家领袖。从业准入资质的认证，由地方权威性的行业协会组织主导，例如上海金融业联合会人才专业委员会，并由市政府金融监管部门监督。由此贯彻人才评价体系更加灵活的市场化机制，体现该证持有者在上海金融市场上的价值。

二是执业准入，持证上岗。我国在银行、证券、保险、基金、期

货、税务等金融行业均有从业准入认证考试，财富管理在这方面还是空白。区别于国际特许金融分析师（CFA）、特许财富管理师（CWM）等专业技能认证考试，执业准入资格考试是该领域从业者上岗的准入证，不仅是专业素质的重要参考，也是执业能力必不可少的前提保证。建立私人财富管理执业准入体系，要求所有从事高净值财富管理服务的从业人员，必须获得该资质认证才能入行，坚持平等准入、公正监管，形成高效规范、公平竞争的市场环境。

三是国际化标准。以人才国际化、专业化发展为主线，对接国际先进的通行规则，拓宽金融人才国际化发展渠道。在完善财富管理人才评价指标的基础上，接轨国际权威从业资格认证系统，借鉴国际财富管理师（CIWM）资格考试、国际信托与遗产执业者协会（STEP）等相关组织经验，通过课程培训、考试、认证、协会赋能等系统化的组织形式，提升执业水平的专业度和国际化，培育契合中国市场发展的财富管理从业者，逐步形成财富管理行业的地方标准和区域通行标准，为上海打造国际领先的金融服务体系提供人才保障和智力支撑。

四是考培分离。培训课程及资格认定在组织架构上，分设课程委员会和考试委员会，实现"考"和"培"相互隔离，确保资质认证客观中立，代表上海金融行业对从业者专业水准和职业道德的最高评价。在课程培训方面，由上海一流金融学院牵头设计课程方案，课程设计以理论实操、知识落地为导向。

五是分步落实，稳步推进。在整体工作安排上，短期（2022年内），明确组织架构、组建委员会、编写课程大纲、确立认证标准和流程，在兼顾时间和质量的基础上，争取2022年年底前举办第一批财富管理从业准入一级考试，对通过考试的考生颁发证书；中期（到2024

年），形成专业化工作队伍，完善教材编写和命题工作，加入二、三级考试，逐步形成人才培养的区域标准；长期（到2026年），通过准入资格认定工作逐年运行，持证人与相关机构借助财富管理行业协会赋能的形式持续密切互动、行业交流等，形成品牌效应与权威标准，促进区域人才流通、金融长三角一体化发展。

六是开放包容，互惠公认。在协会组织、委员会组建、课程设计、报考人员来源、证书认可范围等方面，突出开放性，坚持人才优先发展，人才自由流动、交流、合作。由此构建前瞻性、开放型的人才储备机制，保证和延展上海金融专业人才队伍的综合实力和整体宽度，为上海国际金融中心建设注入强劲动力与持续后劲。

# 第三章 制度嬗变

## 第一节　中国家族信托蓝海可期

2020年注定是载入信托业发展历史的一年。一方面，突如其来的新冠疫情凸显了信托金融工具的独有价值；另一方面，为防范在宏观经济压力下部分机构的潜在风险，监管趋严态势不断加码。伴随国内经济减速换挡，供给侧结构性改革步入深水区，在金融监管要求金融机构回归本源的背景下，信托业从高歌猛进逐步放慢脚步，行至重新思考航向的水域。

自1979年中国第一家信托公司成立以来，中国信托行业已走过40多个春秋。尤其在过去10年间，信托业的规模增长迅速，受托资产规模实现了近10倍的增长。据波士顿咨询公司（BCG）《中国财富传承市场报告》统计[①]，2020年中国家族信托意向人群数量约24万人；预计到2023年年底，中国家族信托意向人群数量将突破60万人。2020年，中国家族信托意向人群可装入家族信托资产规模约7.5万亿元，该报告预计到2021年年底，该部分资产规模将突破10万亿元。对照发达国家和地区信托业的发展路径，可以预期伴随我国金融监管体系不断完善，各类金融机构专业能力进一步提升，信托公司的融资服务功能将进一步弱化。中国正处于经济转型深化、产业升级不断推进的重要战略机遇期，我国信托业必将继续发挥信托制度优势、灵活服务实体经济，在构建双循环新发展格局中有所作为。放眼未来，信托行业将肩负起转型发展和服务实体经济的使命，信托机构的发展将结合信托制

---

① 波士顿咨询公司：《中国财富传承市场报告》，2020年。

度的本源特性,以承担其他金融机构不具备或不完全具备的功能,守正出新、错位竞争,在中国大资管行业转型的浪潮中把握先机。

## 一、家族信托的前世今生

现如今,设立家族信托的目的多种多样。有些信托是为避免因继承分家导致家族成员稀释家业,而通过信托实现顶层控制把家业集中在信托之下,来保证子孙后代衣食无忧;有些信托则是为了让未成年继承人、丧失行为能力的残障人士、生活无法自理的老人等能够在监护人没有能力或者去世的情况下,通过可靠的第三人(即受托人)来掌管资产,负责支付相关的抚养和护理费用;而有些信托则是为了防止二代奢侈浪费或被他人坑骗等,不一而足。由此可见,信托是一个富有人性化和灵活性的工具,其独有的灵活性和其本身的历史渊源密不可分。

信托最早可追溯到古罗马法律中的用益权(Uses)。古罗马帝国时期(公元前510—前476年),根据当时的罗马法,外来人、解放自由人(与之相对的是"生来自由人",罗马共和国时代指出生后就享有自由身份且从未丧失的自由人)被排斥于遗产继承权之外。为规避这样的规定,罗马人将自己的财产委托给信任的第三方,要求其为保障自己的妻子或子女的利益而代行对遗产的管理权,从而使自己的妻子或子女在实际上享有遗产继承权。

私人信托制度的进一步发展源于英国封建土地所有权制度,并最终促使土地所有权与英国衡平法(Equity Law)项下所有权的分离。11世纪的英国,许多教徒热衷于在自己死后将土地捐赠给教会以表明对宗教的虔诚信仰,而这种行为却大大损害了封建诸侯的利益。13世纪，封建诸侯为保障自己的利益促使英国颁布了《没收法》，禁止人民死后将土地捐赠给教会。为了避免土地被没收、实现将土地捐献给教会的目的，教徒们开始将其土地转让给他人，实质上是委托他人管理和经营土地，并将该土地所产生的收益捐赠给教会。英国衡平法院在司法实践中将信托制度不断发展，并逐渐界定了受托人和受益人在信托中的权利义务。中世纪十字军东征时期，开始出现贵族、骑士出征之前通过信托的方式将资产托付给教会，将自己的妻儿家人作为信托受益人的情况。在此基础上，信托观念在欧洲不断普及，相关条例也日趋完善，为现代信托制度的持续发展提供了坚实的法律基础。进入世纪之交，美国的第二个"镀金年代"（1982—2007）目睹了现代家族信托制度的高速发展。在这繁荣的25年中，社会财富快速积累，信托法律不断完善，为家族信托在美国本土发展提供了广阔的土壤和灵活的市场环境。

纵观家族信托在现代英国、美国、日本等成熟市场的发展历程，越来越多的高净值家庭选择利用家族信托来管理和经营家族资产，成就了家族财富的有序传承和基业长青，即便在家族内部出现分歧而风雨飘摇之时，家族信托也能有效保护家族财产，帮助家族和企业安然渡过风浪。其中，默多克家族近年来跌宕起伏、备受关注的财富故事无疑彰显了家族信托的独特价值。

2018年夏天HBO推出当季重磅之作《继承》，据编剧透露，个中情节取材于现实中巨富家族的真实故事，而不少人认为，该剧便是以默多克家族为创作原型。默氏家族的财富故事要从两个世纪前说起。1851年，苏格兰一位牧师帕特里克·默多克（鲁伯特的祖父）受邀从苏格兰移居到墨尔本，出任澳大利亚教会最高机构司会。作为一名牧师，他坚信新闻是对抗暴政最有力的武器，主张新闻自由。这一理念深深影响了儿子基思·默多克和孙子鲁伯特·默多克（Rupert Murdoch）——因一起婚变进入国人视线的这个家族故事的主角。

鲁伯特的父亲是一名战地记者，在澳洲经营4家报纸，开启传媒王国的发家史。鲁伯特作为其唯一的儿子，被给予厚望，也是毫无异议的接班人。他继承了父亲的报业集团，通过与澳大利亚各家银行进行资本合作，将一度走向衰落的家业推向新的高度，建立新闻集团（News Corporation），将商业版图拓展到欧美国家，成为世界报业大亨。20世纪50年代末期，电视开始进入家庭，鲁伯特果断向电视产业大举进军。1985年，新闻集团收购了日薄西山的21世纪福克斯和其余7家电视台，将前者打造成全美第四大电视公司。2007年，集团以50亿美元收购道琼斯公司。目前，默多克的传媒帝国横跨欧美亚澳，涉猎报业、广播、影视三大领域，总资产超过193亿美元。然而，数字化时代带动包括传媒业在内的产业洗牌，默多克家族在挺过债务危机和"窃听门"事件后，又迎来新一轮危机——传媒帝国如何薪火相传。

和原生家庭相较而言，鲁伯特·默多克自己的家庭关系更为复杂，先后有4段婚姻、育有6名子女，家族矛盾纠葛更多，传承安排也更为艰难。如今，鲁伯特已年过九十，但家族企业的传承一直未有定数。两个儿子先后加入又离开家族企业。2011年7月，次子詹姆斯·默多克因"意见不合"辞去新闻集团董事一职。坊间传闻，父子两人不仅在企业经营上存在分歧，在政治立场上也分道扬镳。鲁伯特曾是特朗普的长期支持者，而詹姆斯却一直对特朗普政府持批评态度，并曾向拜登的竞选阵营捐赠了数十万美元。

所幸的是，鲁伯特·默多克深谙信托是一条保护家族财产的护城河。他设立的家族信托是传媒集团保持财富持续上涨的保障，目前估值约为169亿美元，家族信托的控制人仍为其本人。家族信托这一安排,一方面使得鲁伯特不至于在多次离婚中被摊薄家族资产;另一方面也能确保其家族成员即便不参与企业管理也能持续享受到家族企业的利润,保障生活无忧。究其本质特征,信托可以把家庭财产和公司财产有效地分隔开,两者互不掣肘。这样,家庭财产的纠纷就不会对公司运转有实质影响。在默多克家族进行转型和继承的探索之路上,信托扮演了在家族多事之秋保全其财富和基业的重要角色,表现出作为财富管理工具的独特优势和价值[①]。

## 二、转型阵痛后中国信托业长足发展

在中国,改革开放 40 年的进程造就了一大批家族富豪。近年来,这些家族为了打破"富不过三代"的魔咒,实现财富和事业的有序传承,开始向家族信托靠拢,尝试把财富交给专业的信托机构来管理,而信托公司也将家族业务作为战略转型的重要突破方向。在两方面的共同推动下,家族信托市场规模日益扩大,截至 2020 年一季度末,国内家族信托规模已突破 1 000 亿元人民币。自 2017 年开始,在"去杠杆、防风险"监管的驱动下,信托通道业务大幅缩减,导致行业整体信托资产规模持续下降。受监管改革推动、各级资本市场发展、居民储蓄向投资转化等因素的影响,中国资管行业规模持续高速增长,毕马威预计至 2025 年,资管行业总体规模有望达到 139 万亿元,这将是 2018 年资管行业规模的两倍。这虽然为信托公司提供了未来发展的市场空间,但行业结构的变化将使信托公司在资金端和资产端都面临巨

---

① 默多克家族案例相关内容可参见,《默多克家族:十字路口的继承者们》,搜狐网,2018 年 2 月 18 日,https://www.sohu.com/a/223144085_662707。

大的转型压力。毕马威与北京国际信托发布的调研报告显示[1]，信托行业的报酬率自2016年开始逐年下滑，这一方面是由于报酬率计算的滞后性（此前大量通道业务到期清算影响报酬率），另一方面是因为行业竞争加剧，资产端的收益空间逐步压缩。资管新规与资金信托新规[《信托公司资金信托管理暂行办法（征求意见稿）》（简称《资金信托新规》]的落地，将倒逼部分信托公司为了保住高收益的非标主动管理业务规模，加速发展标品业务。在此背景下，毕马威预测，信托行业有可能出现信托报酬率进一步下滑的趋势。同时，随着国际政治经济环境的不确定性增加，虽然中国的疫情短期内得到有效控制，但全球宏观经济依然面临严峻挑战，信托资产风险率自2017年起持续攀升直至2019年年末达到2.67%。

在降杠杆、去通道的大背景下，信托业难免经历转型的"阵痛"。信托业内人士及专家认为，就长期来看，《资金信托新规》对资管行业的发展是利好，对信托机构尤为突出。中国人民大学信托与基金研究所执行所长邢成认为[2]，《资金信托新规》对行业提出了更高的要求，在新的监管环境下，信托转型不仅是生存的需要，更是防范系统性金融风险的要求。随着信托业全面进入刚性转型期，信托公司的业务转型也势在必行，靠通道业务为支撑的外延式发展模式将成为过去。在平安集团总经理兼平安信托董事长任汇川看来[3]，《资金信托新规》对于行业长期健康发展是利好，信托行业应该及时回归本源，助力实体经济发展。

---

[1] 毕马威，北京国际信托：《2020年中国信托行业发展趋势和战略转型研究报告》，2020年。

[2][3] 金融界：《资管新规过渡期延至2020年底！五个金融行业影响和应对》，2018年4月28日，https://baijiahao.baidu.com/s?id=1598949273268447584&wfr=spider&for=pc。

据波士顿咨询公司预计[①]，未来信托业涉及的四大主要业务——服务信托、私募融资、财富管理、资产管理——均将取得高速发展。以投融资总规模来衡量，这四类业务在未来均将保持10%以上的快速增长。整体而言，信托业有望实现较其他金融机构更快速的增长，逐步占据更加重要的市场地位。波士顿咨询公司在2020年发布的《中国信托行业报告》中预计到2021年，社会融资总余额将达到266万亿元人民币，实现5年约11%的年均增长率，其中，信托贷款余额有望从2016年的6.3万亿元增长至2021年的13.4万亿元，实现约16%的年均增长。就信托贷款规模来看，波士顿咨询公司预计其将受到三个方面因素的影响。一是整体社会融资需求的增长。2015—2020年，社会融资余额年均增幅约为15%。2020—2025年，伴随国内GDP增速放缓以及经济由投资驱动向消费驱动转型，预计社会融资需求也将有所下降，增速将降低至11%。二是直接融资占比的上升。整体来看，目前股权和债权直接融资的比例占整体社会融资的比例仅有15%。但随着资本市场改革深化，预计直接融资的比例在未来将趋于升高，但仍将保持间接融资占据绝对主导地位的结构。三是在间接融资体系中，银行的贷款比例会略微下降。由于信托较银行更具灵活性，能够抓住新兴产业、消费信贷等融资机会，信托业的融资服务有望在未来进一步向投行业务靠拢，提供更偏轻资产的私募产品和资产证券化类的融资服务。在刚性兑付被逐步打破的基础上，信托的类投行业务有望增加，这将使得信托的融资类业务增长可以更快脱离风险、资本和资产规模的约束，通过提高资本利用率和资产回报率，撬动更高速的融资收入增长。

---

① 波士顿咨询公司：《中国信托行业报告》，2020年。

与此同时，信托业在资产管理领域有望发挥更大的作用。根据毕马威的调研分析指出，信托业凭借本源优势，在高端财富管理方面具备天然优势。未来随着以客户为中心的服务模式更切实地落地，加之资产管理规模更加扩大、财富管理服务品类更为丰富，信托在财富管理业务的优势也将更加凸显。同时，另类资产仍是机构寻求高收益的重点领域，针对另类投资，信托在行业专长和资产端资源积累上均具备比较优势。

在这一转型关键期，信托业务的战略规划、专业结构、人才梯队、风控流程等都将面临新的挑战。具体就转型方向与模式而言，中国人民大学信托与基金研究所执行所长邢成认为[1]，今后信托机构应该要走差异化和特色化发展的道路。其中，标准化、基金化、净值化产品，以及以债市、股市、资产支持证券（ABS）等金融产品和衍生品作为基础资产的业务将成为重点方向之一。此外，家族信托等本源业务也被多位业内人士提及，成为信托业当前最热衷的重点转型方向。大资管新政时代，打破刚性兑付势在必行，风控能力较强的信托业依然具有较强的竞争力。

## 三、中国家族信托市场迎来机会窗口

作为财富传承的主要工具之一，家族信托具有其独特的法律地位和多元功能，在海外成熟市场已经有长足的发展和成熟的应用。在中国，随着境内高净值人群的持续增长，家族信托已在近年来呈现多元化发展态势。国内首只家族信托产品于2012年落地，并在随后5年间获得快速发展。据中国信托登记有限责任公司发布数据显示，截至

---

[1] 金融界：《资管新规过渡期延至2020年底！五个金融行业影响和应对》，2018年4月28日，https://baijiahao.baidu.com/s?id=1598949273268447584&wfr=spider&for=pc。

2020年年底，家族信托规模较年初增长80.29%，连续四个季度持续上升，环比增幅分别为11.2%、8.34%、35.94%和10.09%。据《2020中国家族信托报告》统计[1]，2020年中国家族信托意向人群数量约为24万人，预计到2023年将突破60万人。与此同时，上述人群可装入家族信托的资产规模估计约为7.5万亿元，到2021年年底，这一规模突破10万亿元。《2020中国家族办公室白皮书》[2]调研显示，家族信托为最受青睐的家族办公室执行工具。报告预测，未来将执掌家族财富或者正在执掌家族财富的"中流砥柱"参与者已经具备一定的家族企业风险隔离意识。调研还发现，60~69岁的调研者对于家族信托的需求最为迫切，其对家族信托的首选程度高达80%。由此可见，以家族信托为代表的服务信托成为信托行业新的发力点。

福布斯中国调研数据显示，截至2020年，中国富豪榜上的富豪总财富值由一年前的9.1万亿元人民币飙升至14.1万亿元人民币，而我国居民家庭财产结构中房产占比达到七成。尽管财富传承市场不断升温，但与成熟市场实践相比，中国特色的财富传承市场才刚刚萌芽，不论是在工具应用的丰富性还是服务种类的丰富度和深度上都有一定差距。目前对于亿元级资产超高净值家庭来说，房产是其最主要的财产之一。相应地，不动产也是高净值人群未来计划装入家族信托的主要资产类别之一。2021年3月中粮信托首单亿元级不动产家族信托落地，家族信托呈多元化发展趋势。业内人士表示，受限于信托登记制度及相关法律法规，国内的家族信托仍以现金资产和股权为主，通过家族信托的方式持有和管理不动产在实践中仍存在一定难度。就家族

---

[1] 招商银行私人银行：《2020中国家族信托报告》，2020年。
[2] 福布斯中国，平安银行私人银行：《2020中国家族办公室白皮书》，2020年。

信托业务本身而言，其整体规模仍然较小、业务类型多元化有待提升，尚不能完全满足高净值人群的需求，这意味着抢先进入市场布局的信托公司，有机会获取先发优势。中国家族信托市场初步发展呈现四大特点，即以企业主和女性客户为主要客群、以资金类信托为主要种类、以风险隔离和个性化传承为主要目的、以小规模境内信托为主要试水工具。在时代机遇、客户需求以及从业机构的推动下，家族信托将在本土市场迎来广阔的发展前景。

中国家族信托的未来发展并不依靠外来的力量，而是靠实践经验的积淀。2013 年，私人银行业首先推动了家族信托服务业务的启动，此后诸多机构进入信托行业，包括作为受托人的信托公司、作为服务的私人银行、第三方财富公司、保险公司、律师事务所、会计师事务所等。这些机构的入局使得中国的家族信托业务获得了第一手的经验，行业积累了充分的实践沉淀。2018 年 8 月 17 日，银保监会信托部向各地银保监局下发《关于加强规范资产管理业务过渡期内信托监管工作的通知》，明确指出公益或慈善信托、家族信托不适用人民银行发布的《关于进一步明确规范金融机构资产管理业务指导意见有关事项的通知》相关规定，给信托公司开展家族信托业务松绑，并给家族信托下了明确的定义："家族信托是指信托公司接受单一个人或者家庭的委托，以家庭财富的保护、传承和管理为主要信托目的，提供财产规划、风险隔离、资产配置、子女教育、家族治理、公益或慈善事业等定制化事务管理和金融服务的信托业务。"鼓励信托业回归本源业务。在此背景下，各个信托公司，特别是行业头部的诸多信托公司都投入了大量的人力和物力。虽然在受托财产方面仍有一定的限制，但现金、金融资产与财产权的实践已获得了普遍的认可。

招商银行私人银行的《2020 中国家族信托报告》显示[1]，中国高净值人群对于家族信托认可度在过去几年中显著提升。根据招商银行和贝恩公司联合发布的《2019 中国私人财富报告》[2]，家族信托在各类财富传承安排方式中的提及率达 20%；仅一年以后，据调查结果显示，境内外家族信托提及率进一步提升至 30% 以上，成为关注度增长最快的传承工具之一。由此可见，中国高净值人群对于家族信托的理解和期望，已经从视其为简单的工具进一步发展到与家族财富和基业传承相结合的精妙境界。与此同时，和家族信托相关的法律、税务和政策环境正日益完善，后者对其的影响也愈加深刻。在财富管理净值化大潮下，家族信托正在逐渐找到合适的定位。这些外部环境与认知上的变化，将为中国家族信托行业的进一步发展带来更大的机遇。

## 四、制度利好，推动境内家族信托升级

目前我国家族信托业务正逐步发展，但家族信托毕竟还是一个在探索中前进的业务。2001 年，我国《信托法》出台，在设计之初已具有较强前瞻性，是国内家族信托的重要法律依据。2015—2020 年，法律及政策层面陆续出台了涉及家族信托的相关法律和政策。在遗产税税率较高、税收监管比较严格的国家，比如英国、美国和日本等国，家族信托在税收筹划方面的作用表现得更为突出。目前，我国尚未征收遗产税，家族信托在财产传承中税务筹划的优势相对其他业务并不明显，而近几年，我国在税务政策层面的新动向是否将对家族信托产

---

[1] 招商银行私人银行：《2020 中国家族信托报告》，2020 年。
[2] 招商银行，贝恩公司：《2019 中国私人财富报告》，2019 年。

生影响，仍然值得关注。

虽然《信托法》已颁布实施多年，但中国信托公司在从事信托服务业务上却并不顺利。中国信托公司在过往主要以一种影子银行的角色存在，主要业务也逐渐演变为销售资金信托产品。2014年在经济下行和竞争加剧的双重挑战下，信托业逐渐从自2008年以来的高速增长步入转型发展的关键阶段，政府也在推动中国信托公司角色的转变，使其从资本市场中的影子银行角色转变为家族财富管理者的本位角色。2014年8月4日，中国银监会发布《中国银监会办公厅关于信托公司风险监管的指导意见》，首次明确提出"探索家族财富管理，为客户量身定制资产管理方案"，这是近年来金融业主管政府部门首次在正式法规文件中提出"家族财富管理"的概念。

家族信托在中国的未来发展还主要取决于两个外部因素。

第一个因素，税制改革形成潜在利好。从近些年"两会"所释放出的信息来看，个人所得税改革将拉开一个新的序幕。相比较发达国家，中国现行的个人所得税制度有两个特点：其一，个人所得税的抵扣制度与小额免税制度还未完整建立；其二，截至本文撰写之时，中国还没有开征遗产税和赠与税。在这样的背景下，个人向子女或后代传承资产时没有任何税务负担，因此也无须进行规划。一旦中国开征遗产税和赠与税，那么对家族信托将是一个重大利好，因为届时需要从税务的角度充分筹划传承的财富。在将财富传给后代方面，家族信托在域外已经被证实是一个灵活并且有效的个人所得税筹划工具。

第二个因素，立法进一步完善可期。首先，与家族信托相关的信托登记制度还有完善的空间，主要体现在以下两个方面：一是允许以信托法律文件即信托合同作为变更登记的依据，并做特殊的税务处理。二是在登记簿上对登记的信托性质进行标注，方式之一就是借鉴质权登记模式在登记簿上标注信托受益人。其次，税法对设立信托或者信托分配的税务负担应有更清晰的规定。更清晰的立法能够消除不确定性，消除不合理的期待，让高净值人群消除等待利好的不正确期待。再次，针对家族信托持有拟上市公司或者上市公司股权应有特别的规定。近些年，中国在个别领域的立法与监管在一定程度上落后于实务，在实践发展到一定阶段之后立法才进行跟进，典型的如网约车服务。这样的模式符合中国现阶段的发展规律。目前中国家族信托已经积聚了近千亿元的规模，但是与整个信托业几十万亿元的受托规模相比还是个极小的数字。随着针对家族信托的立法进一步完善，监管及相关登记机构也会越来越了解家族信托。

2021年"两会"期间，家族信托得到了前所未有的关注。全国政协委员、证监会原主席肖钢建议从修订信托法、建立与家族信托相配套的基础设施、出台信托法司法解释以及加强监管等四个方面完善信托制度，促进推行家族信托[1]。全国人大代表、中国银保监会信托监管部主任赖秀福建议[2]，完善我国家族信托税收政策，探索建立符合我国特点的信托税制，并为家族信托业务丰富发展提供税制保障，探索家族信托税收优惠试点，提升财富管理的国际竞争力。相关专家表示[3]，在金融市场不确定性提升的情况下，财富传承的重要性进一步凸显。

---

[1] 《全国政协委员、证监会原主席肖钢：建立和完善家族信托制度，破除家族信托发展瓶颈》，证券日报网，2021年3月4日，https://baijiahao.baidu.com/s?id=1693294880046618356&wfr=spider&for=pc。

[2] 张末冬，《赖秀福：完善我国家族信托税收政策》，中国金融新闻网，2021年3月3日，https://www.financialnews.com.cn/zt/2021lh/taya/202103/t20210303_212948.html。

[3] 《4亿元不动产家族信托首现中粮信托　未来家族信托向何处发力？》，华夏时报网，2021年3月25日，https://baijiahao.baidu.com/s?id=1695169792651337649&wfr=spider&for=pc。

对高净值家庭而言，需要专业机构帮助传承积累的大量财富。家族信托具有资产保护、隔离风险、保护隐私、保障生活、维持控制等众多功能，能够有效弥补法定继承、遗嘱继承及生前赠与等方式的缺陷或不足。

中国高净值人群关注的对设立家族信托有影响的因素中，法律和政策的关注度最高且占比持续提高，其次为经济环境、政治环境、税务环境。与此同时，家族信托的税务筹划作用受到关注，大部分受访者希望家族信托在实现财富传承的前提下，能够有一定的税务筹划功效，比如针对未来可能出台的遗产税、赠与税等税种，以及家族信托资产装入、分配及投资相关的所得税的筹划。接近半数的受访者认为，家族信托已经实现了部分税务筹划功能。

与此同时，家族信托关系到数代人的财富利益和整个家族的存亡兴衰，是否"有效"至关重要。在招商银行私人银行发布的《2020中国家族信托报告》访谈中[1]，高净值人群认为国内家族信托是否"有效"，取决于三个层次：第一层是境内家族信托在中国法律环境下是否有效；第二层是家族信托的功能是否有效；第三层是未来法律和政策环境是否持续有效。与此同时，高净值人群对境外家族信托仍以观望居多。部分高净值人群有海外教育、工作、生活的经历，对境外家族信托有一定了解。但由于境内外政策、语言环境、传承理念差异性较大，高净值人士充分了解境外家族信托并设立运行的情况占比依然较低。相关调研数据显示[2]，46.61%的受访高净值人群听说过境外家族信托，24.75%有一定了解，仅有不到6%的高净值人群了解充分，或

---

[1][2] 招商银行私人银行：《2020中国家族信托报告》，2020年。

计划实施，或已经设立。尤其近几年随着金融账户涉税信息自动交换标准的实施推行，境外财富透明化趋势加强，高净值人群对于境外家族信托更加持观望态度。

## 五、中国特色家族信托呈现创新趋势

目前，全国 68 家持牌的信托公司，基本都成立了家族信托业务部门。从 2013 年仅有 6 家信托公司开展家族信托业务，到 2019 年参与公司数量超 35 家，进而到 2020 年年底，参与的公司数量增至 50 家，国内家族信托市场的规模在不断扩大。在此背景下，经验积累成为重要的差异化优势，头部机构强者在产品设计、个性化管理和运营规模化等方面的优势愈加显著。随着家族信托业务存量规模不断扩大，如何确保家族信托分配、修改、投资、风控等各个环节准确高效处理成为机构必须要面对的问题。因此，强大的后台支持必不可少。家族信托与金融科技（Fintech）的结合，越来越受到头部机构的重视，区块链技术的应用是家族信托领域值得关注的趋势。具体而言，我国家族信托的发展正呈现如下五大趋势。

**趋势一**：家族信托成为家族财富传承的首选工具。毕马威和北京国际信托的研究报告表明[①]，家族信托在具有不同特征的参与者心中都是首选。对拥有不同婚姻状况的参与者进行调研发现，已婚参与者最看重的家族财富传承工具是家族信托（51.6%），其次为保险计划（41.9%）和保险金信托（32.3%）；未婚参与者最看重的家族财富传承

---

① 毕马威，北京国际信托：《2020 年中国信托行业发展趋势和战略转型研究报告》，2020 年。

工具同样是家族信托（52.4%），其次为保险计划（28.6%）和法律及税务规划（23.8%）。对拥有不同家族总资产体量的参与者进行调研，我们发现家族信托再次成为他们心中首选的家族财富传承工具（资产规模在 20 亿元人民币以上的占 53.8%、在 10 亿~20 亿元人民币的占 50.0%、在 1 亿~10 亿元人民币的占 53.7%）。

**趋势二**：高净值人群对金融科技和家族信托的结合充满期待。招商银行私人银行的《2020 中国家族信托报告》调研显示，超过半数的受访者认为，智能家族信托顾问对其最具吸引力；同时也有约 1/4 的受访者对家族信托合同模块化表现出较高兴趣。两者均属于方案设计环节，体现了高净值人群兼顾个性化与效率的需求。

**趋势三**：家族信托投资模式趋向机构投资者。《2020 中国家族信托报告》显示，机构的投资视角在大类资产配置和宏观策略轮动方面具有一定的优势，在较长的投资周期内有更大可能实现可持续的稳定回报，考虑到家族信托账户本身持续时间较长，这一点是高净值人群希望投资模式机构化的主要原因。与此同时，在整体境内资产管理市场头部化发展的过程中，财务顾问在投资渠道和资源获取能力方面的优势，也是受访者寄期望于投资模式机构化的重要考虑之一。这种对于机构主动管理能力的诉求，在未来家族信托实践中或将很快被持续验证。

**趋势四**：家族信托在家族治理方面的运用崭露头角，物质激励与精神激励迈入"双轨制"。家族信托的分配条款较好地实现了家族代际间物质财富的传承及其对受益人的物质激励。从目前家族信托的实践来看，包括子女教育金、创业启动金、医疗储备金、老人赡养金、紧急备用金等在内的多类型个性化信托利益分配条款，已能较好地满足高净值人群的相关需求。但从发展趋势来看，高净值人群还希望通过物质财富的给付实现家族精神财富的传递。

**趋势五**：以家族信托为核心的家族办公室服务前景广阔。家族信托是家族办公室服务有效落地工具之一，卓越的家族信托能力将成为家族办公室服务脱颖而出的基石。目前我国信托家族办公室的渗透率较低，但未来发展空间可观。中国银行私人银行发布的《2020中国企业家家族财富管理白皮书》指出，企业家们更偏好通过赠与和大额保险等相对简单常用的方式传递财富，对遗嘱、家族信托、家庭办公室、家族基金会等相对复杂多元的传承工具的了解与接受程度仍有较大的提升空间。在做好家族财富传承安排的165名受访企业家中，56.36%的人选择通过使用大额保险进行财富传承，只有25.45%的企业家选择通过设立家族信托，而选择家族办公室、慈善基金会或慈善信托的受访者均少于4%。

在《资金信托新规》的影响下，国内信托机构必须回归信托业务本源，而家族信托的发展模式正符合这一要求。从国外经验和国内趋势来看，未来家族信托服务很可能成为财富管理机构的重要业务衔接板块。对于保险公司来说，保险从业人员经历了从一开始担心家族信托会取代保险产品在私人财富管理中的位置，到逐步了解家族信托和保险的组合优势互补的过程，现如今多家保险公司选择与信托机构合作打造保险金信托的产品线，而家族信托也成为精英保险代理人向高净值客户营销的重要工具之一。对于律师、税务师、会计师来说，信托筹划在海外是一项颇为成熟的咨询业务，在国内才刚刚开展，境内外家族信托的定制和筹划无疑又是一片蓝海。对家族办公室来说，作为家族的财富管理执行机构，家族信托和家族治理有着天然的紧密联系。因此，从某种意义上讲，能够运用好家族信托的财富管理工具就将成为家族最值得信任的同行者。

## 六、对标日本，中国信托如何走好转型之路

根据中国信托业协会统计，截至 2020 年年末，中国信托资产规模达到 20.49 万亿元，折合成日元为 324 万亿日元，约为日本信托规模的 24%。目前中国信托制度运用以融资为主要目的，信托资产较为单一，基本以资金为主，个人信托业务刚刚起步。整体而言，中国的信托运用还处于较为初级的阶段。同时，我国人口结构的变化趋势为养老金信托发展带来全新的机遇。截至 2014 年，我国 60 岁以上人口超过 2 亿，占总人口的 15%。按照国际标准，60 岁以上人口超过 10%，标志着社会步入老龄化社会。老龄化社会必然会催生巨大的养老金市场，但同时，中国正以"未富先老"的状态向深度老龄化社会趋近。为了应对老龄化，我国已经采取了多项措施来加强社会保障体系建设，在养老体系上做了很多的改革，2021 年一个很重要的改革措施就是推出对于个人商业养老保险税收激励政策，鼓励更多人在税收激励下为未来养老做准备。这一政策的落地，必将促进中国养老基金的快速增长，也会释放出财富管理的巨大空间，从国际上成熟的市场来看，养老金是整个财富管理市场中举足轻重的一大板块。

如今在日本，信托被广泛运用于以资产管理、资产继承以及公益为目的的法人和个人金融活动之中。尤其近年来，面向个人的信托业务覆盖了从青年至中年、老年至晚年的各种财产管理服务。从日本信托业发展史来看，活用信托的金融功能胜过信托固有的资产管理功能的状况长期占据主角地位，并通过贷款信托实现了信托大众化。日本信托业在转型为信托银行后一直致力于资产管理和受益权转换功能的运用。从 20 世纪 60 年代开始，日本信托行业陆续开发了年金信托（1962 年）、住宅贷款债权信托（1973 年）、公益信托（1977 年）等

业务。在此阶段，由于个人财产、法人财产正处于形成的上升期，所以上述业务的市场规模极小，难以成为信托业的主营业务。直至 90 年代以后，随着个人、法人资产的形成，直接金融的兴起，以及高龄少子化社会结构的转变，资产证券化信托、年金信托、福祉信托规模快速增长，受益权转换和资产管理功能逐步替代金融功能，成为日本信托业的核心功能。对比日本信托业，当下中国信托公司转型的时代背景与 20 世纪 90 年代的日本有诸多相似之处：利率市场化、企业融资渠道多元化、直接融资比重持续提高以及资产证券化需求大幅增加等。因此，顺应时代变化，以受益权转换和资产管理功能运用为核心应该是中国信托业转型可借鉴的方向之一。

对标日本信托发展的经验，中国信托业转型的关键在于让信托业务进入主流经济活动，满足经济生活的主要需要，培育最大化发挥信托功能的经营主业。在此基础上，逐步形成可持续、规模化发展的信托业务，信托制度的价值得以充分体现。作为一个大陆法系国家，日本信托业能嫁接发源自英国（英美法系国家）的信托制度很大程度上源于其法治建设上的成功。日本在 1905 年从美国引进公司债信托时，并没有马上照搬业务，而是先立法制定了《附担保公司债信托法》，该法律条文对此类业务如何开展做了详尽的描述。此举在全世界的信托史上创了一个先例。此后，日本的信托业务一直延续了这种先立法后展业的方法，很好地解决了一个没有衡平法传统的国家如何开展信托的现实问题。反观国内，很多信托业务发展迟缓的主要原因之一就是相关建设尚未健全。尤其是过往信托财产登记制度长期缺位，导致信托财产的保护和隔离功能无法完全实现。同时由于遗产税尚未征收，因此私人信托的税务筹划功能难体现出来。这些都在一定程度上制约了家族信托、慈善公益信托等个人信托业务的发展。

## 第二节 慈善信托的中国实践与特色

2021年5月，多次蝉联世界首富的比尔·盖茨与妻子梅琳达公开宣布结束27年的婚姻。截至本文写作时，比尔·盖茨在全球富豪榜上位列第四，其净资产价值高达千亿美元。因此，伴随这段婚姻关系的结束，夫妻财产分割成了备受瞩目的话题。据媒体报道，比尔·盖茨的财富主要包括其个人拥有的微软公司股份以及比尔和梅琳达·盖茨基金会（Bill & Melinda Gates Foundation）旗下的比尔和梅琳达·盖茨信托基金（Bill & Melinda Gates Foundation Trust）。本质上，盖茨基金会的法律结构是慈善信托，信托的主要作用是投资和管理资产，并在必要时将收益转移给基金会，以实现基金会的慈善目标。近些年来，包括在本次新冠疫情期间，盖茨基金会的慈善信托与我国国家卫生健康委员会、国务院扶贫办、中国疾控中心、国家免疫规划专家咨询委员会等相关部门展开多方面合作，在扶贫减贫、公共卫生治理、医药产品监管体系等方面都做出了贡献。

随着我国《慈善信托管理办法》的出台，我国慈善信托的数量也不断增加，规模不断扩大。经查询民政部慈善中国平台慈善信托数据，截至2021年5月17日，共计567条慈善信托备案数据，财产总规模达337 791.61万元[1]。国家"十四五"规划淡化了经济增长目标，但是在民生福祉方面却提出了多项重要要求。其中明确提出要"发挥第三次分配作用，发展慈善事业，改善收入和财富分配格局"。慈善信托成为

---

[1] 中国慈善联合会慈善信托委员会：《2020年中国慈善信托发展报告》，2021年。

近年两会期间在信托领域的一个讨论热点。

慈善信托是一种高尚的家族传承工具。慈善信托具备信托财产独立、运行成本低、永续性等特征，可以充分发挥信托制度安排优势与资产管理、财富管理能力，使慈善信托财产保值增值，为慈善事业提供增量。据中融信托行政副总裁、公益慈善委员会秘书长刘香玉介绍，慈善信托是将金融与慈善相结合的创新之举，可以行之有效地发挥慈善与金融的能力，为慈善项目提供安全、灵活、高效、透明、持久的运作机制，推动各方共同为促进慈善事业发展发挥积极作用。慈善信托在管理规模、财产种类、期限设置等方面更加灵活，保值增值优势明显，并且其建立在国内的信托制度上，赋予了受托财产更高的独立性，也赋予了委托人更广泛的决定权，能够更好地推动慈善事业的发展。因此，慈善信托是一种将物质传承和精神传承完美融为一体的家族传承方式，是集金融资本、人力资本、社会资本和家族文化为一体的金融工具。

## 一、慈善信托的特点、优势和作用

从国外立法实践来看，慈善信托往往是作为慈善法律制度架构中的一项重要制度安排，而被纳入慈善法典或相应的成文法中予以规定的。在我国的法律体系下，慈善信托也被纳入慈善法的范畴中。我国《慈善法》对慈善信托进行了明确定义，银监会、民政部2017年联合印发的《慈善信托管理办法》对慈善信托的管理作了细化规定。据《慈善法》第44条规定："本法所称慈善信托属于公益信托，是指委托人基于慈善目的，依法将其财产委托给受托人，由受托人按照委托人意愿以受托人名义进行管理和处分，开展慈善活动的行为。"《慈善法》

将慈善活动分为六大类：

（1）扶贫、济困；

（2）扶老、救孤、恤病、助残、优抚；

（3）救助自然灾害、事故灾难和公共卫生事件等突发事件造成的损害；

（4）促进教育、科学、文化、卫生、体育等事业的发展；

（5）防治污染和其他公害，保护和改善生态环境；

（6）符合本法规定的其他公益活动。

总体而言，《慈善法》所规定的慈善目的范围与《信托法》规定的公益目的范围基本相同。

由此可见，慈善信托需要具备三个特点。首先，慈善信托的设立必须基于慈善目的。这是最基本的特征，即要符合《慈善法》第3条规定的慈善活动。其次，慈善信托的受益人是非特定的。这是区别于其他信托的一个重要特征。通常，民事或营业信托在设立时必须确定具体的受益人，慈善信托文件仅载明受益人的资格条件，由受托人根据所确定的条件选择确定，而不是委托人在信托文件中具体指定。最后，与其他类型的信托相比，慈善信托的设立要求更为严格，具体表现为：其一，设立程序更复杂，除了和其他信托一样，需要书面签订合同确定有关信托的各类事项之外，还需要受托人在信托文件签订日起7日内将信托文件向受托人所在地县级以上人民政府民政部门备案。其二，对受托人的要求更高，对受托人的条件作了限制，委托人仅能指定其信赖的慈善组织或信托公司担任受托人，个人不能作为受托人。其三，特别设置了监察人制度。其四，信托财产与委托人、受托人的固有财产相互独立。信托有效设立后，信托财产即从委托人的其他自有财产中分离出来，成为一项独立运作的财产，仅服务于信托目的。

对委托人来说，丧失了对信托财产的所有权；对受托人来说，可以对信托财产进行占有、处分，但是不享有收益；对受益人来说，则取得了信托收益的请求权。若委托人、受托人破产或发生债务，或者受托机构解散、被撤销或破产，信托财产不属于清算或破产的财产，这样就能保证受益人不因此而失去其享有对该信托财产的权利。

由此可见，慈善信托既不同于慈善捐赠等一般的慈善行为，也不同于具有完整组织结构的慈善组织。相较而言，慈善信托具有其他慈善组织形式难以比拟的三大制度优势：

一是实现捐赠财产保值增值。与传统慈善基金相比，慈善信托实现扶贫慈善信托本金存续的同时，建立金融精准扶贫长效机制。

二是有效实现财产安全隔离。信托财产是独立于委托人、受托人和受益人的固有财产，确保慈善信托能长期稳定发挥优势，实现慈善目的。

三是管理运作更规范、公开、透明。慈善信托成立前需要向中国信托登记有限责任公司进行登记及向当地监管部门报备，向受托人所在地的民政部门备案。每年3月底，信托公司需要出具慈善信托年度管理报告并在慈善中国平台上公布，接受社会公众监督。慈善资金使用及项目情况都会实时反馈给委托人，确保慈善信托运作规范透明。此外，慈善信托会引入监察人、外部审计机构等专业机构，对运行管理情况进行独立监督并每年出具监督报告，保证慈善信托运行和支出符合慈善目的以及委托人的意愿。

慈善信托对于我国慈善行业意义重大。慈善信托的落地意味着在慈善捐赠之外，新增了一个社会公众参与慈善事业的重要载体。设立慈善信托后，受托方将采取种种金融方式，让信托资产保值增值，持续用于慈善事业。概括来说，慈善信托能够发挥信托的独有优势，拓展慈善财产来源、丰富慈善财产类型、提升慈善资产收益、助力慈善模式创新,对慈善组织产生积极而深远的影响。

中国信托业协会关于成立"中国信托业抗击新型肺炎慈善信托"(简称专项慈善信托)的倡议发布后,信托业迅速行动,2020年1月26日至28日,短短3天时间内,募集资金达3 080万元。专项慈善信托成立后,由61家委托人表决产生的委托人管委会作为内部监督机构,并聘请2家专业律师事务所作为外部监察人,能够有效把控资金运用及项目运行;受托人为湖北企业,能够最快掌握受灾最严重疫区的真实情况及迫切需求,并实时与委托人管委会沟通交流,使得信托目的的"最后一公里"能够得以实现;同时,受托人将严格落实信息披露要求,切实保障项目实施的公开性、资金到位的及时性和资金使用的靶向性。据公开数据显示,受疫情影响,仅是2020年3月就出现了53单备案记录,掀起了一股慈善信托的备案热潮。

从长远来看,家族慈善信托对于中国慈善事业的发展具有三重意义:

首先,家族慈善信托是家族物质财富传承的重要手段。通过设立家族慈善信托,建立家族基金会的形式,将一部分财富在有效机制监督下投入对社会有益的公益项目这一模式,受到了越来越多的"创一代"们的认可。

其次,家族慈善信托是家族文化和精神传承的重要载体。一只慈善信托基金的成立往往是基于在创始人清晰的社会愿景之上,是创始人世界观、价值观的体现。而每一只家族慈善信托基金的愿景则凝聚了"创一代"们奋斗一生总结积累的经验,是宝贵精神财富的凝练。而我们也欣喜地发现越来越多"善二代"们继承了这些优秀的价值观和愿景,积极投身于慈善事业。

最后，家族慈善信托是中国慈善行业不可或缺的重要组成部分，体现了中华民族传统文化"家国天下"的理念。这种"达则兼济天下"的精神是国家可持续发展、民族长久兴旺的基石，与慈善的价值观、全球命运共同体的价值观高度契合。这一板块的发展和壮大，有利于中国慈善快速融入全球慈善格局，提振中国慈善的全球影响力。

## 二、我国慈善信托的发展现状

近年来我国慈善信托呈现加速发展态势。截至 2020 年 12 月 1 日，全国备案的慈善信托已突破 500 单，其中 2020 年以来的备案数量超过四成达到 220 单。《2020 年中国慈善信托发展报告》显示[1]，2020 年中国新增慈善信托 257 单，财产规模约 3.90 亿元，累计备案慈善信托 537 单，财产规模约 33.19 亿元。目前，据相关数据显示，我国慈善信托业务近些年呈现出以下五个方面的发展态势：

其一，地域间发展态势不平衡。截至 2020 年 12 月 1 日，全国共有 27 个省市自治区备案慈善信托，排名前 10 的分别为甘肃、浙江、北京、广东、陕西、江苏、天津、青海、上海、四川，合计备案慈善信托数量占全部的 81.4%。在备案数量前 10 的省份中，有 8 个省份慈善信托备案数量同比保持增长。经过 4 年多的发展，慈善信托以其制度优势展现了较强的生命力。尽管慈善信托备案地已经覆盖全国 27 个省份，但是慈善信托区域不平衡现象依旧突出。慈善中国数据统计显示，这 27 个省份中，有 9 个省份累计备案数量不足 3 单，主要集中在

---

[1] 中国慈善联合会慈善信托委员会：《2020 年中国慈善信托发展报告》，2021 年。

内蒙古、新疆等边远省份以及辖内信托公司数量较少的省份。从我国经济区域分布看，慈善信托备案主要集中在东部地区，占总数的一半以上，财产规模占总规模的七成以上。未来，还应在相关地区继续加强慈善信托宣传、交流力度，提升各界对慈善信托认知度。

其二，慈善信托数量加速增长。从年度数量看，自2016年以来慈善信托的数量逐年增长。在慈善信托诞生第一年（2016年），全国共备案18家信托公司和慈善组织的22单慈善信托产品，初始规模达0.85亿元人民币。截至2017年，全国共备案31家信托公司和慈善组织的44单信托产品，累计初始资金规模达到6.94亿元。截至2018年，共计79单，同比增长75.56%；新设立的信托财产达11.01亿元，同比增长84.42%。2019年共计119单，较上一年增长37%，信托财产规模9.33亿元，因亿元大单信托数量及规模小于上年，规模下滑18%。截至本书撰写时，根据慈善中国信息平台公开数据显示，共有494条慈善信托备案数据，财产总规模达到约329万元。

其三，慈善信托期限以短期为主。2019年全年，短期（5年及以下）慈善信托共计59单，占比50%，较上年增加了21单，同比增长55%。中长期、无固定期限及永续慈善信托较上年数量略有增加，增长速度低于短期。

其四，企业依然是慈善信托委托人的主力。2019年委托人全部为企业的慈善信托数量占总数的45%，若包含混合委托人中的企业，占比会更大。担任委托人的企业类型有信托公司及其关联公司、房地产企业、资产管理公司或投资公司、与慈善目的紧密相关的企业以及其他爱心企业。

其五，扶贫与教育成为最受关注的慈善领域。目前，已备案的慈善信托的信托目的范围非常广泛，已经覆盖了《慈善法》列举的所有领域。其中,扶贫和教育是最主要的慈善领域,2020年度和三年合计占比均最高。在2020年度已备案慈善信托中,信托目的明确包含"扶贫"目的的慈善信托有51单,明确包含"教育"目的的慈善信托有46单。除此之外,以济困、环保、卫生医疗等为慈善目的的慈善信托数量也较多。

与此同时,就2020年来看,中国慈善信托业务呈现出四个方面的新特征。

一是以社会组织为委托人的慈善信托单数显著增加,尤其在2020年上半年,多个社会组织设立了与抗击新冠肺炎疫情相关的慈善信托。截至2020年,以社会组织为委托人的慈善信托增加89单,同比增加169.7%,财产规模约1.2亿元。相较于过去主要由企业作为委托人的情况,2020年社会组织的表现更加活跃,与企业平分秋色。以企业为委托人的慈善信托共98单,财产规模约1.51亿元。

二是慈善信托业务朝纵深方向发展。具体表现为慈善信托与营业信托在客户协同上深化合作。首先,通过慈善信托服务财富管理客群在公益慈善方面的需求。信托机构财富管理业务积累的高净值客户为慈善信托提供了丰富的委托人资源,慈善信托也提升了信托机构为高净值客户提供全面财富管理服务的广度与温度。其次,通过慈善信托服务融资于公益慈善领域,比如在新冠疫情期间,中建投信托携手多家房地产企业分别设立"抗击疫情慈善信托"。信托机构将客户优势向公益慈善领域延伸,推动慈善信托业务与家族财富管理信托、投融资信托业务的协同并进[1]。

---

[1] 翟立宏,晋予,罗皓瀚:《慈善信托应对疫情的创新模式》,《中国金融》,2020年第14期。

三是基层慈善组织成为慈善信托的重要参与力量。超过九成的慈善信托中都有基层慈善组织的身影，或是作为委托人，或是担任受托人或项目执行人。在过去，参与慈善信托的慈善组织主要为全国性基金会、省市级慈善总会、大型企业基金会等。2020年起，浙江省区县一级的慈善组织纷纷参与到慈善信托中来。据慈善中国网站的数据显示，以杭州为例，杭州市高新区、临安区、钱塘新区、桐庐县、富阳区、余杭区、建德市慈善总会等8个区县级慈善组织与万向信托合作设立18单慈善信托。杭州市萧山区、拱墅区、上城区、下城区、江干区的5个区级慈善组织，与杭州工商信托合作设立11单慈善信托。慈善信托理念从城市中心不断向基层慈善组织普及，慈善信托的发展在基层显现出勃勃生机。

四是银行加深布局慈善信托托管业务。截至2020年年底，共有31家银行作为慈善信托的托管人，其中包含6家大型国有控股商业银行、9家全国股份制商业银行、13家城市商业银行和3家农村商业银行。

值得一提的是，中国慈善信托在抗击新冠肺炎疫情中崭露头角，发挥了重要作用。《2020年中国慈善信托发展报告》指出[1]，多家信托机构在2020年设立了以抗击新冠肺炎疫情为目的的慈善信托，累计92单，财产规模达到1.48亿元。特别是由中国信托业协会倡议设立、国通信托作为受托人的"中国信托业抗击新型肺炎慈善信托"，得到行业积极响应，共61家信托公司出资委托。慈善信托受托人（即信托机构）在开展慈善项目实践过程中，通常采用与当地政府、慈善机构合作的模式，将信托制度优势及金融服务能力、慈善机构专业执行能力、

---

[1] 中国慈善联合会慈善信托委员会：《2020年中国慈善信托发展报告》，2021年。

当地政府和社会组织对疫情防控的明确信息资源三者有机结合，可确保疫情防控的高效率与精准性。慈善信托通过发挥其制度优势，广泛动员社会力量，积极创新业务模式，大力促进慈善资源精准对接，现已成为抗击疫情的重要力量。

## 三、慈善信托对家族传承的意义

近年来，许多家族企业因大力开展家族慈善信托而备受市场瞩目。高净值人士的家族传承需求往往伴随着慈善需求，越来越多的高净值人士开始重视慈善在家族传承中的意义。慈善信托对于家族财富管理尤其是家族精神传承的重要性愈发凸显。

慈善信托的出现使得家族慈善不止停留在单纯的资金和财物捐赠层面，信托制度的灵活性和创造性拓展了家族慈善的深度和广度。慈善信托具有慈善与信托的双重特征，在受托管理义务方面更加严格。相对于其他慈善方式而言，慈善信托在高净值人群的大额捐赠等方面具备独特优势。

首先，慈善信托与家族信托协同兼顾透明性与私密性。慈善信托的委托人不得指定或者变相指定与委托人或受托人具有利害关系的人作为受益人，且慈善信托的透明性要求较高，这一点与家族信托的私密性是否会产生一定的冲突呢？其实不会。一方面，家族信托保密性强，主要是指对外界保密性较好，家族信托的受托人对其委托人仍负有报告义务；而另一方面，慈善信托的透明度高指的是对受托人的信息透明度高。多数高净值人士考虑到其个人社会责任以及慈善信托能够带来的企业影响力，会选择将慈善信托作为其家族信托的受益人之一，在这种情况下，慈善信托的透明性并不会与家族信托的私密性保护产生抵牾。

从境外经验来看，将慈善与家族信托相结合是一种混合式的信托架构。目前，信托机构为家族信托类客户做慈善信托主要有两种业务模式：其一，收益捐赠型信托，即用家族信托的收益来做公益，由委托人设立信托，通常信托财产本金及部分收益分配给家族成员，部分收益用于捐赠给慈善事业。其二，家族信托、慈善信托与家族基金会的有机结合，即根据家族资产的整体规划和传承安排，将家族基金会或慈善信托作为家族信托的受益人之一，通过以家族基金会的名义设立慈善信托或直接对接公益慈善项目的形式，满足家族的公益和私益的综合规划。

其次，慈善信托可以帮助家族传承正确的财富观。在我国，自古以来，"达则兼济天下"的价值观就是家族精神内涵延续的核心思想，积极参与慈善事业是家族传承的重要方式。早在《周易·文言传》中就有记载："积善之家，必有余庆。"古语有云："道德传家，十代以上，耕读传家次之，诗书传家又次之，富贵传家，不过三代。"对家族企业而言，参与社会慈善、社会公益是对企业良好形象的展示，有利于加强公众对企业的认识，长期的慈善行为会持续提升企业的知名度、美誉度和无形资产，进而全方位提升家族的社会影响力。如今不少知名跨国公司已经将慈善和公益活动作为企业履行社会责任的一种手段，成为塑造良好的企业形象和口碑的重要环节。因此，以投资的眼光来做慈善，初期或短期可能是"亏损"状态，但从长远来看，家族慈善行为可以促进家族财富的持续增长。此外，家族慈善有利于企业价值观的塑造。从境内外实践经验来看，家族企业将一定比例的企业收入投入慈善和公益，可以提高企业员工的荣誉感和对企业的归属感，对家族企业的企业文化塑造也大有裨益。

再次，慈善信托可以增强家族内外人际网络的凝聚力。从家族企业领导人的角度看，慈善活动可以构建一种自身关系网络。慈善信托可以调动多方位资源，拓展家族企业的交流圈，获得行业外某些间接的联动效益，为家族继承人提供展示能力的平台，并构建家族优良的声誉和传统。从某种角度来说，企业在从事慈善事业的过程中，既造福了群众，也营造了自身与政府间的良好联动关系，而这种关系的形成可能对于企业的未来发展至关重要。

此外，慈善信托可以作为家族成员教育的辅助手段，助力家族精神的延续。家族企业的传承主要包括两个方面：第一，物质财富的传承；第二，家族精神的传承。通过慈善信托的激励与约束，可以将家族成员团结起来共同致力于慈善事业，有利于提高家族的凝聚力，优化家族内部治理，进而实现家族传承的终极目标：精神传承。过去，人们更多关注物质财富的传承方式和策略。如今，如何有益、有效、持续地传递家族的精神财富，成为高净值人士越来越重视的问题。

最后，慈善信托可以为家族财富进行税务筹划。从境外经验来看，家族慈善信托的一个主要优势是对税收的合理规划。在英美等遗产税较高的国家，许多高净值家族通过设立慈善信托，不仅可以服务社会，还可以规避巨额遗产税，因此家族企业常常通过在家族信托中嵌入慈善信托获得税收抵扣优惠，以达到合法节税目的。目前，我国慈善信托享有国家一定的政策支持，税收优惠政策已经有了原则性的规定。虽然中国遗产税尚未开征，慈善信托的税收优惠细则也尚未制定，但随着我国慈善信托税收优惠政策的出台，慈善信托的税收筹划优势将日益凸显。

## 四、中国慈善信托面临的挑战

慈善信托在中国还处于起步阶段，相比英国、美国等慈善信托发展成熟的国家，中国的慈善信托正在经历一个从"婴儿"到"巨人"的成长过程，这个过程不仅需要国家通过相关政策法规给予引导，也需要社会各界及民众提升对慈善信托的认知度和参与度。

首先，慈善信托的相关法律框架有待完善。2016年《慈善法》和2017年《慈善信托管理办法》的颁布实施为慈善信托奠定了基本法律框架。随后地方性相关部门立足各地发展实际，陆续出台了相关规范。2020年1月8日，民政部发布了《慈善信托信息公开管理办法（征求意见稿）》，在信息公开的主体、公开平台、公开的具体内容和时限等多个方面对上位法的规定进行了细化，将有效促进慈善信托的规范运作，提升社会公信力。

地方性慈善信托管理办法是针对慈善信托的专门的地方规范，围绕慈善信托的设立、备案、信托财产的管理和处分、变更和终止等运行程序、慈善信托监督管理和信息公开等进行了详尽规定。例如，广东省《慈善信托备案管理工作实施细则》规定，"慈善组织开展慈善信托业务，在社会组织评估时予以激励"，"县级及以上地方人民政府民政部门应当将慈善信托作为促进慈善事业发展创新项目重要指标纳入地方慈善综合指标评价体系，引导和推动社会各界运用慈善信托方式参与慈善活动"。地方的实施慈善法办法或者慈善条例等规定中的慈善信托章节，对现有的慈善信托规范进行了一定程度的细化。但从实践层面看，由于中央层面除了《慈善信托管理办法》之外没有正式出台更细化的规范或指引，各地慈善信托的监管标准有所差异，比如慈善组织担任委托人后设立慈善信托的财产是否能被认定为慈善支出，慈善信托业务范围的聚焦程度等，尚无统一标准。

其次，慈善信托的税收优惠政策有待落地。目前，我国慈善事业相关的税收优惠政策主要围绕慈善捐赠，享受免税、抵税优惠的主要是经登记认定的基金会、慈善会、社会团体等慈善组织。尽管《慈善法》和《慈善信托管理办法》均提出了相应的税收配套促进措施，例如《慈善信托管理办法》第44条规定："慈善信托的委托人、受托人和受益人按照国家有关规定享受税收优惠。"但这一规定仅是原则性表述，未有可操作性细则出台，实践中缺乏可操作性，导致同为慈善信托受托人的信托公司无法比照慈善组织享受税收优惠。慈善信托专门的税收配套政策的缺位，极大地降低了委托人设立慈善信托的意愿和积极性。此外，目前的慈善信托仍以现金类型为主，而关于股权、不动产等财产或财产权的配套政策尚未健全，这些操作上的细节规范问题，也会影响慈善信托的实践和发展。

再次，信托财产登记制度有待确立。根据国外的家族信托发展经验来看，只有完善的信托登记制度，才能确保家族信托的功能得到真正体现。家族信托破产隔离依赖于信托财产的独立性。信托财产独立性的实现除了需要《信托法》的规定，包括信托财产区别于委托人、受托人的自有财产，通常情况下不得强制执行等，还需要通过信托财产的独立性登记将个人或家族设立信托的财产打上"信托"的烙印。信托财产登记后，才能更好地受到《信托法》关于独立性规定的保护，更充分享有信托财产破产隔离的制度优越性。

然而，我国尚未建立信托财产登记制度。从实践的角度，以股权、房产等财产设立家族慈善信托的相关细则还有完善的空间。如何将非现金资产装入信托，是目前家族慈善信托面临的一大问题。国内信托财产登记制度的缺席，对家族慈善信托业务甚至是整个信托业都产生了明显的制约。因此，依托《信托登记管理办法》应进一步完善信托财产登记制度，通过统一信托登记平台查询到信托产品以及信托财产的信息，产生对抗第三人之效力，信托受益权也能够借助该平台实现流转。

最后，慈善信托的公众认知有待提升。公众对慈善信托的认知不足是阻碍我国慈善信托进一步发展的一个主要原因。根据中信信托《高净值人群慈善行为问卷调查表》统计的结果显示[1]，目前绝大多数的高净值客户的首要财富管理目标是财富的保值增值，第二是财富的传承，其中从事慈善行为的约占53%。在接受调查的高净值客户中，有41%的客户愿意拿出1%以上家庭资产来做慈善。调研数据还显示，在曾经从事或有做慈善想法的高净值人士中，有近25%的人表达了以家族名义从事慈善活动的愿望。由此可见，家族慈善信托是我国未来财富管理的方向，家族信托与慈善信托的结合也是未来的发展趋势。

作为一个舶来品，由于信托本身离大众较远，知晓度较低，所以慈善信托亟待加强公众宣传力度，加大针对企业和高净值人士推广的力度，以便各方更好认知和使用慈善信托这一工具。高净值人群缺少对家族慈善信托的认识，多数人不理解家族慈善信托的金融功能，不相信通过家族慈善信托这一方式可以实现财富的传承，甚至不知道国内家族慈善信托业务的存在。而公众对慈善信托的主要误解是把慈善信托与慈善捐赠画等号。因此，家族慈善信托在国内的实践空间还很大，需要今后不断加强宣传和普及，让民众意识到慈善信托的社会意义，让高净值人士认识到慈善信托对家族财富传承的独特作用。

---

[1] 相关内容引自，蔡概还，邓婷：《中国家族慈善信托发展的关键问题》，《清华金融评论》，2018年第10期。

## 五、中国慈善信托的发展方向

### (一) 制度构建

目前，我国慈善信托仍存在很大发展空间。从制度层面，针对慈善信托发展存在的一些不足之处和制约因素，建议从以下几个方面加以完善。

**建议一**：明确配套制度及地方监管。《慈善法》中关于慈善信托的规定仅有七条。2017年7月出台的《慈善信托管理办法》对慈善信托的设立和备案、慈善信托财产的管理和处分、慈善信托的变更和终止等内容进行了细化，但只是确立了慈善信托运作的基本规范，实际操作还需要更详细的操作指引。对此，建议制定针对慈善信托的操作指引，对其设立、资金运用、变更、终止及清算等各个环节提供全流程的指导和规范。

《慈善法》规定民政部门可以通过评估的方式进行慈善信托的监管。目前，已有北京和济南两地开展了慈善信托评估工作。2016年以来，北京市民政局连续三年开展慈善信托绩效评估工作，从规范管理、慈善效益、资产管理和社会评价四个方面对北京市慈善信托进行综合评价。2019年，济南市民政局开始联合山东银保监局进行济南市慈善信托项目评估。在现有法律规范基础上，建议制定更具操作性的具体监管规定，包括信息披露的主体、披露对象、披露频率以及披露边界，以供披露义务人履行。尤其就慈善信托的年度事务处理情况及财务状况报告而言，要求披露的具体内容应该细化并要求切实履行到位。

**建议二**：推进慈善信托信息公开化。建议设立一个家族慈善信托的信息系统平台，这样既有利于信息及时有效的披露，也可为慈善信托委托人提供更多的慈善选择。首先，对监管层面来说，家族慈善信托需要在信息系统进行慈善备案，并且独立开设一个慈善信托资金的专用账户，方便监管家族慈善信托中的慈善资金动向；其次，慈善信托信息系统也需要成立相应的慈善项目库，给出相应的筛选和评估慈善项目的方法。慈善信托信息系统不仅可以从慈善项目端体现出慈善的需求点，也可以从资金端体现出慈善的供给点，同时提高了信息透明度和监管效率。

**建议三**：加快慈善信托税收优惠落地。从各国的实践经验来看，税收优惠政策是慈善事业发展中不可缺少的催化剂。尽管进行慈善捐赠不是为了获取税收优惠，但是税收优惠确实更有利于调动社会力量参与慈善事业。在实践中，税收的优惠政策是委托人重要的考虑因素之一，没有相关的优惠政策，将使高净值人群参与慈善事业的积极性大大降低。

我国关于慈善信托的税收优惠政策迟迟没有落地，这是目前慈善信托虽有千亿元业务容量有待激活但发展规模仍较小的主要原因之一。虽然目前法律规定慈善信托经民政部门备案可享受税收优惠，但缺乏财税部门颁布的执行细则，无法将慈善信托的税收优惠落到实处，这在一定程度上降低了企业及个人设立慈善信托的热情。基于这一点，全国人大代表赖秀福提出建议比照慈善捐赠落实慈善信托税收优惠政策。慈善信托与慈善捐赠在实现社会公益功能方面本质上是一样的，唯一目的都是用于慈善。根据税收公平原则，不论是向慈善组织进行慈善捐赠，还是通过慈善组织或信托公司成立慈善信托，相关当事人是否都应该享受与慈善捐赠相同的税收优惠待遇呢？总的来说，有必要在《慈善法》中对慈善信托的相关税务细则进行明确规定，明确慈善信托设立、运作、利益分配等环节的具体税收优惠细则，尽快出台慈善信托税收优惠的确认条件和优惠丧失确认条件。

**建议四**：防范慈善信托的风险。如同其他信托活动一样，慈善信托也要做好风险防范。原中国银监会非银司司长高传捷表示，在我国的民事信托、营业信托、公益慈善信托这三种信托活动中，公益慈善信托最复杂，防范风险的工作至关重要。他强调在信托设立、财产管理、信托利益使用的三个环节中，重点是信托财产的使用与分配。在需要管理的各类风险中，摆在首位的是"声誉风险"。同时，要让造成"声誉风险事件"的直接责任人的犯错成本足够高，以产生警示和威慑的作用[1]。在这方面，可以考虑运用区块链技术赋能慈善信托的信息公开透明，将慈善项目背景、主要当事人、项目执行情况、受益人等信息在区块链上共享，这有利于监管机构和项目执行机构实时了解慈善信托的真实运行情况，不仅能够提高慈善信托公信力，还能简化慈善项目的中间流程，降低运营成本。

**建议五**：提升服务团队的专业性。由于我国家族慈善信托还处于起步阶段，相关专业服务人才十分匮乏，所以信托公司主要从事融资类信托业务，在家族财富传承方面的专业水平还有待提高，展业实践和管理经验也还需要不断积累。同时，家族财富传承涉及的财产种类和法律条款繁复多样，使得家族信托具有高度的定制化特征，相应地对管理团队的专业性要求较高。对信托机构而言，加强复合型人才的培养、提高专业水平和服务能力是促进家族慈善信托发展的关键。因此，组建一个涵盖金融、法律、投资、税务等多领域的核心专家队伍，

---

[1] 《高传捷：慈善信托并非富人专属，发展面临三大挑战》，凤凰网，2018年7月16日，https://ishare.ifeng.com/c/s/v002fHE82VdTrsLfFybXKJ9PvgUAvggF--6PWfGMY0-_OJ0MY。

以客户具体需求为出发点，才能为客户提供多层次、全方位的家族财富管理服务。基于融合家族信托与慈善信托的创新展业模式，帮助客户实现物质和精神财富的传承需求，或许将是信托机构区别于其他家族财富管理机构的独特优势。

## （二）模式创新

目前，我国的家族慈善信托还处于发展初期，业务模式比较单一。在借鉴国内外家族信托与慈善信托业务发展经验的基础上，机构应当充分了解信托设立的意愿与客户需求，构建差异化的家族慈善信托业务模式，为客户提供切实有效的财富传承管理方案。近年来，随着中国经济增长速度开始放缓，高净值人士逐渐意识到财富的保障和传承的必要性，因此，家族财富管理的路径选择意义重大。值得注意的是，在目前国内家族财富传承业务实践中，高净值客户的财富传承需求并未得到充分满足，特别是精神财富的传承与管理仍处于萌芽阶段，与欧美长达百年的家族财富管理历史相比，还有相当的差距。在此背景下，家族财富管理机构应当针对高净值客户的物质财富与精神财富双重需求量身定制其家族财富传承方案，将家族信托与慈善信托有机结合，为信托业务模式的转型升级提供新的思路和契机，打造家族财富传承模式的升级版——家族慈善信托。

在家族信托叠加慈善信托的传承模式下，一方面，家族信托帮助家族财富保值增值，并协助解决家族内部传承方面的诸多问题；另一方面，慈善信托开展慈善事业，为社会做出贡献，不仅有助于家族精神世代延续，还能促进家族和谐与凝聚。慈善信托与家族信托有着天然的内在关联性，由此衍生出来的家族慈善信托，是信托转型新路径的选择，也是家族财富传承的革新。基于此，我国家族慈善信托的发展模式不妨考虑通过以下两种模式进行探索：

**模式之一**："家族信托+慈善信托"的双信托模式。这一模式，是在家族慈善信托项下设立一个家族信托和一个慈善信托，两个信托并联排列、单独存在。家族信托层面对资产予以积极管控、运营，保证财产收益；慈善信托层面负责寻找需要扶植的项目，实现捐款人公益慈善的目的。慈善信托和家族信托须作为一个独立的信托向相关民政部门进行备案。现行法律规定，慈善捐赠的财产和收益必须都用于慈善事业，但在实践中，部分捐赠人想要保留本金，仅捐献特定收益部分用于公益目的。在这种情况下，慈善信托可以对信托企业转型起到引领作用：家族信托的主要目的是保值增值，并将其收益全部传递至慈善信托。这一创新设计的双层信托模式，将投资增值的家族信托与慈善信托相结合，家族信托产生的一部分收益可以"反哺"家族，另一部分收益则作为慈善的资金来源。

**模式之二**："家族慈善信托+基金会"的双轨制模式。在这一模式中，信托与基金会两者相互独立，信托负责财产的保值增值、扩大规模，并将投资收益置于基金会；基金会负责处理公益支出，可以用于公益事业，实现慈善目的。采用信托与基金会结合的双轨制模式，可减少基金会最低支出的压力，并保证资金流的来源。许多国外的慈善家都选取该种模式来实现财富资产与慈善事业的世代相传。

## 第三节 当保险遇上信托

进入21世纪,我国广义货币供应量M2以每年两位数的增速高速增长,金融体系的市场化改革推进速度也日益加快。从2012年开始,监管部门对保险资金运营的市场化推动力度非常大,保险资金在资本市场上的活跃程度显著增加。同时,过去以银行为主导的金融市场在结构上也在发生深刻的变化。信托、基金资管、私募等机构在财富管理市场的份额快速提高。据统计,信托业2014年年底管理的总资产已经达到13.98万亿元;基金管理子公司的管理资产也接近6万亿元;证券行业协会注册的私募基金的数量已经超过了1万家。财富管理市场上不同期限、不同风险收益特征的投资产品也越来越多,为财富管理行业更好配置资产提供更多选择性。整体来看,中国财富管理市场由于市场化推进步伐的加快,财富管理机构呈现出繁荣景象。

与此同时,随着中国第一代高净值客户逐渐进入暮年,其在财富传承、财富增值、风险隔离、税务筹划、隐私保护等方面的需求日渐凸显,对财富的思考和理解也更加成熟和深刻,这些都带动了包括保险金信托产品在内的财富管理行业的巨大发展。自2014年以来,经过短短4年的实践,保险金信托已经得到了长足的发展。不仅业内参与公司的数量猛涨,保险金信托也得到了投资者的认可。中信信托和中信保诚人寿发布的《中国保险金信托发展报告》显示[1],近些年设立保险金信托的客户增长态势愈加强劲;2014年有10位,2015年有近百位,2016年

---

[1] 中信信托,中信保诚人寿:《中国保险金信托发展报告》,2018年。

增长至 500 位；至 2017 年，中国已有超过 1 000 位客户建立了保险金信托计划，涉及信托资产超过 50 亿元，约占家族信托资产规模的 10%，尤其是进入 2017 年以来，保险金信托相关业务动态更为密集。

## 一、保险金信托的优势：1+1>2

所谓保险金信托，是保险和信托功能的结合。当事人既是保险的投保人，同时也是信托的委托人。在投保人（即信托委托人）与保险公司或信托公司签订保险或信托合同后，将保单受益人变更为信托，以其在保险合同项下的权益设立信托。当发生保险理赔或保险合同利益给付时，保险公司直接将保险金交付于信托公司（即受托人），信托公司将按照委托人（通常即为保险投保人）签订的信托协议管理、运用、分配保险金，实现对投保人意志的延续和忠实履行，待信托终止或到期时将全部保险金及投资收益交付于信托受益人。究其本质，保险金信托是以财富传承为目的，长期、稳定、跨领域结合的理财与传承工具创新，要求信托公司、保险机构具有长期服务客户的理念和高超的财富管理水平，需要凭借"信义精神"和扎扎实实做好本职工作来赢得客户。

保险金信托诞生于 1886 年的英国，之后流传至美国。20 世纪初，美国的保险机构开始设立信托部门，发展出不可撤销人寿保险金信托，目前已成为美国居民重要的避税方式。1925 年，日本开始开展生命保险信托业务。在中国台湾地区，人寿保险信托业务于 2001 年面世。目前美国和我国台湾地区的保险金信托业务均得到长足发展，且信托机构和保险机构均可开展此类业务，主要以寿险为主要保险品种。但比较来看，两者发展模式和目的有差异。美国保险金信托主要用于避税，而我国台湾地区则更多地用于财富传承和养老。在中国大陆地区，保险金信托仅发展了不到10年时间，尚处于起步阶段。

2014年5月，中信信托和中信保诚人寿首先推出的保险金信托产品，以信托公司作为保险金受益人。得益于中国经济持续数十年的高速增长，中国高净值客户数量迅猛增长，传统的金融产品已无法满足其财富传承和财富管理的需求，保险金信托应运而生。同时，监管层对于金融机构本身回归业务本源的发展要求日趋严格，而保险金信托属于回归信托本源的信托业务，是国内信托业务转型和创新的方向。

据招商银行私人银行《2020中国家族信托报告》显示[1]，高净值人群中有25%正在或已经考虑设立家族信托进行财富传承，而保险的占比更是高达35%。保险和家族信托成为高净值人群在财富传承时优先考虑的工具。但他们又各自有相对的劣势。比如，保险只能进行单纯的财富分配，无法体现精神和文化层面的意愿。而家族信托起点较高，让许多家庭望而却步。保险金信托融合了保险和家族信托两大金融工具的功能具有双重优势，可以很好地服务于中国中产阶层及以上的广大人群。

一方面，保险金信托可以看作家族信托的一条支流，虽然目前在整个信托资产规模中占比较小，但具有一般信托无法复制的优势。另一方面，相较于保险产品而言，保险金信托具有受益人更广泛、给付更为灵活、理赔金更加独立、更保值增值等几方面的显著优势。保险金信托可以利用保险的杠杆作用或期缴的缴费方式，降低信托门槛，受众面更广。同时，它还具有杠杆性和收益锁定性优势，在达到资产传承目的的同时减轻资金压力。中信信托副总经理刘小军

---

[1] 招商银行私人银行：《2020中国家族信托报告》，2020年。

表示[1]，保险金信托作为家族信托的一个分支，是以财富保护和传承为信托目的，以保险合同权益为信托财产，将保险与信托相结合的一种跨领域、高知识附加的服务信托，本质上是对保险合同权益的制度安排，属于信托的本源业务。具体来说，保险金信托具有如下五大优势：

其一，设立门槛低，受众面更广。保险金信托的门槛通常要低于家族信托，目前国内的家族信托分为两种：最低 300 万~600 万元的标准化家族信托，和 3 000 万元以上的私人定制的家族信托。相比较动辄几千万元现金的家族信托，保险金信托折合年保费通常甚至不足百万元就可设立。此外，保险金信托由于保费与保额之间往往存在杠杆，因此只要保额达到家族信托的门槛就可以设立，这变相地降低了家族信托的准入门槛。如果未来实现家族信托设立以定期寿险为主，门槛将进一步降低。

其二，收益锁定和杠杆性。保险的杠杆功能在人寿保险中体现得尤为明显，投保人每年缴纳较少的保费，当保险发生时保险金的数额通常是投保人缴纳保费的数倍，利用巨额保险赔偿实现财富的积累，再将数额巨大的保险金纳入信托架构，通过信托机构的资产管理优势实现个人财富的保值增值。一些终身寿险或定期寿险也达到了数倍乃至数十倍的保障杠杆，使得身故的理赔保险金远大于所交的保费，具有杠杆放大的功能，因此，未来进入信托账户的金额远大于累计所交的保费。同时，保险金信托还具有收益锁定功能，以终身型年金险为例，合同一旦签订，收益将锁定直至被保险人终身。在一般的信托中，虽然受托人可以通过管理实现信托资产保值增值，但是收益存在一定的不确定性和波动性，甚至可能出现损失。

---

[1] 《家族信托新分支 保险金信托成创新业务"蓝海"》，搜狐网，2018 年 11 月 22 日，https://www.sohu.com/a/277130922_120009499。

其三，风险及资产隔离。保险事故发生时，保险理赔金进入信托后，就归属于信托财产，不能按照遗产或清算财产被分割，从而规避了企业经营风险对家庭可能产生的重大不利影响。信托财产独立于受托人的财产和其他信托财产，即使委托人面临法律或者债务纠纷，也不会影响信托的运作。保险金信托的资产隔离功能，避免了受益人之间发生争产的风险，确保委托人指定的受益人得到应有的利益。在这方面，保险金信托的资产分配与传承原则和家族信托并无二致，都涉及分配给谁、何时分配、分配条件与金额等。通过这种长期规划与指定受益人方式，保险金信托可以使理赔金与受益人的债务隔离，解决诸多家族企业在现实中会面临的问题。

其四，财产保值增值。受益金如果直接赔付给受益人，受益人的管理成本与风险较高，一些受益人还可能有挥霍的行为。如果是保险公司的给付服务，对于未给付的保险金，有的公司没有利息，有的是按照一年期定期利息计算，财产贬值风险高。而保险金信托受托人是信托公司，一般具备较强的资管能力，基于信托责任而必须高效地管理信托资产，实现财产保值增值。

其五，财富传承"私人定制"。相比保险或信托而言，保险金信托在财富传承方面更具个性化。比如，在受益人安排方面，只要是自然人，甚至未出生的胎儿都可以作为受益人，一旦其出生后，他就可以凭借有效的身份证明来获取信托利益；再比如，收益分配，信托计划的本金以及收益分配可以灵活制定，如鼓励子女考上好的学校可以多领取，限制子女的不良嗜好；如果未来子女有婚姻变故，可以暂时剥夺其收益权，以保障子女未来的利益最大化。可见，保险金信托的给付更为灵活，受益人更广泛。

## 二、保险金信托的海外实践

1886年,第一个保险金信托产品"信托安全保险"在英国诞生。这之后,在美国和日本也相继出现相关产品。2001年,保险金信托在我国台湾地区出现。尽管在不同国家和地区有不同的称谓,但保险金信托的核心功能都在于弥补保险金的再分配不够灵活等固有缺陷,帮助约束投保人子女按父母生前的意愿妥善运用保险金,同时避免保单被列入投保人的清算资产或课征遗产税等。保险金信托在不同国家和地区的业务模式也有所不同。在保险金信托发展较成熟的一些国家和地区,都有相应的立法、税收政策、监管法规等予以规范,从而形成不同类型的保险金信托业务实践模式和市场发展趋势。

### (一)美国模式:不可撤销保险金信托

美国的保险金信托脱胎于英国。20世纪前后,美国保险机构开始设立信托部门兼营信托业务,主要经营保险金信托。在美国保险金信托的实践中,主要采用信托驱动保险模式,即先订立信托合同,再用信托资产购买保险,并将保单权益完全转移给信托受托人。保险金信托依照委托人是否可撤销信托,分为可撤销保险金信托和不可撤销保险金信托。所谓不可撤销保险金信托(Irrevocable Life Insurance Trust,ILIT),指投保人将保险单的所有权转移给受托人,这就涉及投保人放弃持有保险单,保险单受益人的变更,保险单的解约权、转让权和借款权等。

这种模式在美国盛行,主要是由美国的税收制度以及避税需求造成的。在保险金信托的相关领域，美国法律做出了相应的配套规定，尤其在税务方面。比如，美国法律规定，将房产转移至保险金信托之类的不可撤销信托中，可以免除房产税；同时，美国在慈善性保险金信托设立环节，会给予委托人所得税优惠。这些措施使得保险金信托在财富传承、公益慈善等方面的优势得以凸显，促进了美国保险金信托的发展。而相对保险来说，美国税收政策规定，被保险人死亡时，对其本人或其控制的任何实体持有及其控制的保单保险金必须征收遗产税。而保险金信托可以利用信托机制实现对保险金的隔离，从而使继承人得到全部保险金。为了最大限度地实现避税的效果，美国的保险金信托一般设立为不可撤销保险金信托，即将包含保单持有、保单解约、受益人变更等在内的所有保单权益转移给受托人，从而使信托受托人（即保单受益人）对于保险金的受益权成为一种不可撤销的权益，并将保单从被保险人的应税遗产中分离出来，从而达到避税的目的。

如前所述，由于保险金信托免于缴纳遗产税的特点，不可撤销保险金信托成为美国普遍采取的模式，也是最常使用的遗产税避税方式之一。在不可撤销保险金信托合同中，委托人将保单所具有的一切权益转移给受托人，即受托人为保单的所有者，这使得受益人拥有不可撤销的、法律上已经确定的未来收益，实现了保单与被保险人的完全分离，符合了美国税法关于死亡保险金免征遗产税的规定。不可撤销保险金信托具有以下几方面的特点：首先，被保险人不能成为保单的所有者，也不能作为第三方所有者的受托人持有保单。其次，如果受托人是信托的受益人，应有独立的共同受托人被指定来监督任何可自由支配的支出。

## （二）日本模式：双线合同，并行不悖

在日本，保险金信托业务从英国和美国传入。1902年（明治三十五年），日本兴业银行首次办理信托业务。日本信托业在吸收英美信托业务精华的同时，根据本国的市场特点因地制宜创办了新的信托业务。在引进了现代信托制度的同时，日本不断完善信托领域的法律法规，1922年颁布了《信托法》，1923年颁布了《信托业法》，又对如《兼营法》等保险金信托相关的一系列法律法规进行了制定和修改，为信托业的发展创造了适宜的法律环境。

伴随日本信托业的发展，日本保险金信托于20世纪20年代进入长足发展期。1925年，三井信托公司推出首例人寿保险金信托产品。由于受金融危机及自然灾害频发的影响，日本消费者的市场信心普遍不高，因而对保险业持较为积极态度。因为满足了本土市场日益增长的财富管理需求，保险金信托在日本获得广阔的发展空间。

日本《保险业法》第5条规定，允许经营生命保险事业的保险公司经营信托业务，因此，日本的保险金信托呈现出两种格局：保险公司为信托受托人和信托机构为信托受托人。以保险公司为信托受托人，是指信托委托人同时也是保险投保人，而保险公司在承保的同时又担任信托受托人的身份。在信托发生后，由保险公司按照契约管理经营信托资产。以信托机构为信托受托人则是比较普遍的运营模式。具体来说，当保险合同签订后，委托人将保险金债权让与信托机构，也就是在保险发生赔付后，保险金的领取权利让与了信托机构，之后信托机构按照信托契约管理经营信托资产。目前，日本有很多信托银行都作为信托受托人进行此类型的保险信托。

日本保险金信托与美国的保险金信托在运营模式上的区别，主要

体现在日本保险金信托的委托人既与保险公司签订保险合同,又与信托机构签订信托契约。保险公司和信托受托人之间的联系仅仅是资金的划拨,保险和信托的联系不如美国那般紧密。在监管方面,日本财务省的金融厅根据《信托业法》和《保险业法》分别对信托公司和保险公司实施监管。监管的要点涉及保险机构业务健全性及合理性,以及客户保护措施方面的内容,金融厅每年都对监管方针进行修订并予以公布,供保险机构参考自查。

## 三、中国保险金信托的发展格局

随着中国经济持续数十年的高速增长,高净值个人和家庭的财富积累迅猛增长,日益壮大的中等收入群体和高净值人群的财富管理需求也与日俱增。为了兼顾这两类人群的多样化财富需求,保险和信托机构开始尝试保险金信托业务,以满足和普惠与家族信托无缘的广大客群。经过几年来的试水,保险金信托因其保险与信托兼备的特质显示出了巨大的发展潜力,参与保险金信托业务的机构也充分意识到其巨大的商业和战略价值。

综观国内保险金信托的市场格局,从需求端来看,根据招商银行与贝恩公司所发布的私人财富报告显示[①],我国高净值人群从2014年的104万人增长到2018年年初的近190万人,年均复合增长率约23%,86.2%的企业家已开始考虑或着手准备家族传承事宜,其中考虑财富传承的比例已达48.5%,其共同的诉求是保证财富及其意志最大限度

---

① 招商银行、贝恩公司:《2018私人财富报告》,2019年。

地传承。这与传统的资产管理的功能模式已经不相匹配，传承与保值增值的目标不同，传统的资管产品已无法满足其财富传承和管理的需求，保险金信托便应运而生。据波士顿咨询公司（BCG）《中国财富传承市场报告》统计[1]，2020年中国家族信托意向人群数量约为24万人；预计到2023年年底，中国家族信托意向人群数量将突破60万人。2020年，中国家族信托意向人群可装入家族信托资产规模约为7.5万亿元，预计到2021年年底，该部分资产规模将突破10万亿元。根据中国对外经济贸易信托有限公司与波士顿咨询公司联合发布的《中国信托行业报告》[2]，自2007年以来，中国个人财富规模在过去10年内，实现了年均20%的增长速度，2016年中国个人财富管理市场规模约为126万亿元，预计未来5年仍将保持年化12%的高速增长，到2021年有望达到221万亿元，其中拥有600万~3000万元可投资资产的高净值人群市场规模约为15万亿元。2016年中国高净值及超高净值家庭已经达到210万户，可投资资产超过54万亿元。该报告预计到2021年，中国高净值及超高净值家庭将达到400万户，可投资资产超过110万亿元。

从供给端来看，金融机构亟待转型。在保险领域，各大保险公司只注重眼前管理规模，热衷推出万能险和投连险，保险资金的使用逐渐背离了其初期的产品设计逻辑，金融风险不断累积。2017年，保监会发布《中国保监会关于规范人身保险公司产品开发设计行为的通知》，要求规范并调整保险公司产品的开发设计行为，引导保险公司在设计、开发人身险产品时回归保险保障本源。

---

[1] 波士顿咨询公司:《中国财富传承市场报告》，2021年。
[2] 中国对外经济贸易信托有限公司，波士顿咨询公司:《中国信托行业报告》，2017年。

而在信托领域，过去几年信托机构的通道业务大行其道，却忽视了自身资管能力建设，背离其资产管理初心。2018年4月，监管当局发布的《关于规范金融机构资产管理业务的指导意见》，对信托行业提出了严格限制杠杆，严格禁止业务脱实向虚，限制信托作为各类通道进行多层嵌套、规避监管等要求。这使得信托行业重新审视自身业务，回归本源，将重心调整到受人之托、代客理财的资管核心。

保险金信托属于回归信托本源的信托业务，是国内信托业务转型和创新的方向。高净值人群财富管理的需求递增，与监管层对于金融机构回归业务本源的监管要求，使得业务提供方与业务需求方不谋而合，促使近几年来保险金信托快速发展。

从市场主体来看，参与的保险公司除平安人寿外，基本上均为合资或外资公司，如中信保诚人寿、友邦、招商信诺、中德安联等。参与的信托公司包括中信信托、平安信托和外贸信托等。2014年，中信保诚人寿与中信信托联合推出了首款保险金信托业务，开启了中国保险金信托业务发展的新纪元。随后，长安信托携手中德安联与宜信博诚，在经代渠道推出保险金信托服务。2017年8月，友邦在保险金信托现有模式的基础上推出保险金信托"2.0模式"，采取信托公司同时作为投保人和身故保险金受益人，受托为被保险人投保并支付保险费和管理分配保险金的展业模式。2019年12月，中信信托联合11家合作保险公司发布了国内首个保险金信托服务标准。时至今日，已有更多的保险公司和信托公司推出或者正在准备推出保险金信托。据统计，目前国内除中信保诚人寿外，平安人寿、泰康人寿、友邦、中德安联等近20家人寿保险公司开始合作保险金信托，而全国68家信托公司已有一半开始与保险公司合作保险金信托产品。

新冠疫情让经济增长陷入低迷，由于不少中小企业的财产和家庭财产未经有效隔离，因此一旦企业经营出现问题，家庭财产可能也要承担连带责任。为了避免类似风险和纠纷，通过保险金信托提前规划，成为国内不少高净值人群的选择。2020年以来，保险金信托的规模呈现井喷式增长。以平安银行私人银行为例，2020年以来通过全线上化远程办理，保险金信托规模超80亿元，是2019年全年的4倍，新增客户数超过1 700个。直至2020年8月，一笔2.6亿元的保险金信托大单落地平安银行私人银行的消息在业内传开，刷新了此前最高单笔保险金信托1.97亿元的纪录。

目前，保险公司是我国保险金信托的主要业务来源。因此，保险金信托客户中高净值人士的占比较高；而保险金信托服务较成熟的保险公司逐渐成为信托公司业务竞争的焦点。信托公司往往通过降低设立费用或资产管理费标准来促成与保险公司的合作。信托公司为更好地实现保险金信托业务的规模化发展，开始构建统一的家庭保单和财富管理平台，将大额保单和信托相结合，不断丰富保单的险种和财富受托服务，借此提高业务规模、市场占有率和竞争优势。为满足客户不断增长的多样化需求，国内保险金信托已升级并发展出诸多展业模式。目前，市场上主要有三种形态的保险金信托运营模式：

（1）保险金信托1.0模式：即投保人在保险公司购买保单的同时，投保人与信托公司签订设立保险金信托的合同，把保单的受益人变更为信托公司。发生保险赔付时，理赔金进入信托专户，由信托公司进行管理，并按照信托合同向受托人支付信托财产的收益。保险金进入家族信托后，保险金信托能够降低家族信托的进入门槛，达到财富灵活分配的目的。这种模式的不足之处在于，当投保人的保单因债务等特殊情形被法院判处强制执行时，保险金信托合同就无法继续生效；另外，当投保人先于被保人去世，就会出现保单续期缴费和继承问题。

(2）保险金信托2.0模式：在保险金信托1.0模式的基础上，2.0模式增加了由信托公司缴纳保费的功能。保险与家族信托成立后，投保人和受益人均变更为信托公司，由信托公司利用信托财产继续缴纳保费。信托公司同时作为投保人和身故保险金的受益人，受托为被保险人投保并支付保险费，管理分配保险金。2.0模式将保险和信托更紧密地结合到一起，能够更好地做到资产隔离。在2.0模式中，保单算作信托公司的信托资产，这就有效隔离了被投保人的其他法定继承人来分割保单的风险。同时，2.0模式丰富了信托资产的组合，利用保险杠杆效应传承资产，可以满足高净值客户在资产保值和传承方面的需求。

（3）保险金信托3.0模式：家族信托成立后，由信托公司利用信托财产购买保险，订立保险合同，由此保险合同的投保人、受益人都为信托公司。3.0模式将为客户构建统一的家庭保单和财富受托平台，从投保阶段、保单持有、理赔之后三个维度为客户家庭的保单提供全方位托管服务，使得大额保单+信托组合真正成为中高净值客户家庭财富保护、传承、保值增值的最佳之选。比如中信信托投保所有支持中信信托的保险公司产品，不论家庭中被保人是谁，都可以由中信信托放在一张保险金信托里打理，这样就省去了订立多个保险金信托的麻烦。这种模式一般针对超高净值客户。

总的来说，保险金信托利用保险与信托各自的优势，融合保险的保障功能、杠杆功能及信托在财富传承方面更为个性化的特点，既可以通过保险金实现对身前财富的管理，又可以实现对身后财产的安排。保险金信托使得该类信托业务的设立门槛更低，更为普惠，为保险公司和信托公司注入新的获客渠道，有力促进了信托本源业务的规模化发展。同时，也构筑了未来信托资管业务长期、稳定的资金来源。因此，保险金信托在满足群众个性化的财富管理需求的同时，促进了两个行业的共同发展，是信托行业实现"普惠金融"的重要表现之一。

## 四、保险金信托面临哪些挑战

随着我国财富市场的进一步发展，保险金信托市场前景广阔。但作为新兴的业务类型，保险金信托目前的市场规模占比还较小，发展还不成熟，面临机构磨合、客户教育、人才培育、制度建设等多方面的挑战。

首先，机构磨合。"分业经营、分业监管"的金融体制不仅造成金融资源的浪费与不必要的竞争，也造成了不同行业金融机构之间的责任推诿。监管机构应该打破行业本位，鼓励不同行业金融机构进行联合创新。由于保险金信托业务涉及保险和信托两个不同机构体系的对接，因此它的长足发展有赖于保险机构与信托机构之间的协同合作。保险合同通常需要先行指定受益人，并对受益人的身份进行一定程度上的认定，因此，如果信托机构与保险机构之间没有广义的互认或者合作协议，那么将影响保险金信托业务的开展。预计未来，保险金信托业的发展，或将涉及保险与信托公司进一步加强跨业合作方面的磨合。

其次，客户教育。客户对保险金信托的认知度和接受度需要加强。由于保险金信托在国内尚属新兴业务，产品相对于一般的保险或信托产品更为复杂，其整个业务流程相当烦琐，因此不管是保险公司还是信托公司，能够向客户诠释保险金信托的作用及一整套操作流程的营销人员仍属少数。此外，保险金信托的期限短则数十年，长则数百年甚至世代传承，在选择是否设立保险金信托以及衡量各个保险金信托产品时，高净值人群需要慎重考虑保险金信托的性质、所涉法律税务问题、保险公司和信托公司能否充分满足他们个性化需求等。同时，国内大部分客户对家族信托知之甚少，对保险金信托则更陌生，市场还有待进一步培育和开发，这都需要从业人员具备全面系统的专业知识，为客户答疑解惑、量体裁衣，进行客户教育。

再次，制度建设。当前我国在信托制度建设上有待进一步完善，相关配套法律尚须优化。保险金信托的主流模式以美国和日本为代表，在国内的发展尚处于初级阶段，缺乏与保险金信托配套的法规及其细则。在操作流程上，诸如保险金信托的涉税问题等，还存在法律上的模糊地带。同时，从历史经验来看，保险金信托的发展模式本地化和成熟化还有一段较长的路要走。

最后，人才短缺。保险金信托业务涉及的保险公司及信托公司在人才培养、服务水平和服务能力等方面亟待提高。保险金信托业务需要懂保险和信托业务的复合型人才的参与，在"分业经营、分业监管"的金融体制下，复合型人才的空缺是制约行业进一步发展的瓶颈。

## 五、保险金信托的发展建议

基于保险金信托目前在我国发展的现状与挑战，立法与监管部门应进一步完善制度建设、加强监管；保险机构与信托机构要以长远的战略眼光，打造更专业的团队，推动保险金信托业务发展壮大。

一是在立法上，要解决法律和政策不明确问题，避免制度真空，促进保险金信托业务可持续发展。应在《信托法》《保险法》中对保险金信托模式的法律地位予以规定，颁布相应的规范性实践指导文件，对保险金信托的业务运作模式、经营流程、机构的服务范围及权利义务关系等做出明确规定。

二是在监管上,监管部门应加强对保险金信托业务的监管和引导,鼓励和支持这一跨领域的创新型业务。具体而言,要明确具体的监管部门,完善监管规则,加强事前备案和事后监督制度,同时制定保险和信托机构的自律监管规则和行业规范。目前,监管部门还未出台对保险金信托业务的专门文件,保险机构与信托公司权利义务分配及业务规则仍在不断摸索中。保险与信托分别应承担哪些责任、提供何种服务、收取何种费用,尚没有明确的法规或指导参考。也正因为如此,保险金信托的发展将会带来我国金融法律和监管体系的变革。对保险金信托的监管涉及保险、信托两个行业的监管,存在两个行业之间如何联合监管协调的问题。保险金信托业务作为一项金融创新,或将带动我国《信托法》的进一步完善,为家族信托的发展提供适宜的法律环境,为金融创新创造良好的制度环境。

三是就机构而言,保险机构和信托机构需要具备战略的眼光,培育更为专业的团队。由于保险金信托业务往往无法在当年或短期内就实现盈利,因此参与机构要以战略眼光看待这项业务,建立相对独立的业务审核体系,设定较长的时间区间来考察保险金业务的价值。与此同时,保险和信托机构要注重财富管理领域的专业化人才培养和团队建设,提升业务人员的专业素养,为高净值客户搭建起财富传承的持续客户服务平台。同时,行业协会和机构参与者应该增强客户教育能力,建立相应的投资者教育渠道,向投资者介绍保险金信托业务,使得投资者可以理性选择适合自身需求的保险金信托产品。

经过过去数年的试水,保险金信托因其保险与信托兼备的特质已经显示出了巨大的发展潜力,参与保险金信托业务的机构也已经充分意识到了其巨大的商业和战略价值。预计未来几年保险金信托业务将迎来一波发展高峰。随着制度体系日益成熟、监管体系日趋完善、从业者的专业水平持续提升和投资者理念进一步成熟，保险金信托行业将成为家庭财富传承的重要选择。在时代机遇、客户需求以及从业机构的推动下，相信保险金信托未来在中国会有更广阔的发展。

# 第四节　财富"裸奔"时代的税务那些事

## 一、税收透明化，对高净值人群意味着什么

自2017年1月1日起，中国及其他数十个国家和地区同步开始实施"共同报告标准"（Common Reporting System，CRS）。2016年10月，中国国家税务总局公开了实施共同报告标准的具体措施文件，即《非居民金融账户涉税信息尽职调查管理办法（征求意见稿）》。与此同时，境外金融机构已经开始对中国高净值人士金融账户进行盘查。共同报告标准在全球主要国家的迅速普及，意味着全球将进入税收透明时代，意味着中国也将步入真正的全球征税时代。

"共同报告标准"是一套金融机构尽职调查和申报的标准，需要申报的信息来源机构包括银行、信托、券商、律师事务所、会计师事务所，以及提供各种金融投资产品的服务机构等；申报的资产信息涵盖个人金融账户、尽职调查程序、持有金融机构的股权或债权权益等。现如今，全球税收申报和共同报告标准已经成为常规操作，税收透明化是全球金融市场必须面对的事实。何为"税务透明化"？就是说，不论你在世界上哪个国家或地区，你的资产都会由银行汇报给你的身份所属国或地区。如果税务透明化制度完全建立，那么你的财富将接受税务机关的审查，在"阳光下"暴露无遗，完全"无处藏身"。

自2013年以来，全球主要国家和地区签署了越来越多的双边税收协定（DTA）和税务信息交换协议（TIEA）。2013年9月，二十国集团（G20）在俄罗斯圣彼得堡发表声明称，为打击全球范围内的逃税行为，G20将全力支持经济合作与发展组织建立"自动情报交换系

统"（AEOI），该系统于 2016 年开始实施。自此，成员国将开始自动交换纳税人在世界范围内的所有相关信息。以《多边税收征管互助公约》(Multilateral Convention on the Administration of Tax Collection) 为法律依据，所有国家将被要求签署公约。此外，在经济合作与发展组织（OECD）发起的统一信息交换原则下，跨国集团被要求在其所获盈利地点缴税。2014 年 2 月，经合组织宣布"金融账户信息自动交换"(Automatic Exchange of Financial Account Information，AEFAI) 的全球标准，该标准以多边主管当局协定为情报自动交换的法律依据，并制定了共同报告标准以及相应的具体报告规则。

2015 年 12 月 17 日，中国正式签署《金融账户涉税信息自动交换之多边政府间协议》，这也就意味着，我国已经加入全球税务信息主动交换的情报系统。自 2019 年 9 月起，中国个人及其控制的公司在 106 个国家或地区开设的银行账户的信息需要主动呈报给中国税务机关。与此同时，随着中国与世界各国的双边税收合作的逐步深化，他国政府将同意把中国公民在其属地的金融账户信息提供给中国政府。这将对那些在国内拥有非法所得并试图把这些资产藏匿在其他国家和地区的中国公民产生深刻影响。

基于如上所述，一个涵盖全球主要国家和地区的全球性税务信息交换网络已经初步形成。预计在不久的未来，全球范围内个人财富将实现完全的跨境透明化。当各国政府能够掌握其公民名下的金融性资产情况时，个人要想藏匿资产将变得几乎不可能。随着各国间全球性税务信息交换网络不断完善，那些拥有海外资产所得、仍然心存侥幸铤而走险的高净值人士，将很可能面临补缴税款及缴纳税务罚款的切实风险。伴随全球税务逐步实现透明化，中国公民除工资以外其他形式的收入所得也必将被纳入中国税务机关的征税范围内。中国税法规定，针对工资形式的个人所得税实行代扣代缴制，因此对该种收入所得税征收的难度并不高，这或许是中国政府对公民海外收入依法征税的第一步。与此同时，全球各个国家政府间的金融账户信息共享，也帮助中国政府进一步了解中国公民拥有的巨额财富规模及其去向。长久以来，非法资金外流是困扰中国资本市场的一大问题。全球税务透明化时代的到来，为中国政府提供了一个了解和介入中国人海外资金运作的有力工具。

在这种背景下，站在个人投资者的角度，考虑资产规划时需要明确聚焦自身的风险点。郭升玺教授建议，可以从如下角度进行自我分析[1]：首先，分析目前的身份，包括本人及直系亲属的国籍、税籍，是否为国际反洗钱指令相关规定中定义的"政治敏感人士"（Politically Exposed Person，PEP）等。这是因为不同身份持有资产在税务、监管等方面的风险都有很大不同。其次，分析资产的性质、地点和持有模式。这并非分析金额总数，而是分析哪些种类的资产，包括房产、二级市场股票、银行账户、保险等，各自存放在哪些国家或地区，有哪些潜在的风险？在此基础上，可以咨询外部专业人士，决定如何落地税务透明时代的资产保护规划。

普华永道发布的资产管理调研报告显示[2]，资产管理机构对税收风险的处理将给自身带来较为直接的竞争优势或者劣势。站在机构的角度，共同报告标准的落地将会给包括银行客户经理、保险公司代理人、

---

[1] 复旦大学泛海国际金融学院全球家族财富管理研究中心：《对话郭升玺：大资管时代，私人财富管理该往何处走？》，2020 年 11 月 20 日，https://mp.weixin.qq.com/s/g65zk4cITD8ZOgBVBIuslg。

[2] 普华永道：《资产管理调研报告》，2020 年。

信托机构顾问、境外投资理财顾问、境内外税务师、家族办公室等在内的私人财富管理相关从业人员带来新的挑战。

一方面，投资者比以往更关注稳健并且有效的税收管控体系，而对税收不确定性的容忍程度已经降到历史新低。在经济合作与发展组织提出以"常设机构"（根据经济合作与发展组织和联合国税收协定范本的定义，"常设机构"为进行全部或部分营业活动的固定营业场所）作为纳税基础的理念后，不少国家和地区的税务机关开始更重视资产管理合约与投资者之间的动态关系，而非只注重管理资产、资产经理和员工之间的物理连接，并基于这种动态关系来确定资产管理业务的纳税地点。

另一方面，由于共同报告标准的实施将带来客户资产配置上地域及类型的改变，因此这对部分行业会产生一定影响。这就要求机构考虑是否调整既有的金融资产类型，并对未来可预期的海外资产配置提前规划，在资金收入合法化、换汇出境合法化、纳税义务合法化等方面都做好准备。按照共同报告标准落地执行细则，金融机构从业人员可能面临被机构询问其服务客户的情况，同时也有一定的职业风险，因为共同报告标准规定，如果金融从业人员诱导客户作虚假陈述或是欺骗所任职的金融机构而未如实陈述，不仅面临罚款，还有可能被刑事起诉并坐牢。由此可见，客户经理与客户交流和相处的关系将变得更为微妙、更趋向透明与合规。

## 二、拜登税改：美国富人遗产计划或被颠覆

美国前参议员斯帕克·松永（Spark Matsunaga）说过这样一段话："有人说人生中有两件东西是逃不过去的，税和死亡。在我看来，两者

的唯一区别是，死亡并不会因为每次国会开会而变得更糟糕。"[1] 近 10 年来，税制改革是历届美国新上任总统执政后的首要任务之一。新一任美国总统约瑟夫·拜登也不例外。拜登政府一上台就推翻了前任总统唐纳德·特朗普的减税方针，主张向富人征税，并提高遗产税的税率[2]。根据分析与会计师的计算，依据拜登政府所提议的加税计划，富裕家庭所继承的财富可能面临高达 61% 的合并税率。美国税法政策研究机构 Tax Foundation 的一项分析指出，在拜登政府的税收改革计划中，拟将资本利得税提高近一倍，并取消资产增值的税负优惠，若再纳入遗产税，总体有效税率将接近 61%，刷新近一个世纪以来美国的最高税率纪录。这对于美国高净值人士及家族企业来说无疑是当头一棒。

拜登的税改计划表示要将遗产税和赠与税最高征收税率从 40% 提高到 45%，并且将遗产税免税额度改回 549 万美元，甚至可能降至 350 万美元。同时，税改计划将针对富人的资本利得税率提高近一倍，结束长期以来对遗产的资本利得税减免，即所谓的"计税基础提升"（Step-up Basis）。部分受此税改措施影响的个人及家庭面临如何调整投资组合的困惑。什么叫计税基础提升呢？举例来说，汤姆购置房产，买入价格是 20 万美元，他过世时房产涨到了 100 万美元。汤姆的儿子杰瑞继承了这个房产后转手以 100 万美元卖掉。按之前的税法规定，杰瑞可以把继承房产时的市场价格作为成本基础（Cost Basis）计算增值，因而不必缴纳任何增值税。拜登税改后，取消了计税基础提升，杰瑞必须以汤姆的买入价来计算增值税，那么就有 80（100-20）万美

---

[1] 引自，龚乐凡：《私人财富管理与传承》，中信出版社 2016 年版。
[2] 普华永道：《美国总统大选落幕——拜登税务政策方案摘要》，2020 年。

元的收入需要缴增值税。此外，拜登计划对那些通过投资股票、债券、房地产和企业获取利润、年收入超过100万美元的群体征收39.6%的资本利得税率（Capital-gains Tax），这几乎较现行20%的税率提高了一倍。根据以往的税法，如果有人在一家企业投资了200万美元，但在其价值为1 200万美元的时候去世，那么他就不用缴纳资本利得税。如果那是他唯一的资产，他也无须缴纳遗产税。而根据拜登的税改计划，他将为1 000万美元的收益减去100万美元的免税额度即900万美元纳税，且最高边际税率为43.4%。

随着海外资产配置越来越受到关注，西方国家常见的遗产税概念逐渐进入大众视野。据统计，自1598年荷兰开征现代意义上的遗产税以来，全球共有114个国家开征遗产税。在经济合作与发展组织成员国中，更是有91%的国家开征遗产税。毕马威发布的《2020年全球家族企业税报告》指出[1]，在GDP最高的10个国家中，有6个国家（德国、美国、法国、英国、巴西、加拿大）有针对继承和财产终身转移的税法，另外4个国家（中国、俄罗斯、意大利、印度）目前还没有针对家族企业资产转让的赠与税或遗产税。而在复杂的税收法规规范下，家族企业的资产转让面临诸多不确定性，那些希望将家族企业的业务保留在家族成员手中并传给下一代的家庭所面临的挑战与日俱增。

所谓遗产税，是以被继承人去世后所留下的财产为征税对象，向遗产继承人和接受遗产赠与人征收的税，在有些国家也被称为"死亡税"。现代社会中，富人阶层所要缴纳的遗产税对社会和国家发展虽然没有决定性影响，但却有着一定的积极意义。征收遗产税的初衷，是

---

[1] 毕马威：《2020年全球家族企业税报告》，2020年。

为了通过对遗产和赠与财产的调节，防止社会的贫富差距过分悬殊，具有社会财富再分配的功能。遗产税的开征可以追溯到罗马共和国时期。当时的法律规定，遗产税的征收旨在将被继承人的家产存留在家族内部；同时，遗产税将会被用于安置退伍军人，公民对军队的供养义务也得以有效加强。遗产税在特定历史条件下的横空出世，使得罗马共和国在法律层面成功地将社会形态从血缘社会向地缘社会过渡。随着遗产税的推进，罗马共和国时期不断加剧的社会矛盾得以缓解。时至今日，作为根植于现实问题的一项重要制度，遗产税仍然对人类社会的构建和发展起着积极作用。

现如今，美国作为最热门的移民和资产配置目标国家，其遗产税制度对高净值人士的影响尤其明显。美国通过对富人遗产的高额征税，减少不劳而获接棒巨额财富的现象，不使富人下一代"躺赢"在起跑线上；而遗产税款可以增加政府的收入，从而对弱势群体进行补贴，以增进社会的整体效益；最终目的是实现社会代际接替的平等化，促进社会和谐发展。同时，美国税法规定，对公民和永久居民在全球的资产进行遗产税征收。根据美国《内部财政法典》（即通常所称的美国《税法典》）规定，不论是美国公民、居民，还是非公民、非居民，都应以相应部分的财产适用同一税率被征收遗产税。其中，对美国公民、居民应当就其全世界范围内的资产征收遗产税，对非永久居民就其在美国境内的资产征收遗产税，并且免征额度只有6万美元，超过部分均要交40%的遗产税。

放眼全球，绝大部分热门移民国家和地区都在征收遗产税。例如，英国对超过325 000英镑的遗产征收高达40%的遗产税；德国开征遗产税和赠与税，采取分级超额累进税率，税率从7%到50%不等；日本的遗产税最高税率更是高达70%。伴随全球税务日趋透明化，拜登政府的一系列税制改革，相对于过去40年的全球"减税潮"，或将开启一个税制大逆转的时代。因此，建议在海外拥有资产的高净值人士及其继承人，合理运用各类资产管理工具进行合理筹划，在专业人士的协助下，充分考虑遗产税对继承的影响并采取有效措施，以便更为顺畅地完成继承。

## 三、如何在中国遗产税到来前未雨绸缪

自1694年英国开征遗产税以来，世界上大部分成熟经济体以及部分发展中国家都相继开征了遗产税。目前，中国尚未开征遗产税。但随着国内高净值人群不断涌现、财富规模与日俱增，中国政府愈发注重通过社会财富的"二次分配"缩小贫富差距。从这个角度来看，遗产税是一个非常有效的财富治理工具。

在20世纪40年代，我国曾经正式征收过遗产税。其中一个目的是为了筹集抗日战争所需要的军费，然而战火的蔓延使得遗产税并没有得到全面实施。新中国成立后，1950年颁布的《全国税政实施要则》对遗产税税种给予保留，但在公有制的大背景下，私有财产和遗产少之又少，因此同年规定遗产税暂不开征。随着改革开放的深入，我国的国民经济从20世纪90年代开始迅速发展，一部分地区和人群借着改革开放的东风发家致富，与此同时，社会的贫富差距开始拉大，地区经济发展不平衡、城乡发展差距逐渐扩大等社会问题也日趋严重。而遗产税可以作为一种调节社会贫富差距的有效经济杠杆。在这种背景下，我国的社会环境已经具备了开征遗产税的基本条件和必要理由。1996年全国人民代表大会批准了《国民经济和社会发展"九五"计划和2010年远景目标纲要》，明确提出要"逐步开征遗产税和赠与税"。

直至 2004 年 9 月，我国公布了《遗产税暂行条例（草案）》。由此可见，遗产税在我国税制体系设计中始终占有一席之地，并被赋予了调节贫富差距的厚望。

时间快进到 2013 年 1 月 16 日，深圳传出可能进行遗产税试点的消息。该消息如一石激起千层浪般在中国财富管理这池春水中荡开涟漪。中国人民大学汉青经济与金融高级研究院特聘教授郭升玺认为[①]，深圳的遗产税试点，在狭义上也可看作中国家族财富管理市场的开端。从 2013 年至今，国内家族财富管理市场已度过了发展的萌芽阶段。虽然遗产税至今没有落地，但相关的内容仍不时被提及。国务院在有关文件中明确提出："加快健全以税收、社会保障、转移支付为主要手段的再分配调节机制。研究在适当时期开征遗产税问题。"[②]2015 年年初，《人民日报》刊发题为《贫富差距到底有多大？》的文章，指出："贫富差距已具有一定的稳定性，并形成了阶层和代际转移，一些贫者正从暂时贫困走向长期贫困和跨代贫穷。如果不想办法改变这一情况，贫富差距便会趋向稳定化和制度化，成为一种很难改变的社会结构，社会阶层流动通道也将被严重堵塞。"[③] 该文章的刊出同样被认为是中国实行遗产税的前奏。虽然推进遗产税的具体时间尚未可知，但是与其相配套的房地产统一登记制度、中国公民海外资产申报制度等都已经逐步建立，为实行遗产税做出了铺垫。根据坊间流传的草案版本粗

---

① 复旦大学泛海国际金融学院全球家族财富管理研究中心：《对话郭升玺：大资管时代，私人财富管理该往何处走？》，2020 年 11 月 20 日，https://mp.weixin.qq.com/s/g65zk4cITD8ZOgBVBIuslg。

② 《国务院批转发展改革委等部门关于深化收入分配制度改革若干意见的通知》（国发〔2013〕6 号）。

③ 冯华：《贫富差距到底有多大？》，《人民日报》，2015 年 1 月 23 日，第 17 版。

略得知，遗产税征收或将采取累进税率原则，一旦被继承人过世，除遗产总额在80元万人民币以下可免税外，其余遗产金额依层级叠加；1 000万元以上遗产的税率为50%。

值得一提的是，我国香港地区在2006年之前曾经一度实行遗产税，彼时香港明星张国荣的案例为我们提供了一个角度阐释超高净值人士如何合理规避遗产税[①]。2003年4月1日，香港一代巨星张国荣告别人世，终年46岁。张国荣身后留下的财富有3亿港元，按照当时香港的税法，张国荣的遗产受益人应为这笔巨额财产缴纳4 000多万港元的遗产税。幸而张国荣生前考虑周全，早在1990年前后，先后累计认购了四张人寿保单，保单总价值高达4 000多万港元。因此，在张国荣去世后，他的继承人将获得总价值约为3 000万~4 200万港元的人寿保险赔偿，数额足够可以抵缴其遗产税。据张国荣生前的保险代理人透露，张国荣和好友唐鹤德的保险意识很强，充分认识到保险理财规划的重要性。可以想象，如果张国荣生前没有购买大额保单，其继承人将缴纳高额遗产税。

对于高净值人士来说，缴纳遗产税可能发生于多个场景。纵观世界主要国家和地区，遗产税是相当普遍的税种。他国公民到实行遗产税的国家和地区置业或移民，在日后发生遗产继承时，如果没有及时进行纳税申报，将面临补缴高额税款及滞纳金的窘境。

首先，高净值人群在海外置业时，必须将税务成本纳入其考量范畴。目前，中国高净值及超高净值人群到国外置业成为热潮。根据胡润百富中文网公布的研究数据，高达80%的受访高净值及超高净值

---

[①] 《"哥哥"张国荣：用保险规避4千万遗产税，为家人留下3亿元资产！》，沃保网，2015年4月2日，http://u.vobao.com/809443235500448576/art/814391208038850324.shtml。

人群表示在未来有海外投资的需求，而房地产是他们最为热衷的海外投资标的，占海外投资的比重超过四成。然而，中国高净值个人到海外投资置业时，对投资目的国的税收制度需要有充分的了解，否则可能产生预料之外的税务成本。以澳大利亚为例，虽然它并不实行遗产税，但非公民在澳大利亚继承遗产时，需要缴纳一笔资本利得税。就所得税而言，外国投资者投资澳大利亚房地产所取得的租金收益为所得税应税收入，而外国居民出售澳大利亚房地产或房地产的间接权益时亦须缴纳资本利得税。投资者身份不同，应缴纳的所得税税率亦存在差异，非居民企业的税率为30%，而非居民个人的所得税率可高达45%。

当然，海外置业时也可以灵活运用所在国家或地区的税法制度合法节税。他国公民海外置业的另一大目的地是美国。美国的税收由联邦政府、州政府及地方政府征收。其中，联邦政府主要征收联邦所得税、遗产税及赠与税。州政府及地方政府征收州所得税、消费税及财产税等。高净值人士到美国购买房产时，涉及的税种主要有房产税以及在未来发生财产转移时需要缴纳的遗产税和赠与税。美国高额的遗产税（税率高达40%），是否有规避的可能？答案是肯定的。对于中产家庭而言，最常见的方式是利用每年赠与豁免额给子女后代留下财产。如果子女利用这些钱来投资，投资所得收益和本金都属于子女的财产，无须缴纳赠与税。此外，为子女购买永久人寿保险也是美国人规避遗产税、将财产转移给后代的常见做法。对高净值人士而言，可以把资产放入信托，或通过设立慈善基金的形式，规避财产继承时的联邦税。

其次，高净值人士需要充分考虑移民带来的税务影响。高净值人士在移民他国之后，在税务方面如果未能入乡随俗，可能会造成不必要的损失,甚至面临牢狱之灾。以移民美国为例,根据美国国家税务局发布的《海外账户纳税法案》(FATCA)规定,美国公民和绿卡持有者的海外资产超过5万美元,须向美国国税局如实申报;否则,将面临高达1万~5万美元的罚款,情节严重者甚至将坐牢。此外,自2014年起,外国金融机构必须向美国国税局提供美国公民和绿卡持有者的海外账户信息,否则将被处以其在美国所得30%的罚款。并且,当美国银行客户向海外金融机构转账时,根据《海外账户纳税法案》,如果银行无法获得客户的相关资料,客户将被预扣其转账金额30%。与此同时,《海外账户纳税法案》还规定,与美国签署政府间协议的国家金融机构必须向美国国税局报告美国公民或绿卡持有者的资产信息,这其中就包括中国。中国政府在2013年签署了《多边税收征管互助公约》,协约国之间可以交换纳税人信息并开展联合税务检查。目前,所有G20成员以及英属维尔京群岛、开曼群岛等过去被看作避税天堂的国家或地区都已经加入该条约。因此,不论是置业还是移民,高净值人士都需要从财富管理的角度通盘考虑、统筹规划,包括移民目标国家的选择、家族企业的传承安排、财产继承手段及金融法律工具的运用等众多因素。

## 四、海南自贸港的税制探索

全球化和数字化浪潮下,税率和利率、汇率一样成为全球经济治理的重要工具。随着全球经济竞合程度不断加深,越来越多的国家开始加快税制改革的推进,把提高本国经济和本国企业的国际竞争力作为税制改革的首要目标。从近些年全球主要国家税制改革的议题和趋势来看,改革集中在降低个人所得税和企业所得税税率、税制简化,并逐步向消费型增值税转型。2020年海南自贸港计划提出的几大税收优惠政策，均在一定程度上反映了全球税制改革的新趋势。

我国《海南自由贸易港建设总体方案》（简称《方案》）提出①，通过分步实施"零关税、低税率、简税制"的政策安排，逐步建立具有国际竞争力的税收制度。相比全球主要自贸港的政策，海南推出15%的企业所得税与个人所得税、境外参股20%的汇回股息免税、增值税改为销售税等政策，改革力度不小。这是我国税制改革上的一次重大飞跃。在此，从海南税收政策出发看税制改革，分别就个人所得税、企业所得税、关税三个方面逐一解析，为税务透明化时代高净值个人和家族企业提供新的财富布局思路。

在个人所得税方面，目前，我国企业所得税的标准税率为25%，综合所得个税采取七档超额累进税率，最高边际税率为45%。因此，针对企业和个人所得税的低税率是海南税制改革重点之一。在个人所得税方面，海南省政府于8月26日印发《海南自由贸易港享受个人所得税优惠政策高端紧缺人才清单管理暂行办法》，给予高端和紧缺人才个人所得税的实际税负超过15%的部分直接免征，明确了高端紧缺人才享受海南自贸港个人所得税优惠政策的标准等细则。在这方面，粤港澳大湾区针对境外高端、紧缺人才，采取"先征后补贴"的方式，对已缴税额超过应纳税所得额15%的部分给予补贴；上海自贸区临港新片区采取境外人才个人所得税税负差额补贴政策。与其他地区相比，海南自由贸易港的个税优惠政策适用的范围广、力度大。此外，《方案》规定到2035年以前，对一个纳税年度内在海南自由贸易港累计居住满183天的个人，其来源于该地的综合所得和经营所得，按照3%、

---

① 姜跃生：《海南自贸港之国际税收政策思考》，《经济观察报》，2020年8月15日，第4版。

10%、15% 三档超额累进税率征收个人所得税。整体而言，海南自由贸易港的个人所得税政策税率更低、优惠力度更大。

在企业所得税方面，《方案》规定，针对注册在海南自由贸易港并实质性运营的鼓励类产业企业，减按 15% 征收企业所得税。在海南自由贸易港设立的旅游业、现代服务业、高新技术产业企业，对其在 2025 年前新增的境外直接投资所得部分，免征企业所得税。根据《方案》规划，到 2035 年前海南将进一步加大企业所得税的优惠力度，其 15% 的税率将适用于除负面清单行业以外的所有企业。倘若到那时，同为自由贸易港的香港和新加坡依旧维持 16.5% 和 17% 的企业所得税税率，海南的这一税收政策将具有一定的竞争力与吸引力。

在关税方面，《方案》提出了针对流转税简化税制的设想，若落实到位将极大提高贸易自由化和便利化。这是我国顺应经济发展需要，兼顾税收效率与税收公平，在税制改革领域做出的一次具有里程碑意义的重要探索。从全球范围来看，简并税制是不少国际自贸港通行的做法。国外自贸港税收制度的特征是税种相对精简，便于企业遵从。《方案》计划将现行的增值税、消费税、城市维护建设税等税费进行简并，改为在货物和服务的零售环节征收销售税，并将销售税及其他国内税种收入作为地方收入。这是对现行税制的一种创新性的再造和重构。中国政法大学民商经济法学院教授施正文认为[1]，企业增值税等税费在某种程度上存在重复征税的弊端，而实际税负承担人是消费者。合并为销售税，使得征管更为简便，市场主体负担也会降低。在消费端征税，也有利于改变地方政府以往重投资、轻消费的管理倾向，更

---

[1] 第一财经：《海南自贸港重构税收制度：减税负，简税制，不当"避税天堂"》，2020 年 6 月 2 日，https://baijiahao.baidu.com/s?id=1668396630334797846&wfr=spider&for=pc。

加注重改善营商环境，为市场创造公平的竞争环境。

简并税制带来的贸易自由化和便利化程度的提高，不仅有助于招商引资，吸引更多国际投资者落地海南，还可以加速自贸港经济结构的优化转型，将海南打造为汇聚资本、技术、人才在内的优质生产要素集聚区。正如普华永道中国间接税主管合伙人李军分析称[①]，海南自贸港对增值税等税费进行简并，可以提高企业纳税便利度、打造更加优质的纳税营商环境，对岛内企业而言无疑是重大利好。在目前的征管体系下，增值税税费通常与货物或服务的销售额挂钩，以销售额作为基数进行计算，并且需要单独计算、单独申报。如果能够进行合并计算、合并申报，将有利于简化申报缴税流程，提高税款征收的效率和质量。但同时，简并税制对税收管理水平提出了更高的要求。在税收简化的框架下，如何实现税种间的协调运作，如何实现税制要素的充分优化，是需要运用前瞻性的思维去考量的问题。

此外，在税收监管方面，《方案》强调海南自贸港要避免成为"避税天堂"和"税收洼地"，这是与税收优惠并行不悖的税收管理原则。基于这个出发点，税收管理部门就需要防范纳税人滥用税收优惠政策，强化对偷税漏税的治理监管，避免税基侵蚀和利润转移，这将是海南税收征管的重点之一。因此，在全球税务透明化和合规性提高的背景下，可以首先从制度设计上借鉴国际上的成熟经验，积极参与国际税收征管合作，加强涉税情报信息共享，降低守法企业成本的同时提高企业违法的成本。同时，要注重中国本土市场的经验积累，因地制宜及时调整监管范围和程度，通过政府、企业、社会的共同参与，形成多元共治的格局。

---

① 第一财经:《海南自贸港重构税收制度：减税负，简税制，不当"避税天堂"》, 2020年6月2日, https://baijiahao.baidu.com/s?id=1668396630334797846&wfr=spider&for=pc.

在《方案》释放的多项贸易、税收等政策利好下，不少人预测海南将成为下一个香港或新加坡。对此，郭升玺教授认为[1]，海南自贸港无须照搬任何其他地区的发展途径，而应立足成为一个不可复制的在岸及中岸金融枢纽。如要达成这个远景，在依托红头文件的基础上，还应搭配更多相关的法律政策落地，为海南创设开放灵活的制度环境。比如，海南可以借助既有如自由贸易账户（FT 账户）等现有特色优势，借鉴并逐渐叠加境外一些如私募人寿保险（Private Placement Life Insurance，PPLI）、专业自保（Captive Insurance）、混合目的型基金、私人信托公司（PTC）等成熟的资产保护结构模式，通过当地立法建立一套在岸、中岸地的差异化运作模式。在逐渐形成气候时，海南就可逐渐成为国际投资者和高净值人群考虑资产保护管理结构的管辖地时的另一个选项。

如前述模式能与海南的宏观发展路线相契合，普通法系和大陆法系的制度相结合，就可通过实践逐渐累积经验及优化，并在海南试验田进行一系列跨境法律、税务投资的本土化整合应用，开创一个新的制度性范例，进而对中国资管市场的发展起到理论与实践并举的推动作用。比如就民事信托来说，如果海南能逐渐出台各种信托结构模式，将诸如受信责任等理念，从单纯的纸面意义落到实践责任上，并明确权责的范围和违规的后果，不仅有助于资产管理结构的合规运用，也有助于法理的细化与深化。

总体而言，海南自贸港作为我国税制改革的实验区，对国家税制在适应日益复杂的国际环境下进行现代化建设，对中央和地方财权和

---

[1] 复旦大学泛海国际金融学院全球家族财富管理研究中心：《对话郭升玺：大资管时代，私人财富管理该往何处走？》，2020 年 11 月 20 日，https://mp.weixin.qq.com/s/g65zk4cITD8ZOgBVBIuslg。

事权划分的优化等方面均有着特殊的借鉴意义。通过海南自贸区的改革实践，可以进一步丰富中国在国际范围内综合运用利率、汇率、税率促进区域经济治理，提高经济竞争力的经验，为打造更具国际竞争力的中国税制做好探索。

## 五、数字经济下，跨国企业如何应对税务挑战

跨国企业的所得税与全球经济形势密切相关。在全球经济数字化迅猛发展的背景下，数字经济成为引领全球经济增长的重要动力源，数字经济架构在"云端"之上，基于互联网平台衍生出全新的商业模式和企业组织模式。无论是何种具体的商业形态，其共同的特征在于：都是依托于网络化、协同化的自由经济体形成价值创造的生态体系。全球最大的出租车平台企业优步（Uber）没有一辆出租车，全球市值最高的零售商阿里巴巴没有一件商品库存，全球最大的住宿服务提供商爱彼迎（Airbnb）没有任何房产，这就形象地概括了数字经济产生的新商业形态。因此，数字经济加速了各国无形资产投资的流动，产生了不同于以往的经济增长和商业模式。这就给国际税收制度的两个关键原则——"关联"和"利润分配"——制造了新的难题。

与此同时，部分国家采取单边的数字经济税收政策，给跨国企业进行有害避税提供了便利，为了保护企业所得税的税基不受跨国避税的影响，国际协调显得尤为必要和紧迫。对此，国际税收征管合作体系不断出台多边措施，并呼吁通过国际协作为跨国企业应对数字经济下的税务挑战提供解决方案。在这方面，BEPS 行动计划不仅标志着多边合作机制在国际税收合作领域的成功应用，也预示着国际税收体系将发生根本性的变革。

数字经济对无形资产的高度依赖，使得对数字经济商业模式中所得分配和归属的判断变得更加困难，税务机关识别交易主体的真实身份、监管其纳税状态等工作的难度和成本也相应加大。基于这种数字经济的价值链管理模式，数字企业可以将利润在税负不同的国家和地区进行配置和转移，从而加剧了税基侵蚀和利润转移。税基侵蚀和利润转移（Base Erosion and Profit Shifting）是指利用不同税收管辖区的税制差异和规则错配，进行打擦边球式的税收筹划策略，达到不缴或少缴企业所得税的目的，最终侵蚀了税收主权国的税基。2012年6月，经济合作与发展组织在G20财长和央行行长会议的委任下，发布了《税基侵蚀和利润转移行动计划》（BEPS Action），旨在提升税收争议解决机制的效力与效率，以此减少企业缴税的不确定性及双重缴税的风险；同时，该计划立足于改善税收争议解决机制，为处理跨国公司的税收争议提供便利。为了确保各国对BEPS行动计划的实施协调一致，BEPS的包容性框架于2016年创建，目前已涵盖110多个国家。该方案提出了各种解决税基侵蚀和利润转移的措施，包括打击有害税收实践、防止协定滥用以及提高争议解决机制等。

2018年3月，经合组织发布了一份关于数字化带来的税收挑战的中期报告。报告确定了在数字化经济中企业商业模式出现的显著改变和特征，即严重依赖无形资产，特别是知识产权（IP）和数据的重要性。对此一些国家已宣布计划实施临时措施。例如，瑞士、印度、哥伦比亚等国家于2017年推出针对跨境电子商务的增值税新规，以解决数字经济带来的增值税流失问题。意大利于2019年开始实施数字交易征税，旨在获取与用户生成的内容相关的经济价值，这些内容目前不属于公司税基。此外，经合组织也正在努力实现长期多边解决方案，以应对数字化经济带来的税收挑战。正如前述中期报告所讨论的那样，目前在包容性框架内的成员国，对如何重建数字经济下国际税收规则等核心问题仍存在分歧。

在 BEPS 行动计划影响全球税务体系的大环境下，监管环境变化迅速。伴随各国税务机关对税务风险的管理日益关注，那些拥有全球视野、从中国"走出去"的企业将寻求提高自身的全球税务管理水平，以满足不断升级的合规要求和税务风险。放眼未来，企业税务水平或将处于营销和声誉的中心位置。企业的税收是否合规，成为资产经理和其客户积极关注的问题之一。在数字化经济中，资产经理的公关工作不仅集中在基金效益上，也集中在税收以及合规上。进入税务透明时代，企业关于税收政策、人事酬劳结构、已缴税额和缴纳地点方面的详细报告将公之于众。在此基础上，税收技术将是实现业绩和客户满意度的关键点。根据普华永道的报告分析，税收技术将促使投资公司基于税收信息做出及时的投资决定，并为投资者和税务机关提供所要求的透明度和信息披露。与此同时，税务机关也将对税收技术进行重大投资，利用数字技术实时获取企业的税务信息。

那么，应对 BEPS 行动计划带来的挑战，中国跨国企业在走出去时应当做好哪些准备？

首先，由于 BEPS 行动计划一直在不断更新和补充，企业需要持续关注各国对 BEPS 行动计划的实施进程，同时检查自身的税务情况，在充分了解投资国的税务合规性要求基础上评估潜在的税务风险。正如中国香港家族办公室协会会长方建奇所言[①]，对于企业而言，税务风险既可能起消极作用，也可能起积极作用。消极作用自然是回旋余地和

---

① 复旦大学泛海国际金融学院全球家族财富管理研究中心：《对话方建奇：掌握制度资源，化约束为利器》，2020 年 9 月 25 日，https://mp.weixin.qq.com/s/ASaZJQ7kftDXk9d4yt1ivw。

犯错成本更高；但同时，在更明确的游戏规则、更稳固的制度约束下，遵纪守法的那部分企业可以扛过更长的市场周期。基于对自身税务管理的整体评估，企业能够发现增强合规性管理的空间，提高企业的税务管理能力，从而提升跨境企业游走于全球不同税制管辖区的灵活性。

其次，就建立税务管理体系而言，企业可以根据中国与投资国的政治和商业环境，将企业运营战略结合外部的经济状况、法律管控和产业环境通盘考虑，选择适用的税务管理模式。在此基础上，企业可以进一步借鉴先进跨国企业的经验，逐步建立全球纳税管理信息申报体系。

再次，中国企业有必要建立企业内部的海外税务管理团队，这将有利于企业在海外税务管理中处于主动地位。对企业的专业团队来说，税法不应该是阻碍其业务发展的绊脚石。跨境企业的业务开展可能涉及不同司法管辖区的各种制度和外围环境，小到CRS和税收政策，大到全球市场和国际格局，这些无形的制度和规则，是企业发挥其因地制宜服务的基石。根据安永的调研分析，海外税务团队应由拥有不同税务专业知识的人员组成，同时应当具有坚实的国际税务知识，并通过不同渠道及时了解和熟悉最新的国际税务发展情况，运用全球制度资源化约束为创造价值的利器。

最后，从针对数字企业的税收制度来看，在数字经济环境下，企业的价值创造过程变得"无形"和抽象化，致使真正的价值创造与增值环节往往不需要通过转让定价的方式转移至低税负国家，而是直接因管辖权缺失造成价值创造地的税源流失。这就导致跨国科技企业可以利用我国庞大的消费市场进行"藏于无形"的营利活动。因而，我国应当将数字税立法纳入税制改革的规划中。从长远来看，制定合理的数字税政策势在必行。在这方面，需要首先对一系列问题做出解答，比如：对于缺乏实体经营地的跨国企业，如何行使税收管辖权？在判定常设机构的征税标准时，是否需要加入"虚拟常设机构"？鉴于数字经济价值创造的特殊性及其业务模式不断更迭，核定利润率如何确定？国内税法如何与国际税收规则相互衔接？应对全球经济数字化的税收挑战，是对国际税收规则的基础性重构，也是迄今为止国际税收规则近百年发展史上的一次实质性改革，由此将形成新的国际税制体系，对每个参与其中的经济体都具有重大而深远的影响。

# 第四章
# 财富传承的演进

## 第一节　从洛克菲勒到盖茨：财富繁衍的秘密

财富等于幸福吗？财富和幸福或许有一定的正向关系。然而，人类社会发展至今，对于"幸福从哪里来"的解答才刚刚开始。研究表明，通常认为的财富增长与幸福感提升的正相关性并不完全站得住脚，因为当年收入从 3 万美元增长到 6 万美元，只有 9% 的人认为幸福感有所提升。不列颠哥伦比亚大学社会心理学教授伊丽莎白·邓恩（Elizabeth Dunn）和哈佛大学商学院教授迈克尔·诺顿（Michael Norton）在合著的《幸福的金钱：智慧花钱的科学》(*Happy Money*：*The Science of Smarter Spending*) 一书中提出[1]，金钱固然可以带来物质和精神的享受，但花钱消费所带来的快感只是短暂的。幸福感的持续并不依赖于金钱的数量，而在于如何支配金钱。更为出人意料的是，经多项研究证实，除了把钱花在提升个人经历和人生体验上，在和自己没有任何关系的别人身上"花钱"，即并非出于私利地把财富与他人"共享"，同样会带来意想之外的幸福感——这或许是延续了千年的人类慈善公益事业的潜意识心理基础。而本章将超越个体心理层面，探讨人类围绕财富"共享"衍生出的体系建设和制度创新。

### 一、"达则兼济天下"是理想，也是常态

慈善公益虽是现代生活的产物，支撑其背后的慈善思想却可追溯

---

[1] Elizabeth Dunn, Micheal Norton：*Happy Money*：*The Science of Smarter Spending*, Simon & Sohuster, 2014.

到千年以前我国的西周时期。《周礼·地官·大司徒》记载"以保息六养万民：一曰慈幼，二曰养老，三曰振穷，四曰恤贫，五曰宽疾，六曰安富"，在当时就提出，安养老幼贫疾、稳定富裕阶层是稳固社会的基础；"身恒居善，则内无忧虑，外无畏惧，独立不惭影，独寝不愧衾"（语出北齐刘昼《新论·慎独》），古人强调不仅要常怀善心，更要将内心的善念付诸行动，这是中国社会传承千年的精神文化传统。

春秋时期的范蠡，被誉为中华慈善鼻祖。司马迁在《史记·货殖列传》中记载了范蠡"三聚三散"的传奇事迹。居庙堂之高辅佐越王时，范蠡提出"平粜齐物"的救荒济民之策；归隐经商致富后，范蠡把钱财全部捐给了好友和乡邻（"尽散其财，以分与知友乡党"）。这之后，范蠡继续勤勤恳恳地做生意挣钱，很快又回到富豪榜排名前列，接着又一次全部捐了出去。就这样挣了捐，捐了再挣，据《史记》记载："十九年之中三致千金。"范蠡的"三聚三散"在今天看来就是一种"裸捐"的慈善行为。

我国最早的民间慈善也诞生于春秋战国时期，但相比官方慈善，民间慈善的形式较为单一，组织性较弱。由于古代水利落后、战乱频发，常年出现旱涝和战火导致的饥荒，因此"施粥"（在路边给有需要的人免费提供饭食）成了最为普遍的民间慈善行为。民间施粥相比官方组织更为常见。比如，据《魏书·孝文帝本纪》记载，北魏太和七年（483年）冀州和定州闹饥荒，地方贤良人士"为粥于路以食之"，此举救活了数十万人。

到了宋代，伴随市民经济的蓬勃发展出现了城市贫民阶层。为了应对这一社会矛盾，宋代的慈善和公益体系有了较大规模的发展，尤其体现在民办慈善事业。当时的私人慈善机构主要集中在乡村地区，其中典型的以血缘为纽带的民间慈善组织是义庄。范仲淹在苏州创办了中国最早的私人义庄，范氏义庄："置良田十余顷，周给宗族，无间亲疏，日有食，岁有衣，嫁娶凶葬，咸有所给。"（《范文正公文集》卷6《附录·范文正公年谱》）义庄建立在独立财产运作的基础上，并设有严密的内部规范和管理措施，通常由当地有名望的乡绅担任管理人，负责日常运作，初步具备了现代慈善基金会的部分特征。

直至明清时期，中国慈善体系基本沿袭两宋模式，但官办慈善模式却遭遇了制度性衰败。明清两代日趋腐败的封建专制官僚体制造成了慈善机构低效无能，大量官办组织成为地方官员滋生腐败的温床。到了清代末期，封建经济日益凋敝，官府财政收入减少，官方已无力承担大规模的慈善组织活动。而与官办慈善的衰弱相反，在民间经济富庶的江南地区，私人兴办的善会、善堂日益崛起，官督民办逐渐成为当时的主流模式。雍正二年（1724年），朝廷诏令全国建立普济堂、育婴堂，实际上就是让民间资本在官府的统筹下出资开办慈善。根据香港中文大学教授梁其姿所著《施善与教化——明清时期的慈善组织》一书的记载[①]，明清之际共成立了至少973个育婴组织，338个综合性的善会善堂，考虑到历史材料的缺失，实际数字可能远高于统计数字，可见官督民办模式带来了明清期间全国性的慈善繁荣。

值得一提的是，明清时期慈善组织的经费来源渠道丰富，除了个人自愿捐赠，还有"分摊集资"和"抽取提成"两种较为常用的办法。分摊集资即入会者平均摊捐款项；而抽取提成则是根据各入会者收入的多少而定。如清光绪三十二年（1906年），苏州"石业公所建立学堂兼办善举"，其常年用款便是采取抽提的办法，由17家石作坊议定，

---

① 梁其姿：《施善与教化——明清时期的慈善组织》，北京师范大学出版社2013年版。

"每做一千文生意，提出二十文；每工一日，捐钱四文"。此外，明清时期的民间慈善机构已经开始具备一些现代机构管理运营的特征。比如，堂会"延请绅衿好义者董其事"，"每年十二人为会首，每月轮一人，使值一月之事"，类似于现在的轮值董事制度。又比如，设司事一职，"照管一切事物，每月给银六钱"，类似于今天的职业经理人。在资金募集方面，这些堂会既动员地方士绅商人，同时也得到官方盐税的定额补助。在善款运用方面，除了用于慈善之外还会购置房产田产，开展典当信贷业务，收取利息以维持机构的长期运营，类似于现今慈善基金会+信托的运作模式。

"积善之家，必有余庆"，华夏民族流传千年的财富智慧浓缩于这一精神信条。古人深谙做慈善并不停留于散财，而是于无形中广结善缘，稳固并延展整个家族的社会关系网络和社会地位。无独有偶，中国士大夫"穷则独善其身，达则兼济天下"的文化信念，与日本著名实业家、哲学家稻盛和夫的"利他"哲学交相呼应。稻盛和夫在27岁时创办京都陶瓷株式会社（京瓷），52岁时创办第二电信，这两大企业在经营理念与企业文化中都融入了他的经商哲学。稻盛和夫曾在反思人生时指出[①]：人生在世，为欲所迷，为欲所困，这是人的动物本性。如果放任这种本性，人就会无止境地追求财富、地位和名誉，就会沉湎于享乐，这样的人与动物何异？在稻盛和夫看来，为他人尽心尽力的行为，不只是对他人有利，最后福报会回到自己身上，对自己也有利。在他创办的企业根基稳固后，稻盛和夫把年终奖分发到每个员工的手里，然后提议，每个员工自愿拿出奖金的一部分用于社会捐赠，

---

① 参见，龚乐凡：《私人财富管理与传承》，中信出版社2016年版。

公司再拿出相同金额的资金，共同捐赠给过年买不起年糕的穷人。这就是京瓷公司推行各项社会公益活动的开端。稻盛和夫认为，企业的利润来自社会各界的支持和努力，社会给予的财富实际上是社会暂时委托企业保管的财产，在合适的时间应该回馈社会。

## 二、洛克菲勒基金会：以现代慈善圆"中国梦"

"利他"的哲学结合新型财富管理模式对家族企业的影响，在洛克菲勒家族身上得到了很好的体现。150余年来，洛克菲勒家族以造福人类的胸襟，通过建立家族基金会等方式，开创了美国现代慈善管理的运营模式。

1870年，约翰·戴维森·洛克菲勒（John Davison Rockefeller）创立标准石油公司，是这个家族财富传奇的开端。到1910年，其名下的财富已达到数亿美元。从那时起，世界上第一个亿万富翁洛克菲勒开始思考如何运用这笔巨额财富。最终，洛克菲勒提出"像商业一样经营管理慈善"的理念，并开始带领家族从零散式的直接捐赠向专业化、机构化的慈善运作方向转变。为此，洛克菲勒聘请了美国浸信会主教弗里德利克·泰勒·盖茨（Frederick Taylor Gates）来帮助自己处理慈善捐赠事务，并为他的慈善事业制定一个更加周全、更加系统的方案，包括对申请资金资助的所有个人和机构进行评估。起初，盖茨和小洛克菲勒（David Rockefeller, Jr）对海量的求助信进行分类和评估，并试图回复每一封来信。但很快，他们发现这是一项不可能完成的任务，并意识到成立一个专门机构的必要性。

除了无法应付多如牛毛的慈善求助，洛克菲勒成立基金会的初衷与其异于常人的使命感和洞见不无关系：洛克菲勒认为自己作为富人，不仅有责任回馈社会，更有义务让捐赠成为助人自助的途径，"授人以渔"而不止于"授人以鱼"。同时，将财富投入到慈善机构的运作中，也是洛克菲勒对财富传承的前瞻性选择。因为如果子孙后代不具备管理巨额财富的能力，那么财富得不到有效的安置，必将成为后代的累赘。

1913年，洛克菲勒基金会应运而生。它是洛克菲勒家族第一个专门管理用于慈善目的资产的机构，以"促进人类一切福祉"为宗旨，致力于在全球范围进行慈善事业。有别于慈善信托，基金会是一种经注册成立的法律实体，而信托是通过签署信托契约建立法律关系的。慈善基金会一方面可以行善，另一方面也可以为家族实现税收筹划的目的。尤其在英美日韩等国家，面临税率极高的遗产税和赠与税的富豪们，可以借基金会的名义避免缴纳巨额税款。美国的遗产税法（Revenue Act）于1916年问世，而早在1913年，当时身价4 000亿美元的洛克菲勒就正式成立了家族慈善基金会①。

基金会成立一年后，洛克菲勒基金会派遣考察团来到中国，对中国的教育、公共卫生、医疗等社会状况做了全面深入的调查。考察团由美国顶尖的医学、教育专家组成。约翰·霍普金斯医学院院长威廉·亨利·韦尔奇（William Henry Welch）同在此行，他在日记中记录了当时中国医学院的物资如何差强人意。三次考察的结果让老洛克菲勒决定对中国的慈善投入集中于医疗。具体如何实施？当时有两个选择：一是"多建医院，服务更多中国人"；二是"在国家首府建一所集教学、临床、科研于一体的高标准医院"。最终，洛克菲勒基金会

---

① 柏高原：《家族慈善基金会——家族的，还是社会的？》，《家族企业》，2018年第9期。

选择了后者，创办了一所既无教派归属又能得到中国官方支持的医学院——北京协和医学院。在当时，这不仅是中国最好的医院，也是世界最好的医院，没有"之一"。1915年6月，洛克菲勒基金会斥巨资购下教会学校协和医学堂和紧邻王府井的豫亲王府。1921年，医院建筑竣工，正式定名为北京协和医学院（Peking Union Medical College）。开幕典礼上，洛克菲勒的儿子小洛克菲勒代表基金会致词，宣读了父亲的贺电，转述了他希望有朝一日将这所医学院交给中国人接管的愿望。

为了给协和医学院培养预科生，洛克菲勒基金会在中国建立了包括燕京大学在内的13所大学。在严苛的入学要求下，最终能够进入协和医学院的是少数人。毕业于此的中国著名泌尿外科专家吴阶平回忆说："1933年我考入燕大医预科，全班共有52名同学，到1936年考协和时，却只有15人被录取。"[1] 从此，在这方玉栏碧瓦圈起来的象牙塔尖，实践了近乎是当时世界上最严苛的医学教育，走出了中国近代医学界的中坚力量。这一时期，协和医学院是洛克菲勒基金会在海外单项拨款数目最大、延续时间最长的慈善援助项目，协和医学院树立了亚洲医学教育和研究的最高标准，尤其影响了日本和印度的高等医学院。

同时期，为了扩大洛克菲勒家族的慈善事业、传承家族慈善文化，洛克菲勒兄弟基金会和洛克菲勒家族基金会相继成立，接下来的一个世纪，洛氏家族又先后建立了10多个基金会，并建立多个信托基金来管理家族成员的资产，为家族慈善的持续发展开源。洛克菲勒家族通过信托基金的模式管理家族资产，从而保证家族财富不断增长并代代相传，同时也使家族信念与价值观能得以传承。洛克菲勒家族慈善的

---

[1] 吴阶平：《用医学生的眼光看协和北京协和医学院》，医学教育网，2012年9月21日，http://www.med66.com/new/201209/pq201209215805.shtml。

成功不仅在于其对当时社会问题的敏锐感知,对社会发展议题的深刻洞察,也在于采取专业、科学、创新的方式运营慈善事业,为慈善事业做出典范。从聘请专职的慈善事业经理人开始,到建立基金会,通过机构化的方式实现资金长效运作,洛克菲勒家族的慈善事业体现出现代慈善管理的核心理念和实践方法。

## 三、宜家基金会:优化家族股权治理的制度创新

以洛克菲勒基金会为代表的家族基金会先驱,凭借智慧和财富为家族财富价值找到了合适的归宿,同时掀起了一场推进现代文明的公益运动。从财富的积累到财富的传承,家族基金会不仅完成了财富向文明提升的转型,而且使家族事业得以传承,为家族财富找到了合适的归宿。家族慈善基金会是人类历史上重要且伟大的制度创新,它不仅使非营利组织的使命与家族企业的经营并行不悖、相互融合,还能够通过集中企业股权使家族企业成为基业长青的管理典范,比如宜家。

1943 年,宜家创始人英格瓦·坎普拉德(Ingvar Kamprad)创立了宜家(IKEA)这一世界上最大的家具集团。1982 年,他设立了全球资产规模最大的慈善基金会,资产总值高达 370 亿美元的"宜家基金会"——通常是指以斯地廷·英格卡基金会(Stichting Ingka Foundation)为核心的基金会群体。宜家基金会目前与 31 个国际性非营利组织合作,是联合国儿童基金会、拯救儿童组织、联合国难民署等国际机构的最大企业捐赠者。

在宜家基金会的运作方式中,通过基金会控股公司稳固对基金会的控制权,继而实现对公司的控制权是关键。在斯地廷·英格卡基金会的五人董事会中,坎普拉德家族占两席,分别是坎普拉德本人和他

的长子彼得·坎普拉德（Peter Kamprad）。根据基金会的运作章程规定，只要有两位董事会成员联合授权，就可以制定及修改章程内容。如此一来，坎普拉德家族不但控制了基金会，也牢牢掌握了基金会内的资金流向和人事安排。宜家集团通过架构基金会，不仅有效地规划了税务，同时也实现了家族与基金会的共同执政。这一安排与公司治理中通过设立公司章程来实现对公司的实际控制权一脉相承。

由此可见，家族基金会持股可以集中家族企业的股权。如果家族企业采取家族成员个人持股的方式，不可避免地会因为家族成员个人的债务、婚变等风险因素稀释家族企业的股权。而基金会在大陆法系下被归为财团法人，通常被称为"孤儿结构"，即基金会创始人创立基金会或向基金会捐赠财产以后，创始人的经济状况将不再与基金会之间产生法律上的财产联系。在这种安排下，创始人将家族企业股权交由基金会持有，基金会持有的股权将与创始人持股风险相隔离，基金会就好比一个"孤儿"，不会再受创始人及其家族成员个人风险的波及。如此一来，就有效隔离了家族企业股权的强制继承、执行、婚变分割等风险。

除了集中企业股权，家族基金会作为财富传承的载体，具有区别于家族信托的独特优势。

首先，与家族信托相比，家族基金会具有独立的法律主体资格，可以永续存在。家族信托只是一种管理家族财产的制度设计，不具有独立的法人资格，其实质是信托受托人名下的资产或事务管理计划。反永续存在是信托法的基本原则，到了一定的存续时间，信托资产要么被分配，要么被放置到另外一个信托中。但家族基金会是具有独立法律主体资格的法人，只要保持注册状态就可以一直存在下去，且具有基金会章程所赋予的民事权利和行为能力。

其次，基金会能够保证组织"初心"不变。在信托关系中，受益人的利益毫无疑问是最重要的。但信托中的受托人却是相对独立的第三方，换句话说，即使委托人提供"意愿书"等形式的文件来确保他的意愿能够被受托人执行，受托人也没有完全执行委托人指令的义务。而在基金会模式下，创始人的意愿在基金会章程中有详细的阐述，而多数情况下创始人也是基金会的理事会成员，这就保证了创始人的意愿得以被清楚地理解和执行。通过基金会章程、家族企业章程及捐赠协议等的制度设计约束基金会，可以使家族企业能够坚持家族所确立的经营战略，不受制于外部因素，避免家族企业被并购。

在家族财富传承方面，基金会制度可以发挥独特的作用，同样也因为其承载的精神纽带作用。家族基金会最可靠之处，是后人会把家族的荣誉和精神遗产、把继承先人的光荣与梦想，视为超越个体的使命。参与家族慈善的过程，能够帮助家族成员树立共同的价值观。家族企业的收益归于基金会所有，由基金会从事公益慈善事业，而家族成员共同参与家族的公益事业。因此基金会既是家族成员的情感纽带，也能在一定程度上实现对家族成员的教化功能。要打破"富不过三代"的魔咒，家族需要的不仅仅是一套严谨的治理体系，家族成员也需要遵循共同的价值观和经营理念，而慈善基金会就是家族成员践行价值观的载体。长期致力于慈善的家族企业可以经代形成乐于奉献和分担责任的财富观和价值观，这种独特的精神遗产可以避免出现因成员争产而导致的资本受损的后果，有利于家族财富的传承。就坎普拉德家族而言，从英格瓦·坎普拉德带领儿子建立慈善基金会制度开始，践行公益已经有几十年的历史，关注弱势群体、承担社会责任、形成低调节俭的家风已经深入几代人的观念，由此也会形成鲜明的家族和企业的荣誉感。在这种背景下，家族和企业发生争产纠纷的可能性比较小。瑞银集团曾对亚洲 200 多个从事慈善公益的家族进行调查[①]，其中一个问题是：什么样的动力让你的家族决定做慈善，想要回馈社会，想要帮助有需要的人？有一半以上的家族给出的回答是："希望通过家族慈善建立一个长远的家族传承机制。这种传承不只是财富的传承，也是家族价值观的传承。"

因此，无论是提升家族凝聚力、挖掘家族成员潜力、融洽家族成员之间的关系，还是对社会资源的开发和利用，家族慈善基金会都能起到举足轻重的作用。概括来说，基金会主要有以下四个方面的特殊价值：

其一，为家族企业长远发展稳固根基。以洛克菲勒家族为例，洛克菲勒基金会致力于美国乃至世界各国的教育与医疗进步，帮助中国建立了协和医学院，从而也为其扩展中国市场铺开了道路。通过创立家族基金会，家族成员世代投身慈善事业，慈善家风得以传承，最终使得家族财富传承的根基不断得到巩固。

其二，提炼共同价值观提升企业声誉。通过实践家族公益事业，家族可以获得家族荣誉和使命感，从中提炼价值观。在共同的价值观凝聚下，家族成员得以追求超越个人生命跨度的长远目标。因而，明确基金会的目标和价值，理解家族追求跨代际长远理想对于家族慈善的实践意义深远。与此同时，家族通过基金会充分发挥其社会价值，构建家族公益体系，一定程度上能够提升家族企业的美誉度和社会影响力。

其三，实现家族教化与家族价值观传承。让家族成员参与家族基

---

[①] 参见，芮萌，尹文强：《慈善的重量不是钱的多少　家族慈善另有深意》，一财号，2021 年 5 月 20 日，https://www.yicai.com/news/101056746.html。

金会的运作,是把家族价值观传给下一代的有效途径。在现代西方国家的主流价值观念中,慈善是社会期望财富人士和家族主导的一种行为习惯。在他们看来,亿万富翁家庭的孩子出生时,嘴里含的"金汤匙",也可能是孩子长大后插在其后背的"金匕首"。而慈善在财富家族的后代教育方面发挥着至关重要的作用。家族慈善成为家族后代与创业一辈的联结媒介,能够让家族的后代成员共享同一个家族故事,实践同一个家族信仰。

其四,利于家族财富的有序传承。对于高净值和超高净值家族的财富传承来说,家族慈善基金会能够改变家族成员对于巨额家族财富分配的预期。创业一代设立基金会的这种安排会让二代意识到,家族的财富并不顺理成章地留给自己,二代应该开创自己的事业,或为家族事业添砖加瓦,才有继承家族财富的资格。同时,这种安排也为家族后代留下一个心理预期:每一个成员都应该为自己的生活方式和经济状况负责,而不应指望家族财富的分配。许多创一代普遍认为,家族后代成员通过参与家族慈善事业使其获得锻炼,比将财富直接交接给他们,对后代和家族发展有更大的好处。因此,家族基金会能够在一定程度上解决当今层出不穷的"金钱惯坏下一代"的问题。以亚洲地产大亨李嘉诚为例,被他称为"第三个儿子"的家族慈善基金会,将分得与他两个儿子同等份额的遗产,慈善被提升到关系整个家族发展的重要地位。

## 四、盖茨基金会:以双重结构"投资"慈善

比尔·盖茨夫妇于 1997 年建立了比尔和梅琳达·盖茨基金会(简称盖茨基金会)。据媒体报道,成立至今,比尔和梅琳达·盖茨基金

会是目前世界上最大的公开运营的私人基金会。基金会的目标是帮助广大发展中国家改善人们的健康状况，使他们有机会摆脱饥饿和极端贫困。2006年6月，同为亿万富翁的沃伦·巴菲特以合伙人的身份加入其中，承诺将440亿美元股票中的85%投入盖茨基金会。自盖茨基金会成立以来，截至2019年第四季度，基金会共接受1 602笔赠款，总额达到548亿美元，其中基金会信托的基金规模为498亿美元。

据业内人士分析，盖茨基金会成功经营的主要原因在于其运作模式，这也是精明的巴菲特选择它作为捐赠对象的重要原因之一。据美国罗格斯大学华民研究中心主任黄建忠介绍，就在巴菲特向盖茨基金会捐助的当年早些时候，盖茨基金会正式转变成双重的实体结构，把原来的基金会分成两个独立的实体，一个是盖茨基金会，一个是比尔和梅琳达·盖茨信托基金（Bill & Melinda Gates Foundation Trust）。这是典型的"基金会 + 慈善信托"的模式，以"投资"的眼光来看待慈善事业，通过合理投资获得高额回报，将部分收益投入慈善，剩余的收益和本金继续投资[①]。在投资—慈善的循环体系下，慈善信托的雪球越滚越大，基金会的长久运作得以保障。这种模式在我国王永庆家族、邵逸夫家族的财富传承中都能看到踪影。

为什么需要两个实体来运作呢？这就涉及美国慈善事业背后由来已久的制度设计和社会文化心理，尤其是美国遗产税等相关社会管理机制。长久以来，美国民众希望富人能够取之于社会，用之于社会；作为富人的子孙，不能当之无愧地接受财富，否则久而久之，社会整

---

① 屈丽丽：《比尔·盖茨的"基金会 + 慈善信托"模式》，《家族企业》，2016年第1期。

体就会产生惰性，失去活力。资中筠先生在《财富的归宿——美国现代公益基金会述评》中这样描述："这（作者按：富人回馈社会）是一种义务，而不是恩赐。"[1] 为此，美国国家系统每年都会做一次深入的社会调查，根据每个职业的平均收入及其名誉地位等维度计算出一个分数，由此对各个行业进行排名，联邦大法官通常是第一位，总统是第二位，顺序向下可能是国务卿、企业家、娱乐明星等。每隔数年，将这些调查结果进行对比，如果有较大的变动，比如议员或者农民的儿子都有可能去竞选总统或州长，他们就认为美国社会保持了一定程度的活力，否则就要制定政策促成这种变动的发生，保证社会的上升通道。遗产税就是基于这种考虑产生的政策之一。针对像比尔·盖茨这样的超高净值人士，其遗产税可能高达财富总值的50%。因此，美国高净值人士和家族往往通过建立基金会和家族信托，达到合法规避巨额遗产税的目的。

在美国，针对慈善基金会和慈善信托的法律是两套不同的制度安排。在基金会的法律框架下，捐赠者可以享受税收减免的优惠。根据美国国家税务局的信息，盖茨基金会由于是非营利性质的慈善机构，可以享受联邦所得税（税率为15%～39%）豁免以及州所得税、地方所得税（税率约为12%）豁免的待遇。但同时，美国对慈善捐助也有很多硬性规定，比如必须向特定的组织（如非营利组织）捐赠资金，每年捐赠的财产额度也有硬性规定，财产一旦捐出就与捐赠者脱钩，即便可以作为被捐赠对象的管理者出现，但其所能行使的也仅仅是管理权或监督权等。相比之下，慈善信托的自由度更大，捐赠者作为委托

---

[1] 资中筠：《财富的归宿——美国现代公益基金会述评》，上海人民出版社2006年版。

人可以把财产捐给受托人，以受托人的名义来打理财产。但是，委托人将保留监督的权利，同时做自主安排的空间更大，比如，可以拿一部分来做慈善，而另一部分来做私益安排。

除了运用不同的法律工具和架构，不同财富规模的家族还可以采取不同的组织方式进行慈善活动。通常来说，如果家族的资产超过200万美元，可以建立专职慈善事业的组织或者机构，典型的比如洛克菲勒基金会。这一组织或机构的形式可以因家族而异，但至少应该允许所有家族成员参与到决策制定和执行中。如果家族资产少于200万美元，家族可以自行举办慈善活动，比如通过建立一个"捐赠人指导型基金"的慈善机构，就不需要承担正式机构的管理成本。该基金可以允许每一个捐赠者决定捐赠资金将如何被用于怎样的慈善目标，从而使家族可以灵活地实现其慈善的意愿和目标。

慈善基金主要有私人基金会和捐赠人指导型基金两种形式，通常这类组织会充当慈善机构的资金提供方。对那些想长期从事慈善的家族来说，私人基金会是一个比较理想的方案，因为私人基金会的模式允许捐赠者在做出捐赠后仍然继续参与到慈善决策中。从规划的角度来看，私人基金会本身并不具有价值，因为它的资金并非直接用于最终的慈善目的，但是它为发展一种长期策略提供了充足的时间和可期待性。因此，对于那些希望实现多种慈善目标的捐赠者来说，私人基金会的模式似乎更合适，因为它避免了将资金直接用于慈善支出，并使捐赠方有时间考虑如何分配并使用慈善基金。相较而言，捐赠人指导型基金（Donor-advised Funds）赋予捐赠者的管理权限要小得多。捐赠者有权向基金管理者提供建议，但对于基金实体并没有控制权。捐赠人指导型基金的优势在于具备私人基金会的所有优势，同时能够节省基金会的法律成本及管理负担。以美国为例，捐赠人指导型基金的门槛只有1万美元,却可以实现长期、指导性的慈善行为。因此在实际操作中,有些捐赠人会考虑与私人基金会合作使用捐赠人指导型基金。

## 五、仓廪实而举善义:中国家族基金会实践

在欧美一些慈善体系发展较成熟的国家,以洛克菲勒家族、卡耐基家族、宜家家族等为首的一大批企业家创立的基金会,开启了现代社会慈善事业。在这些国家,公益慈善活动多是个体行为主导,私人进行机构化捐助往往先行于政府。但在我国情况恰恰相反,慈善领域最开始由政府主导,比如建立中国扶贫基金会、红十字基金会等慈善组织。2008年汶川地震发生后,在政府引导救助的同时,大批个人及社会组织也积极参与其中,我国的社会公益力量逐渐凸显。

伴随我国经济转型增长,一方面,政府推进"简政放权"的方针,逐步转变政府职能,大力支持个体、民营企业和社会非营利组织参与公益事业;另一方面,接受"修齐治平"儒家思想熏陶成长起来的中国企业家,在企业达到一定规模时,胸怀家国、关注民生是企业家阶层的必然选择。随着我国超高净值群体不断壮大,"还富于民"的慈善理念日益兴起。2014年1月,民政部和全国工商联发布《关于鼓励支持民营企业积极投身公益慈善事业的意见》;同年12月,国务院颁布《关于促进慈善事业健康发展的指导意见》,进一步推动社会慈善工作的开展。2016年,中国《慈善法》问世并于2016年9月1日开始实施。这是我国第一部规范慈善活动的基础性法律,重新构建、明确了我国的现代慈善架构及文化体系。此后,我国陆续出台了十几部与《慈善法》配套的指导性和规范性文件,逐步明确慈善组织的认定、运

营、监管等细则。在《慈善法》的框架下，民政部门和地方政府也颁布多项规定，进一步优化慈善事业的落地环境。自此，我国慈善事业进入蓬勃发展期。

家族基金会在慈善领域的贡献不可小觑。在我国，虽然家族基金会尚未成为公益慈善的主要捐赠模式，但是近年来已有多家企业纷纷将巨额的家族财富投入慈善公益领域。在大中华地区，先后有香港的李嘉诚基金会、台湾前首富王永庆设立的长庚医院（慈善基金会）、福耀玻璃创始人曹德旺的河仁慈善基金会、蒙牛创始人牛根生的老牛基金会等。此前万达集团创始人王健林、百度公司创始人李彦宏等也在不同场合表示计划建立家族基金会。胡润报告称，李嘉诚基金会的捐赠已经超过 150 亿港元，主要支持教育及医疗公益项目；其中 87% 用于大中华地区，50 多亿港元捐助其家乡建立汕头大学，还捐资创办了长江商学院。曹德旺将其公司福耀玻璃的部分股份捐赠给河仁慈善基金会，捐赠时总市值超过 30 亿元人民币。2017 年，美的集团创始人何享健也宣布，计划将家族控制的上市公司美的集团市值逾 40 亿元的股份用于设立慈善信托。可以预见，未来会有越来越多的中国企业家，通过家族基金会的方式投入公益慈善、回馈社会。

根据国务院于 2004 年颁发的《基金会管理条例》第 2 条，在我国，基金会是指"利用自然人、法人或者其他组织捐赠的财产，以从事公益事业为目的，按照该条例的规定成立的非营利性法人"。目前我国基金会分为两种：可以面向公众募捐的基金会（公募基金会）和不得面向公众募捐的基金会（非公募基金会）。就后者而言，不得不提到曹德旺和他的河仁慈善基金会。这是我国第一家经由国务院批准、以金融资产（上市公司股票）创办的全国性非公募基金会。该基金会由曹德旺以他父亲曹河仁的名字命名，为此曹德旺捐出其家族所持福耀玻璃集团的3亿股股权，总价值约为35亿元人民币。因此，河仁慈善基金会也可以被称为曹氏家族的私人慈善基金会。值得一提的是，河仁慈善基金会是以国务院侨务办公室为主管单位的涉侨基金会。在成立之前，曹德旺想通过捐赠股票成立基金会以支持社会公益慈善事业的想法，但这面临诸多当时体制设计及法律工具上的不便。为了促成这一创新之举，国务院侨务办公室做了大量的协调和推动工作，股捐形式得到了多位国家领导人的关注和支持，最终促成了河仁慈善基金会成立。该基金会的落地，在资金注入方式、运作模式和管理体系等方面均开创了中国基金会的先河。

从公开的资料及其管理章程的条例来看，河仁慈善基金会的设立和运作流程，是先捐出200万元人民币的货币资金，成立基金会，之后经过多方沟通协商，完成价值约35亿元人民币的上市公司股份捐赠。所有捐赠财产的所有权与曹氏家族分离，属于基金会所有。河仁慈善基金会成立后，持有上市公司福耀玻璃近15%的股份。上市公司的另一大股东是曹德旺控制的香港三益发展有限公司，持股近20%。站在公司治理的角度，家族企业以上市公司股份设立家族基金会，如果想要继续保持对上市公司的控制，家族该怎么做呢？这就需要通过基金会章程等协议进行制度设计。同时，家族成员通过担任基金会理事会成员，可以参加股东大会行使表决权，从而在一定程度上保证基金会按照创始人家族的意愿运营。

除河仁慈善基金会之外，中国另一比较知名的私人基金会是蒙牛创始人、前董事长牛根生设立的老牛基金会[①]。该基金会于2004年年底

---

① 薛京：《老牛基金会的治理章法》，《家族企业》，2015年第7期。

在内蒙古自治区民政厅登记成立，性质为从事社会公益慈善活动的非公募家族基金会。除了小部分股息用于本人和家庭生活外，牛根生家族宣布将其所持有的蒙牛乳业股份及其大部分收益捐赠给了老牛基金会，他本人也因"裸捐"股份被誉为"全球捐股第一人"。这里值得关注的是，牛根生及其家人所持蒙牛股份有境内和境外两部分。受限于当时国内家族基金会所遇到的障碍，蒙牛集团的境内股权能够直接转让到老牛基金会，而境外的股权则进行了一定的制度设计。2010年，牛根生在香港宣布将蒙牛集团其所持境外股份，以设立公益信托的目的转让给瑞士信贷信托公司旗下的信托，价值近54亿港元。该信托为不可撤销信托，信托受益人除老牛基金会之外，还有中国红十字会等数家公益慈善组织。牛根生及其家人作为该信托唯一的受益人，有权获得其所捐出蒙牛股份约1/3的股息。至此，牛根生完成了承诺的股权捐赠。之所以安排在境外设立此类信托，一是避免将境外资产捐给境内慈善机构所涉及的税收等法律程序；二是在境外设立的公益信托允许捐赠人获得一定比例的信托收益，以维持自身和家族的生活。

当然，在中国现行法律制度体系下，家族基金会的功能和作用还相对有限。尤其站在家族财富传承的角度，设立家族基金会也面临一些障碍。从税务角度来看，对于受赠人来说，根据目前我国所得税法的相关规定，接受捐赠的一方要就其受赠所得缴纳所得税。以曹德旺的河仁慈善基金会来说，从其官方网站上公布的组织章程中可以发现，基金会接受曹德旺家族捐赠的股票，"在过户手续完成后，由基金会缴纳"所得税。

除了税务负担，摆在中国家族基金会面前的另一大难题就是功能限制。根据现行《基金会管理条例》的规定，中国家族基金会只能以公益为唯一目的。2012年，民政部出台《关于规范基金会行为的若干规定（试行）》，进一步规范基金会接受和使用捐赠的行为规范，其中明确规定："基金会接受捐赠应当确保公益性。附加对捐赠人构成利益回报条件的赠与和不符合公益性目的的赠与，不应确认为公益捐赠，不得开具捐赠票据"；"基金会不得资助以营利为目的开展的活动。"基于上述限制，目前我国实践中的家族基金会，尚未出现以公益为主要目的、兼顾家族财富传承等部分私益目的的基金会，也没有出现像西方某些私人家族基金会纯粹以私益为目的的基金会。有鉴于家族财富传承及管理这一主题在西方慈善发展历史上的重要推进作用，随着中国特色社会主义市场经济进一步发展，家族财富管理在本土家族的经营理念中将具有举足轻重的地位。《民营企业家公益慈善实践与思想认识研究报告》指出[①]，民营企业的捐赠动机、行为方式与企业所处生命周期、企业发展水平密切相关。处于发展期的企业经济动机更强，处于成熟期的企业道德动机更强。由此看来，成熟期企业的社会责任感更强，能够更为主动地开展慈善活动。蒙牛集团创始人牛根生、福耀玻璃集团创始人曹德旺、美的集团创始人何享健等人均是在企业实现了持续平稳的发展后，开始大力开展慈善事业，为社会发展与进步贡献力量。

　　该报告同时指出，企业家做慈善更加重视长远发展，家族企业实践公益慈善的方式在近些年不断深化，参与方式更加多样。民营企业的组织形态包括成立基金会和公益信托，捐赠方式包括资金、股票、技术等。随着企业家精神在慈善领域延伸，他们开始强调把商业经营理念和方式运用到慈善中，既要确保效益和可持续性，又要兼顾家族

---

① 《〈民营企业家公益慈善实践与思想认识研究报告〉发布会在京举行》，搜狐网，2018年4月27日，http://www.sohu.com/a/229682823_114731。

财富传承和价值观传承。2014年，中国银监会发布《中国银监会办公厅关于信托公司风险监管的指导意见》，首次明确提出"探索家族财富管理，为客户量身定制资产管理方案"。这是近年来我国金融业主管政府部门首次在法律规范中使用"家族财富管理"这一概念。预计未来，随着政府鼓励超高净值人士更多参与慈善事业，围绕慈善基金会的税收政策、管理规范等会不断得到完善调整。尤其就税收制度而言，会对企业家参与公益慈善活动产生重要影响。我国的慈善税收优惠政策正日趋完善，形成了有助于推动公益慈善的税收政策。比如企业所得税法和个人所得税法，均明确对企业和个人的公益慈善捐赠予以税前扣除。但是，慈善信托相关的税收优惠政策暂时仍未出台。我国政府需要立足社会慈善体系的长远发展，适当调整部分制度设计，给予慈善机构更多合理发挥的空间。

家族基金会的宗旨是实现家族财富向社会财富的转移，在促进社会财富再分配的同时，也有利于促进社会的创新。与公募慈善基金相比，家族基金会可以承担更高的风险，可以更高效地资助创新研究领域；同时通过"影响力投资"，调动企业家的人脉及圈层影响力，撬动更多社会资本和资源参与扶持创新事业。与此同时，家族基金会作为承载家族公益慈善使命的组织，需要受到相关法律法规的监管。近年来，随着我国监管法律规范的完善和互联网的发展，对包括家族基金会在内的私人公益组织的监督力度逐步增强。如何将基金会的"人治"升级为"法治"，将基金会的家族性和社会性相融合，对基金会本身的发展而言无疑至关重要。

而实现这些目标的基础，是政府配套健全的制度规范设计。在此基础上，基金会确立明晰的宗旨和章程、践行合理的治理结构，将回馈社会与传承家族价值观的理念世代相传。

## 第二节　解围家族遗产的继承困局

已耄耋之年的默多克退休在即，庞大的家业和遗产将如何被继承，仍将画上一个大大的问号。纵观富豪家庭的财产继承群像，所谓的"家族"在一种分崩离析的离心力和血缘纽带的聚合力之间不断拉扯，直到遗产划分将日积月累的矛盾推向爆发的边缘。如果没有及时有效的调节机制，人和家庭往往在财富和权力的角逐中迷失，财富继承的故事便只能以遗憾告终。

近几十年中国社会经济飞速发展，高净值群体及其资产规模与日俱增，财产种类不断增多，财产形式不再局限于传统的不动产和存款，股票、债券、虚拟资产、知识产权以及各种形态的其他投资权益层出不穷。这些财产和权益夹杂着家族关系及其他客观因素，给家族财富管理带来更多挑战，继而对财富的有序传承也提出了更为迫切的要求。尤其在财富持有人离世后，如何对财产进行合理分配以保证家庭和睦？如何使家族成员获得源源不断的生活保障？如何合理设计代际传承并使家族财富保值增值？这些都是迫在眉睫又极富挑战的问题。相比家族信托和保险这两个近些年被充分宣传的工具，遗嘱是被忽略的一项重要工具。与此同时，遗嘱的存在形态也在发生重大变化，不同形态的遗嘱进一步增加了财产分配和传承的复杂性。如何运用现有法律工具为财富传承保驾护航，很大程度上是决定"家和万事兴"的成败转捩点。

### 一、"上帝之手"未能打点的身后事

近代以来，传统大家族让位小单元家庭转变了人们的家庭观念，

加之私人财富积累、公民法制意识提高等因素，围绕财产分配和代际传承而衍生出的遗产纠纷几乎不可避免。遗产纠纷从表面上看只是财产纠纷，但它对家族的负面影响往往是持久且不可挽回的。如果未能因时而变、因势而变，采取适当的法律工具进行干预和协调，遗产纠纷或将亲友和商业伙伴关系彻底撕裂——比如发生在一代球王迭戈·马拉多纳（Diego Maradona）身后的故事。

2020年11月，曾经绿茵场上的"上帝之手"马拉多纳撒手人寰，没有留下遗嘱，反而留下一连串错综复杂的遗产纠纷[①]。集球王、瘾君子、欠债人多个标签于一身，马拉多纳的一生与平凡无缘。如今似乎还可以加上一个标签：财富规划留白者。在其众多儿女（婚生子女有5个，自称是"他所生"的有6个）剑拔弩张、亲子鉴定诉讼此起彼伏之下，球王的身后事让他的律师头疼不已。马拉多纳先后为阿根廷博卡青年、西班牙巴塞罗那、意大利那不勒斯、西班牙塞维利亚等足球俱乐部效力，其职业生涯收入不菲，年收入远高于贝克汉姆。而在1997年退役后，这位20世纪最伟大的足球运动员开始放飞自我，最终将数亿美元的财产挥霍得只剩下价值约9 000万美元（约合6亿元人民币）的遗产。

马拉多纳的健康问题和财富传承经常成为家族内外争论的焦点。2019年11月，马拉多纳的女儿吉安尼娜在社交媒体上表达了对他健康的担忧，马拉多纳随即在YouTube上公开表示："我不会留下任何东西，我会把所有的财产都捐出去！"这或许只是戏言。根据阿根廷法律，一个人在遗嘱中只能捐赠1/3的财产，其余要留给子女或配偶。由

---

[①] 复旦大学泛海国际金融学院全球家族财富管理研究中心：《上帝收回"两只手"，留下一个家翻宅乱，一个静待花开》，2020年12月8日，https://mp.weixin.qq.com/s/AIiJW941OgHWkGjbySYCBA。

于马拉多纳没有留下具有法律效力的遗嘱，死时也没有配偶，他的子女理论上应该得到全部遗产的平等份额。马拉多纳于2020年11月25日去世。按照当地法律，9天之后，无论是否得到承认，他的法定继承人都可以向法庭提出申请，要求得到属于他的一部分遗产。阿根廷媒体报道称，马拉多纳的三女儿亚娜（Jana）是第一个提出此项要求的人。

由于没有立下遗嘱，马拉多纳的身后事可谓一地鸡毛。球王的代理律师已经启动了清算程序，他的财产分配恐怕将是一场旷日持久的闹剧。从马拉多纳这一反面案例来看，不设遗嘱会给家族财富传承带来明显的不利影响。

首先，便是亲情断绝。任何一起家族遗产纠纷，不仅仅是诉讼当事人之间的纠纷，而且会把家族数代人分成几个对立的阵营。这种对立冲突往往旷日持久，将经代延续的可贵亲情消磨殆尽。

其次，遗产缺位导致家财外露。香港富豪霍英东平生积累了多少财富，即便是其家人也未必都了解。直到他去世5年后，霍英东的两个儿子因为遗产纠纷对簿公堂，外界才得以通过这起诉讼管窥其家产全貌。像霍英东家族这样，由于财富传承安排的缺位而导致族人内斗，往往就把家产投到社会的聚光灯之下。更有甚者，因为遗产纠纷而暴露财富，导致家人遭到绑匪的关注。比如，创立堡狮龙（Bossini）的香港"针织大王"罗定邦的家族，在2007年因为遗产官司导致财富外露，其孙女罗君儿在2015年被绑匪绑架后，家族遭勒索2 800万港元。因遗产纠纷引发的家族内斗和发酵事态，往往远超出当事人的预想和控制。

因此，对于需要传承家业的家族来说，预留遗嘱安排是规避上述隐患的一道缓冲墙。对于更广泛的人群，设立遗嘱是否确有必要？在现实生活中，人们应该如何设立遗嘱？根据我国《继承法》的规定，继承开始时，如果有合法有效的遗嘱，就按遗嘱继承，如果没有，则按法定继承。而法定继承，是由第一顺位的继承人（即父母、配偶、子女）继承；如果没有第一顺位，再由第二顺位继承人继承。那么，如果法定继承的结果和当事人的主观愿望一致，是否就可以不设遗嘱了呢？要回答这个问题，我们需要梳理遗产继承的过程主要涉及哪些环节[①]。

第一个环节，遗产查明。在有遗嘱的情况下，财产通常会列明在遗嘱中，便于当事人核实查明。如果没有遗嘱，继承人就需要自己查明。如前所述，高净值家庭和家族企业的发展通常布局海内外，财富持有类型和载体也繁复多样，更多的财富并非像不动产那样可以追根溯源，诸如权益类资产、大额保单、虚拟货币、知识产权等，如果未能了解内情或追溯不到，对家族的继承者来说就是损失。

第二个环节，遗产估值和分割。在法定继承中，虽然继承人各自有明确的继承份额，但对遗产的准确估值是成功继承的前提。遗嘱中往往包含古玩字画、企业股权、股票代持协议等较难被估值的遗产项目，在这种情况下，分割股权通常被认为是较为公平的方式。紧接着的问题是：企业股权被稀释，那么控制权和经营权归谁呢？如果有一份清晰明确的遗嘱，就能在一定程度上廓清权属边界，避免很多无谓的纠纷。

第三个环节，继承财产的权属变化。在法定继承时，如果继承人已婚，得到的财产属于继承人的夫妻共同财产，那么就意味着继承人的配偶享有一半权益，可以在离婚时带走，也可以在去世后被其第一

---

[①]《企业家应该怎样设立"遗嘱"》，《家族企业》，2018年第4期。

顺位继承人继承。由此可见，婚姻关系的变化会使财产归属发生变化，导致家族财富外流。类似情况越多，家族财富就越容易被稀释。这显然与家族财富传承的永续目标相背离。因此，设立遗嘱时，需要结合家族财富的传承目标，进行综合考虑和规划。

从家族财富管理传承的角度，比较理想的状态是创富一代尽早以传富的明确目标进行长远规划。财富传承好比一场接力马拉松，在起跑时便知道终点在哪里，计划好不绕远路的跑道，定好跑步的节奏，调整好接力棒的传递方式。高净值家庭在设立遗嘱时，需要全面考量家族未来的发展路径，在守富的同时明晰传富的具体步骤，给牵涉其中的家族几代人腾出足够时间提前规划、未雨绸缪。

## 二、运动员可以做裁判员吗

我国虽然涌现了大批高净值家庭、积累了丰厚的财产，但高净值家庭中通过遗嘱进行财富传承安排的比例并不高。而如前文所述，因为没立下遗嘱而导致家族财产纠纷的例子比比皆是。可见对于为何设立遗嘱、遗嘱能达到哪些目的，国内高净值家庭鲜有清晰而全面的认识。

首先，遗嘱的首要功能是清算财产。通过订立遗嘱，可以将生前的财产进行完整的梳理。因遗产缺位而导致家产"失灭"，在不少富豪家庭的遗产争议案中显得尤为突出。2007年，相声表演艺术家侯耀文因病逝世，没有留下遗嘱。这之后一系列纠纷开始发酵。侯耀文长女侯瓒声称父亲有多少遗产自己并不清楚，于2009年将同父异母的妹妹起诉到法院，希望法院查清父亲名下的财产后进行分割。随后，在法院查到侯耀文百余万元存款被侯耀文的生前好友与弟子提取、别墅物品被搬走之后，侯瓒姐妹又作为原告，将后者告上法院，要求被告返还遗产。这场扑朔迷离的遗产纠纷长达3年，才最终以和解收尾。而之所以会有这么多错综曲折的故事情节，根本原因在于侯耀文没有立下遗嘱，从而引发究竟有多少遗产的争端①。

另一个例子发生在台塑集团创始人王永庆身上。2008年，王永庆因心肺衰竭去世，同样没有留下遗嘱。其后4年间，至少发生了6起和遗产有关的诉讼。从公开报道来看，在其没有留下遗嘱的情况下，王永庆在中国台湾地区已公布的遗产总共达570亿元新台币。二房长子王文洋在美国经7个月的搜查，大致还原了父亲王永庆在美国留下的遗产概貌，总值约81亿美元（约合2 648亿元新台币），超过留在台湾遗产的4倍。遗憾的是，由于没有遗嘱，王氏家族的资产究竟有多少、王永庆的真实想法究竟如何等都是无解之谜。这就致使其家族成员只能通过诉讼的方式，才能获悉各个成员实际所控制的遗产究竟有多少，从而维护自己的正当合法权益②。

其次，遗嘱能起到定向传承的作用。在遗嘱中，可以明确将特定的财产传承给特定的主体，在一定程度上从源头避免家族纷争。通常情况下，法定继承的结果很可能是平分遗产。就家族企业而言，平分股权意味着继承人对企业都没有绝对控制权。而在巨大的经济利益面前，如果继承者不止一位，就容易引发对公司管理的分歧，从而导致内部纷争。遗嘱则可以排除这种风险。比如，遗嘱可以将实业部分交给有意愿和能力经营的子女或个人，同时将更多现金交给其他子女，或给未成年子女多一些财产，而给已有事业的子女相对少一些资产等，

①② 相关案例内容参见，龚乐凡：《私人财富管理与传承》，中信出版社2016年版。

根据特定情况合理分配。

没有遗嘱容易酿成传承悲剧，那么有了遗嘱是否就能高枕无忧呢？2013年，在香港商人霍英东逝世7周年的忌日这天，霍家的遗产纠纷案在香港高等法院进行聆讯。霍英东有3房太太、13名子女。或许是担心家族内斗的隐患，早在1978年，55岁的霍英东就立好遗嘱。遗嘱规定，三房配偶及其子女都是遗产受益人，霍英东的妹妹、妹夫以及长房两个儿子被指定为遗嘱执行人。在他死后20年内都不可分配遗产，而是按月支付定额生活费给各人。然而，这看似稳妥的遗嘱安排也未能阻止财产纷争。2011年，长房三子霍震宇以霍英东遗产执行人身份，向香港高等法院起诉二哥霍震寰，告其擅自分配父亲遗产并强迫家族其他成员同意，并私吞遗产至少14亿港元。同时，霍震宇要求撤销霍震寰以及姑姑霍慕勤的遗产执行人身份，改由已退休的法官罗志杰代替。后经与霍家相熟的社会名流介入调停，这起纠纷才暂时和解。

霍家后代争产案的主要原因：一是财产账目不清，二是遗嘱执行人权限分配不当。霍英东指定家族中的4位亲属作为分配遗产的执行人，而其中一位年事已高，一位已经离世，实际的受托人是霍震寰、霍震宇兄弟二人。同为受益人的兄弟二人，既当了"运动员"，又当了"裁判员"，如何能保证处事的客观性和公正性呢？从霍英东家族的案例可见，如果未能考虑潜在的利益冲突，给遗嘱执行人太宽泛的自由裁量权，又没有相应的约束或缓冲机制，一旦矛盾激化，冲突甚至诉讼就不可避免[①]。

---

① 相关案例内容参见，龚乐凡：《私人财富管理与传承》，中信出版社2016年版。

## 三、给裁判员设规则：遗产管理人制度

伴随资产持有的种类和形式日趋多元化，私人财富传承的内容也更为复杂。对于高净值家庭来说，财富继承不是简单的一纸遗书。遗嘱执行管理的缺位是造成家族纠纷和漫长诉讼的根本原因。

其中一个典型的案例，发生在已故亚洲女首富龚如心身上[①]。在这起遗产纠纷中，龚如心的风水师陈振聪与龚如心生前设立的华懋慈善基金之间，就逝者留下的 830 亿港元遗产继承权的争夺一直处于媒体的风口浪尖。后来，陈振聪因妄图伪造龚如心的遗嘱来继承财产而获刑 12 年，落得身败名裂的下场；而根据香港终审法院判定，龚如心生前设立的华懋慈善基金也并非其遗产的继承者。就此，长达 8 年之久的龚如心遗产案才终于落下帷幕。这起未得"善终"的遗产纠纷，究竟为何会发生？最大的问题就在于没有明确的传承计划。单是一纸遗嘱而缺少对遗嘱有效执行的保障，是龚如心遗产安排的失败症结。

因此，在订立遗嘱时，比较稳妥的办法是同时立下合适的遗嘱执行人，以便在当事人亡故后第一时间保护好资产，避免继承风险。在我国现行的《继承法》中，针对日趋繁复的遗产安排尚未出台详尽的管理和规定。在 2020 年之前，我国所有民事遗嘱及遗产事务均依照 1985 年颁布的《继承法》处理。《中华人民共和国民法典》（以下简称《民法典》）于 2021 年 1 月 1 日生效后，资产继承的规则得到完善，其中一项重要修订便是引入遗产管理人的新条文。这一制度创新填补了过去遗产管理方面的立法空白，为我国公民的财产有序传承提供了更

---

[①]《龚如心 830 亿遗产案启示录》，《家族企业》，2015 年第 6 期。

加完善的法律基础[①]。

遗产管理人制度最早发源于英美法系，其建立遗产管理人制度的初衷是妥善处理被继承人的遗产，从而保障遗产继承人、受遗赠人、债权人等相关利害关系人的利益，减少和避免纠纷。遗产管理人，顾名思义就是对遗嘱及相关事宜进行管理、处理和分配的重要角色。我国原《继承法》第16条规定，公民可以指定遗嘱执行人和遗产保管人，但对其范围、指定方式、解除条件、职责等皆未做具体的解释和说明，且遗嘱执行人仅在被继承人立有遗嘱时得以存在。《民法典》继承编新增"遗产管理人制度"，从遗产管理人的产生、职责、法律责任、报酬四个方面，对遗产管理人制度进行了框架性的建设，为遗产管理人制度的广泛适用搭建了基本的法律框架。

我国《民法典》规定，遗产管理人的产生方式，可以由被继承人指定，也可由继承人担任或者经利害关系人申请由法院指定。从《民法典》的法律条文来看，遗产管理人的职责主要包括：

（1）梳理待继承遗产并制作清单，保护遗产的安全；

（2）代表被继承人处理债权和债务；

（3）将被继承人财富按照其意愿或者公平地传承给其继承人；

（4）实现遗产的保值甚至增值；

（5）以及其他可以由遗产管理人履行的职责。遗产管理人有尽职义务，并受到监督，因故意或过失造成遗嘱继承人损害时，要承担民事责任。

---

[①] 柯伍陈律师事务所：《中国遗嘱认证及遗产管理制度变更——引入遗产管理人制度》，2021年3月7日，https://www.lexology.com/library/detail.aspx?g=31444bf0-7408-4c36-9ae7-f32953d22136。

值得一提的是，《民法典》对于"遗产管理人"和"遗嘱执行人"的法律性质及区别并未明确阐述。就业界学者分析，两者在概念上有交集，但不能完全等同，主要区别在于任命方式和职责权限。在合法有效的遗嘱中指定遗嘱执行人时，遗嘱执行人依照被继承人的意愿履行遗产管理的职责。但在法定继承或遗嘱内未指定遗嘱执行人时，则按照法律规定确定遗产管理人，遗产管理人履行遗产管理的职责。事实上，就遗产管理人制度在西方国家的实践经验来看，该制度更多适用于高净值家庭。由于高净值家庭的财产种类繁多，涉及多种法律关系，因此通常由专业人士如律师或第三方机构来充当遗产管理人的角色，秉持专事专办的原则。

遗产管理人制度对家族财富的传承具有重要意义。

首先，减轻继承人的负担。遗产管理人能够更公平地处理被继承人的债务及遗产分配，避免产生遗产纠纷，进而减轻继承人的诉累。如果没有遗产管理人，处理遗产的重任将落在继承人自身，包括查明及核实遗产、保护遗产的价值、处理被继承人的债务等诸多事务。在《民法典》新规下，这些任务将交给遗产管理人实施，并由继承人向后者问责。通过明确遗产管理人的权责和报酬等相关规定，可以督促遗产管理人认真履行职责。这一职权分界有助于遗产继承的有序进行。

其次，保障债权人的利益。由于遗产管理人有责任清偿被继承人的债务，债权人能否受偿便不再取决于继承人是否有能力或意愿来处理被继承人的债务。此外，在一些司法管辖区，债权人在特定情况下能够向遗产管理人问责。即便遗产管理人失职导致被继承人的遗产价值受损，债权人仍然有受偿的保障。

随着中国私人财富的快速增长，对于更有条理的遗产管理的需求也将不断增长。在《民法典》中引入遗产管理人制度，将完善原先在

《继承法》下缺少的制度架构，进一步提升遗产继承的效率，减低继承人与债权人之间产生纠纷的风险。在《民法典》规制下，国内高净值家族通过遗产管理人制度的利好，可以有效减少家族财富在传承中的流失，实现家产的保值增值。

## 四、家族办公室如何做好遗产管理人

我国《民法典》新增的遗产管理人制度，对国内家族办公室来说同样是个好消息。随着中国私人财富市场不断扩围，家族办公室这一新兴行业的发展也进入快车道，开始对接国内高净值人士在财富管理与传承、家族企业顶层设计、税筹规划、二代教育等诸多方面的需求。遗产管理人制度给家族办公室等专业机构为高净值人群做遗产及家事管理打开了一扇门。它明确了家族办公室在高净值家庭的财富跨代传承管理中的法律主体地位，使其能够更好地担任家族财富跨代管理人的角色。从长远来看，该制度扩大了家族办公室的服务领域，为国内家族办公室的业态发展提供了制度保障和创新发力点，有利于发展家族办公室服务的独特性和多样性。

要胜任遗产管理人的角色，家族办公室需要掌握好法律工具，站在客户的立场，在法律的保障下全面提升专业服务能力。《民法典》第1148条规定："遗产管理人应当依法履行职责，因故意或者重大过失造成继承人、受遗赠人、债权人损害的，应当承担民事责任。"该条款明确了继承人和债权人有权依法维护自己权益的权利。同时，也对遗产管理人的管理能力提出了要求。尤其对于复杂的遗产继承案件，如果由缺乏相应管理能力的人来担任遗产管理人，其在履行职责期间如果行为不当，将会被指控甚至需要承担民事责任。如何做好遗产管理人

的服务,关键有以下几个方面的考量:

首先,完善遗嘱信托业务。遗嘱信托(Testamentary Trust)作为委托人去世后生效的信托,能够提供家族财富传承安排、维护家族荣誉、有效避免财产纷争、规避大额遗产税等功能。通常而言,有以下三种情况需要设立遗嘱信托:(1)想要立遗嘱,但不知道如何规划;(2)对传承下去的财富有增长需求;(3)为避免家族内部产生财产纠纷。伴随中国进入老龄化时代,高净值家庭也将面临巨额财富的传承安排,因此,越来越多的人选择将遗嘱信托的设立交由家族办公室执行,此类业务的需求增长曲线上升。家族办公室凭借自身服务的特定属性,相较其他财富机构在设立遗嘱信托方面有着天然的优势。与此同时,执行遗嘱信托对家族办公室的实务执行力和专业性也提出了要求。如何做好遗产分割、遗产保值增值等考验专业水平的管理程序,是家族办公室能否作为可靠遗产管理人的重要考量标准。

其次,提升家族治理职能。成熟的家族办公室不但"管钱",更是"管家",要管理许多非金钱事务,而后者对家族发展的重要性日益突出。无论在香港地区还是内地,创富一代经营家族企业而积累大笔财富,随着家族企业进一步壮大并过渡到第二、第三甚至更多代,就需要协调庞杂的家族成员、家族企业和巨额财富传承之间的平衡,这日益凸显家族治理的重要性。有效的家族治理能够维系庞大家族成员和谐相处,有效解决传承困境,巩固家族资产,保护家族的名声历久不衰。因此,作为家族遗产管理人,家族办公室亟待提升家族治理方面的业务能力,成为家族财富传承的有力工具。如何做好遗产安排,如何帮助家族实现财富传承,如何设立家族治理体系,使得家族基业长青等,是现阶段家族办公室行业发展亟待提升的职能。

再次,优化资产管理能力。近些年,以李嘉诚信托为代表的各类家族信托，以其较高的投资收益开始进入国内高净值人士视野。在遗产管理方面，遗产管理人往往担任管理遗产信托的第三方投资顾问，这就需要过硬的资产配置能力，需要具有更广阔和更长远的视野，了解和熟悉各种大类资产属性和特征，能够根据客户的需求，为客户进行有效的资产配置和管理，从而实现客户资产长期保值、增值和世代传承的目标。

最后，加快布局税务筹划。与遗嘱管理关系十分密切的是遗产税等相关税费。目前我国关于遗产税的法律框架已初步形成，虽然实施细则还在完善中，但是税务筹划可以未雨绸缪。家族办公室可以发挥平台集聚功能，将税务、法律、会计和财务报告等专业性服务打包捆绑，为高净值家庭的财税及其他家事做好规划和管理。

由于遗产管理人在遗产分配中起主导作用，其权利行使的恰当与否，将很大程度影响继承人、债权人及受遗赠人三方的利益，同时，对遗产继承过程的公正性与有效性产生直接影响，因此遗产管理人的工作执行过程应当受到一定程度的后续监督管理，避免遗产管理人的不当行动，维护各方的合法权益。

通常而言，后续监管分为利害关系人自行监管和第三方机构监管两种方式。目前，中国法律对于遗产管理人的后续监管尚未有细化规定，因此，利害关系人的自行监管就尤为重要。业内专家建议，在被继承人通过遗嘱确立遗产管理人的同时，有必要及时寻求法律人士的专业指导，通过与遗产管理人订立协议的方式，就遗产管理人的职责和义务、违约追责方式、报酬获得方式等做出明晰的协议规定。同时，在协议中明确规定对遗产管理人的监督形式。通过协议或合同约定的方式，可在一定程度上确保遗产处理能按遗嘱设立人的意愿执行，弥补目前在该领域法律监管上的空白。

此外，在利害关系人开始继承流程后，也要及时跟进遗产管理人的管理进程。一旦利害关系人发现自己的合法权利受到侵害，应当及时依法维权。在此，不妨参考法国、意大利、日本等国民法典中关于遗产管理人监管制度的设计，在赋予确立遗产管理人接管遗产安排的权限后，继承人等利害关系人有权对遗产管理人的执行提出异议，或在后者履职不当的情况下，向法院提出解任请求。比如，《意大利民法典》规定，继承人、债权人有权要求遗产管理人报告财产账目并指定期限，继承人有权对财产清单及债务清偿方案提出异议，这些法律赋予的权利能够保障遗产分配程序的公正有效。

## 五、遗嘱信托：遗嘱高阶版的应用

从欧美国家的先行经验来看，单纯通过遗嘱分配财产，往往难以与长远复杂的传承目标相匹配。为什么遗嘱已经无法满足（超）高净值人士的部分需要？在司法实践中，围绕遗嘱继承的纠纷，不但影响被继承人真实意愿的实现、致使至亲之间反目成仇，甚至还会导致家族财富大幅缩水。加之继承人如果没有能力妥善管理这笔遗产，导致财富进一步缩水或过早损耗的可能性就更大。

遗嘱固然重要，但由于存在以下短板，因此无法满足财富人群的所有传承目标。

首先，遗嘱执行中无法充分保护隐私。在国内，虽然没有具体的法律条文指引，但执行遗嘱的程序繁复，要求非常严格。在必要情况下，公证处会主动开展调查，查询被继承人的直系及旁系亲属情况，避免法定继承人刻意隐瞒其他可能存在的继承人情况。这样一来，被继承家庭成员的隐私就无法获得保全。尤其对企业家族来说，家庭结构往往较为复杂，如果采用遗嘱的方式安排传承，那么被继承人生前试图隐藏的个人生活都将被曝光。针对隐私暴露的问题，高净值人士需要借助额外的法律工具，比如大额保单和信托。

其次，遗嘱无法覆盖所有资产类型。当今财富家族的资产种类繁多，并且在不断扩展和流动，如果不经常更新遗嘱，新产生的资产很可能成为遗嘱的漏网之鱼。此外，中国不少高净值人士的资产是由他人代持的状态。由于代持资产不能囊括在遗嘱中，通常采用代持协议的模式，由实际持有人和代持人双方签署。假设代持人就代持行为予以否认，代持资产的归属权就存在风险；即便是合法有效的代持协议，在诸如代持人去世等特定情况下，实际持有人将面临追讨带来的不确定性。此外，对于立遗嘱人合法分得但尚未过户或完成分割的财产，也不能加入遗嘱中。

再次，遗嘱不足以解决家族企业经代传承的问题。遗嘱作为财富传承的一种工具，可以最低的成本和风险达到继承权转移的目标，从而避免掌舵人易手给企业带来的动荡。但设立遗嘱解决不了二代培养、家族价值观传承等问题。家族企业传承是一项涉及多个层面的长期工程。仅仅通过遗嘱确定企业的接班人，而没有一个动态的传承规划给予支撑，对于家族和企业都是过于草率的安排。尤其对于企业家来说，订立遗嘱绝不是一劳永逸的事情。随着时间的推演，公司运营需求、资产配置情况、财富构成、管理决策机构都可能发生变化。这就需要企业家不断结合这些变化，以及二代子女自身的发展诉求和意愿，在专业人士的指导下对遗嘱进行及时的调整和更新。

除了资产的传承以外，家族企业更需要领导力的传承，而领导力传承是以长期的业绩为基础的。就拿中国方太集团的案例来说，集团创始人茅理翔所做的"带三年、帮三年、看三年"的交接班安排，就需要长达 9 年的时间跨度[①]。

与此同时，家族企业的所有权掌握在以血缘和亲情为纽带的家族成员手中，家族成员在企业中担任不同的职务，对企业经营有不同程度的管理权限，造成家族成员间极其微妙与错综的关系。当制度和亲情发生冲突时，如何化解矛盾是新一代企业领导人必须掌握的一门学问。因此，针对家族企业的传承，无法简单地借由遗嘱一劳永逸[②]。

最后，遗嘱可能与继承人的个人意愿产生冲突。如果继承人本身不想继承企业，那么一纸遗嘱给其带来的麻烦可能远远大于福祉。守业和创业一样，都需要当事人投入足够的激情和勇气，如果二代不愿意或没有能力接班，那么强加于他们的遗嘱安排对于家族成员和企业都是一种负累。此外，遗嘱无法防范后代继承人挥霍财产。通过遗嘱进行财富继承，意味着每一位继承人将一次性获得大笔财富。在现实中不断重复的故事告诉我们，后代在短时间内将财富挥霍一空的可能性并不低。针对这些问题，传承就不仅要涉及保险、信托等工具的运用，还要考虑企业架构、企业治理及家族治理等整体规划和安排。

综上所述，由于遗嘱的功能局限性，对于高净值人士更具多样化的传承需求而言，单纯依靠遗嘱已经无以为继，需要在其基础上寻找更灵活、更健全的方法和工具，遗嘱信托就是其中之一。所谓遗嘱信托（Testamentary Trust），是指通过立遗嘱这种法律行为设立信托。具体而言，信托委托人（及被继承人）预先以立遗嘱的方式，将自己的合法

---

[①] 龚乐凡：《私人财富管理与传承》，中信出版社 2016 年版。
[②] 李忠义，马建辉：《企业文化》，清华大学出版社 2015 年版。

财产作为信托财产,在遗嘱中明确其去世后将财产转移给受托人。在遗嘱生效时,由受托人按照立遗嘱人的意愿对遗产进行管理,并向立遗嘱人指定的受益人(及继承人)进行分配。信托财产可以包括不动产、现金、股权、债权、商标权等多种类型的资产。可见,遗嘱信托是继承法和信托法两个法域相结合的产物,是继承制度与信托制度的有效衔接。

遗嘱信托并不是新生事物,它在英美法系具有悠久的历史且应用相当普遍。作为一项舶来品,我国遗嘱信托制度的基础是2001年颁布的《信托法》[1]。《信托法》就遗嘱信托做了专门规定,承认了遗嘱信托的合法性。但因为《继承法》和《信托法》之间缺乏关联性规定,实践中也没有专门受理遗嘱信托的机构,加之公众对于遗嘱信托的认识度并不高,所以我国现阶段财富传承领域对遗嘱信托的运用并不活跃。长期以来,有别于传统的遗产继承方式(遗嘱或遗产赠与)被广泛适用的待遇,遗嘱信托被打上小众化或高门槛的标签,成为小部分高净值人士的专属选择。

然而,于2020年5月28日通过的作为我国民事领域基本法的《民法典》,在"遗嘱继承和遗赠"章节特别提及了遗嘱信托制度,其在继承编第1133条第4款明确:"自然人可以依法设立遗嘱信托。"这从法律上为遗嘱信托的设立提供了坚实的后盾,标志着遗嘱信托制度将在我国的民事关系领域发挥功效。遗嘱信托是一种有别于法定继承、遗嘱继承、遗赠继承的遗产继承形式,与《信托法》第8条第1、2款"设立信托,应当采取书面形式。书面形式包括信托合同、遗嘱或者法律、行政法规规定的其他书面文件等"以及第13条第1款"设立遗嘱

---

[1] 甘培忠,马丽艳:《遗嘱信托:民法典视阈下的新思考》,《检察日报》,2020年10月27日,第3版。

信托，应当遵守继承法关于遗嘱的规定"等相呼应。

相较于遗嘱，遗嘱信托可以满足更多差异化传承的需要[①]。

第一，遗嘱信托扩大了对财产的处置权。较遗嘱而言，遗嘱信托能够依据信托规则，将被继承人对财产的自由处分权委托给第三方，由第三方对遗产进行持续管理。由此保障遗嘱人对身后财产处分的真实意愿得以实现。

第二，遗嘱信托能更好保护受益人的权益。受益人可能是未成年人或已成年但不具备完全民事行为能力的人，也可能是有行为能力但缺乏管理财产能力的人。对于前者，此类受益人所得遗产将由其监护人控制，可能发生遗产未能用于受益人或有益于受益人的情况。对于后者，此类受益人一次性获得大量财富之后极易挥霍浪费，这就无法确保受益人获得长期、稳定的收入。通过遗嘱信托，设立合格尽责的受托人，可以使遗产有效地用于受益人的生活与教育，实现立遗嘱人的意愿。因此，遗嘱信托给遗嘱设立了一道屏障。有了受托人进行管理，受益人是否具备管理财产的意愿或能力对于信托不产生任何影响。信托受托人的义务是在遵循遗嘱人意愿的基础上，以受益人的利益最大化为目的管理信托财产。受托人有义务按照信托设定的内容，凭借自身的专业能力管理并处分信托财产，以及保存财产防止他人侵占，从而高效地实现遗嘱人（即信托委托人）的财产传承初衷。

第三，遗嘱信托能更好实现遗产的保值增值。尤其当受益人不具备管理遗产的专业能力时，选定合适的受托人管理运营遗产，能够使

---

[①] 冯慧，吴寒：《家族财富传承方式之介绍——遗嘱信托》，金杜律师事务所争议解决部 China Law Insight，2020 年 7 月 27 日，https://www.lexology.com/library/detail.aspx?g=2ce9fcde-c8df-4a49-86ae-0f2f346c410a。

遗产保值增值。通常而言，受托人是信托机构，相较受益人具备更为丰富的管理经验、更为专业的管理技能。通过发挥其专长，受托人更能够让信托财产不断累积增加，实现家族财富的永续传承。如前所述，可被放入遗产信托的财产形式多样，包括不动产、现金、公司股权、各类收益权、知识产权、收藏品等，都可以作为遗产由继承人享有。无论是何种形式的财产，都涉及如何有效保持财产价值的问题。继承人如果不具备管理相应资产的能力或意愿，势必影响遗产的保值增值。在《信托法》的框架下，受托人受到法定受信义务（Fiduciary Duty）的约束，有责任基于委托人的意愿对信托财产进行合理管理，经过专业人士的托管，信托财产实现保值增值的可能性通常更高，可以为受益人创造更高的收益。

第四，遗嘱信托可以减少遗产引发的家族纠纷。遗嘱信托可以作为遗产继承者分割遗产的合法依据，能在一定程度上避免因争夺遗产而引发的纷争，有利于家庭成员的和睦相处，也有利于家族企业的长治久安。值得一提的是，遗嘱信托与遗嘱赠与不同。我国《民法典》第1124条第2款规定："受遗赠人应当在知道受遗赠后六十日内，作出接受或者放弃受遗赠的表示；到期没有表示的，视为放弃遗赠。"据此，受遗赠人可能因"除斥期间"的存在而无法实现受遗赠权。但如果采取遗嘱信托的方式，则没有"除斥期间"的限制，可以弥补遗产制度中遗赠方式存在的限制。

第五，遗嘱信托能够分阶段实现有序传承。通过设立委托人进行长期遗产管理，可以设定更灵活的分配条件，以保障遗嘱的多重目标可在未来不同阶段得以实现，同时有效避免遗产被挥霍浪费。通常，就单纯遗嘱继承而言，继承人在立遗嘱人去世后会一次性获得遗产，并自由处置其所得遗产。现实中，继承人对遗产的处置可能并非如立遗嘱人所愿。而在遗嘱信托设计下，立遗嘱人不仅可以指定受益人及其继承财产范围，还可以设定在受益人不同人生阶段实现多重目标（比如教育、就业、婚姻、生育）之后，享受相应的财产利益。同时，遗嘱信托赋予受托人适当的信托事务权限，可以明确授予受托人评估和节制受益人挥霍财产的权利。如此一来，既保障了受益人在人生各阶段获得物质资助，又能保障遗产按照立遗嘱人意愿使用。

第六，遗嘱信托可以避免巨额遗产税。我国遗产税开征后，一旦发生继承，可能会产生巨额的遗产税。而设定遗嘱信托，由于信托财产的独立属性，就存在合法规避遗产税的可能。

综上可知，遗嘱信托可以结合遗嘱和信托的功能，对财富传承而言可以说是一种遗嘱高阶版的有力工具。遗嘱信托被纳入《民法典》，为设立遗嘱提供了一个更加多元的进阶版选择。随着我国相关法律细则和监管政策的出台，遗嘱信托制度也会日趋完善。

值得注意的是，设立遗嘱信托需要同时满足遗嘱和信托的合法性要件。依据《信托法》第13条对遗嘱信托所做的专门规定，设立遗嘱信托应当遵守继承法中关于遗嘱的规定。由此可知，一份合法有效的遗嘱信托，应当既是一份合法有效的遗嘱，又是一份合法有效的信托文件。结合《信托法》和《继承法》的相关规定，从遗嘱的角度来说，设立遗嘱信托的立遗嘱人，应当是具有完全民事行为能力的自然人。遗嘱信托所体现的必须是立遗嘱人的真实意愿；从信托的角度来说，遗嘱信托应当具备合法的信托目的，应尽可能在遗嘱中准确描述设立遗嘱信托的意愿。同时，遗嘱信托还应当明确列出信托财产（即遗产），并且该财产必须是立遗嘱人合法所有的财产。以非法财产（如枪支、毒品或贪污赃款等）设立遗嘱信托，是无效的。此外，遗嘱信托应当有明确的受益人或受益人范围，并且立遗嘱人应当在遗嘱中写明受益人或受益人的确定规则。

虽然我国《信托法》第8条以信托文件存在形式的规定，认可了遗嘱信托的合法性，但无论是《信托法》还是《继承法》，都没有对遗嘱信托的具体执行进行制度化的规定，也没有针对遗嘱信托执行设立专门的监督机构。在美国等司法区域，遗嘱信托仍属于遗嘱，需要经过遗嘱认证法庭的检认，并受持续监督。为确保信托按照遗嘱的内容得以执行，信托财产得到妥善的管理和分配，遗嘱认证法庭对信托执行的监督将持续至信托终止。因此，受托人不仅需要定期或根据受益人的要求，向受益人披露相关信息，还需要向遗嘱认证法庭提交相应的财务报告及会计账目。在这种制度安排下，受托人倾向于主动接受司法审查，以便规避被信托受益人起诉违反受信义务的风险。值得注意的是，这种监督流程也意味着监管成本的提高，信托期限也更长，当事人需要向法庭支付的费用也更高。

此外，遗嘱信托的设立也存在一定风险。在监管机构暂时缺位的情况下，委托人的意愿能否得到落实，很大程度上取决于受托人能否履行自己的职责。我国《信托法》第13条规定："设立遗嘱信托，应当遵守继承法关于遗嘱的规定。遗嘱指定的人拒绝或者无能力担任受托人的，由受益人另行选任受托人；受益人为无民事行为能力人或者限制民事行为能力人的，依法由其监护人代行选任。遗嘱对选任受托人另有规定的，从其规定。"在委托人（即被继承人）已经离世的情况下，受托人是否切实按委托人的意愿履行其义务，很大程度上取决于受益人对自身权利的维护。如果受益人是未成年人、无民事行为能力人或者限制民事行为能力人，则其权利的维护很大程度上依赖其监护人。在受益人自身处于弱势，或受益人的监护人与受托人意志发生冲突的情况下，遗嘱信托的执行效果就会存在较大的不确定性。

因而，选定合适的受托人就显得十分关键。从各国家及地区的立法来看，信托受托人的选任主要有两种模式：一种是交由法院委任。以日本为代表，相关利害关系人可申请由法院选定受托人；美国《统一信托法典》(Uniform Trust Code)规定，法院可依职权指定受托人。另一种是由受益人决定，即在满足特定条件时，受益人可以指定受托人。例如，美国《统一信托法典》第704（c）条规定，全体适格受益人如能达成全体一致意见，即可选定受托人，并且优先于法庭指定的受托人："当非慈善信托的受托人职位产生空缺而必须被填补时，填补的顺序应当为：1. 信托文件中指定的受托人继任者；2. 全体适格受益人全体一致同意任命为受托人者；3. 由法庭指定者。"相较而言，我国《信托法》第13条仅规定，遗嘱信托的受托人拒绝或无能力担任时，应由受益人或受益人的监护人选任受托人。显然，这一规定未考虑到受益人有多人且无法达成一致意见等情况。再者，遗嘱信托的设立通常是由于受益人自身没有能力，或委托人希望能够在一定程度上限制受益人对财产的处置，如果将选定受托人的权利完全交给受益人，那么受益人或受益人的监护人很可能倾向于选择能最大程度维护自身利益的相关方，这就与遗嘱信托的初衷相违背，难以实现其价值。因此，在我国法律制度体系下，应当进一步在遗嘱中明确受托人的选任方式，以确保纳入信托的遗产能够按照被继承人的意愿进行分配和使用。

财富传承是一项烦琐而浩大的"一揽子计划"，仅凭单一的工具不足以完全应对传承中出现的各类问题和需求。立足于家族财富的长远传承，最理想的状况是在创富和守富的同时，就以传富的多重目标来进行规划和安排。这就好比一场接力赛跑，在起跑时就知道终点在哪里，才能选择正确的跑道，动态地确定跑步的节奏，调整接力棒的方位和握姿。企业家在设立遗嘱时，如果能够通盘考量家族未来的发展路径、企业的发展目标、企业的交接和传承安排等，不仅能让传富的计划更加清晰，也能间接对二代的培育起到积极影响，让家业传承这艘巨轮远离暗礁丛生的险滩，驶向广阔无边的地平线。

## 第三节　家族企业股权设计与传承之道

中国历史上王朝的兴衰更替，很大程度上可以浓缩为一场中原王朝和草原政权之间漫长的拉锯战，依托于这两个截然相反的政治载体，不断上演股权集中和股权分散的分合流转。如果说中原帝国是一个股权集中的实业集团，那么草原帝国就好比一个股权分散的风投集团。站在集团治理的角度，股权集中有利于集聚社会生产力以巩固、发展基业；有利于产生更持久的凝聚力、群体归属感和责任感；有利于积攒足够的实力挨过较长的经济周期，经代传承帝国遗产。其缺点是，难以形成权力制衡而导致"一股独大"的局面，容易产生大股东的利益侵占问题；股权集中引发监督动力不足，甚至形成内部人控制。股权分散，则有利于破除大股东的权力限制，使领导层决策更加民主；有利于在管理不济时及时更换领导层；资产与投资的流动性更大。而缺点也很明显：股权分散导致决策效率下降；股东内部相互牵制，一旦产生矛盾，容易造成冲突，影响公司的稳定运行；股东短期利益诉求较强，注重短期套现优于集团长远发展。

股权分配在治理层面所体现的某些优点反而会变成缺点，反之亦然。因此，经营帝国的理想方式，或许是结合股权集中和股权分散的各自优势取长补短，采取一种股权混合型的管理模式，在延续集团长治久安的同时，保障集团股东的利益[①]。

作为一种历史悠久、最具普遍意义的企业组织形态，家族企业在

---

① 高华声：《曹操"收购"东吴背后的逻辑——用企业兼并收购新理论解读〈赤壁〉》，《复旦金融评论》，2020年第9期。

世界经济中有着举足轻重的地位。美国学者克林·E.盖尔西克（Kelin E. Gersick）认为，以最保守的估计，家庭企业在全世界企业所占的比例高达65%～80%。全球500强企业中约有40%由家族所有或经营[1]。

家族股权既是家族企业财富的象征，也是平衡家族与企业不同利益的砝码。家族股权实质上是三种权利的合体：决策权、收益权和转让权。股权转让与股权交接是家族企业传承中尤为关键的环节。根据麦肯锡的统计，全球范围内家族企业的平均寿命仅有24年，其中只有30%的企业可以传承到第三代。据《新财富》统计，目前中国的上市公司中家族企业有700多家，仅有60家完成了一代到二代的交接，大多数家族企业在未来5～10年内都将面临接班和传承[2]。股权传承的设计需要兼顾平衡各方利益、有效控制企业、灵活资本、节税等多重目的。而想要实现家族企业的永续经营，股权设计首先要决定企业的最优治理模式。在《关键世代：走出华人家族企业传承之困》一书中，范博宏教授指出，在决定企业的最优治理模式之前，企业应该先回答两个基本问题：一是企业是否应由家族成员继续管理；二是企业是否应由家族继续控股[3]。

## 一、家族股权传承的两个剧本

现代家族企业的发展壮大，对家族企业和家族财富的架构设计和

---

[1] 学士财经：《家族上市企业如何面对野蛮人的恶意收购》，2020年12月29日，https://baijiahao.baidu.com/s?id=1687390613509733211&wfr=spider&for=pc。
[2] 王涛：《破解家族企业传承与治理之谜，符合人性最持久！》，华夏基石e洞察，2020年2月21日，http://www.sohu.com/a/374658573_343725。
[3] 范博宏：《关键世代：走出华人家族企业传承之困》，东方出版社2012年版。

风险管理提出了更高的要求。爱马仕（Hermès）家族和古驰（Gucci）家族上演了家族股权传承的两个截然不同的剧本。爱马仕家族富至六代，至今握有家族企业的多数股份，而古驰家族历代内耗，早已丧失对家族企业的控制权[①]。

## （一）内斗拆家、股权离散的古驰家族

古驰家族的故事开篇和其他家族企业的发轫有诸多相似之处。1899年，古驰奥·古驰（Guccio Gucci）来到英国伦敦，在一家皮具制作公司做学徒。1922年第一次世界大战结束后，古驰奥开始创业，确立"小规模成大事业"的经营方针，把产品的品质和服务打磨成同时代的一流水准，引得无数豪门贵族争相购买。至20世纪70年代，古驰品牌享誉全球。

对奢侈品市场发展极有远见的古驰奥，忽视了家族财富传承的必要性。1953年，古驰奥去世，对于身后家族企业的控制权传递未作任何安排。随着第三代长大成人，控制权的争夺变得更加复杂。大哥奥尔多·古驰（Aldo Gucci）和三弟鲁道夫·古驰（Rodolfo Gucci）都企图通过扶持自己的儿子来控制家族企业。

奥尔多的次子保罗·古驰（Paolo Gucci）与其三叔鲁道夫争夺佛罗伦萨总部的管理权，家族内斗升级，保罗以失败告终。心存不满的保罗在接管美国纽约的古驰门店后，擅自利用家族姓氏推出"保罗·古

---

① 复旦大学泛海国际金融学院全球家族财富管理研究中心：《爱马仕VS古驰：家族传承的两个传奇》，2020年9月25日，https://mp.weixin.qq.com/s/y_uRBK-a-c5ZDCEPcc-4NQ。

驰"品牌。盛怒之下，奥尔多解雇了儿子，并通过法律诉讼阻止"山寨"品牌推出。穷途末路的保罗将奥尔多长年逃税的证据提交给当局，亲手将老父亲送进了监狱。

鲁道夫父子的关系也不是很好。1983年，鲁道夫去世后，其独子莫里吉奥·古驰（Maurizio Gucci）接管了古驰50%的股份并陆续买断奥尔多的股份，将其伯父赶出家族企业后独揽大权。之后5年里，莫里吉奥任命了两位职业经理人运营企业，自己沉迷于声色犬马。1993年，古驰走到破产的边缘。走投无路的莫里吉奥将自己所剩的股份卖给Investcorp，宣告了古驰家族对企业管理权和控制权的终结。

## （二）团结一心、严守股权的爱马仕家族

2020年彭博社发布的年度全球最富有家族排行榜中，爱马仕家族以531亿美元高居第六位[1]。

爱马仕的家族字典里没有"互撕"两个字。这个富过六代的家族故事，要从一个做马鞍的穷小子说起。蒂埃里·爱马仕（Thierry Hermès）出生在德国，继承了祖上制作马具的手艺。1821年，蒂埃里在巴黎开了家马具作坊，挂牌Hermès。经过16年的奋斗，"买马具就到Hermès"成了巴黎上流社会的习惯。而这位企业创始人做得最成功的一件事，大概是培养了阿道夫（Adolphe）和埃米尔·莫里斯（Émile Maurice）两位接班人。在第二、第三代的不懈努力下，爱马仕从马具小作坊变为蜚声海外的商业大亨。

---

[1] 《彭博社全球最富有的25个家族榜单：香奈儿与爱马仕背后的家族分列第五、第六》，搜狐网，2019年8月19日，https://www.sohu.com/a/334892800_487785。

从发家至今近 200 年，爱马仕家族企业遍历风浪，其中影响最大的要数耗时 4 年对抗 LVMH 集团的恶意收购战。2009 年，LVMH 集团绕过了持股超过 5% 必须申报的法律监管要求，并通过与三家投行签署对赌协议，获得了爱马仕 17.1% 的股份，成为除爱马仕家族外的第二大股东。消息一出舆论大哗，因为爱马仕家族虽然持有 70% 的股份，但 200 多位家族成员单人持股不超过 5%，相当于 LVMH 集团已是最大股东。

2010 年 12 月，在 52 名核心家族股东的支持下，爱马仕着手重构企业所有权结构，以此抵御恶意收购，捍卫家族财产。经过多轮沟通，爱马仕家族成员放弃了个人利益，于 2011 年 12 月成立了一家控股公司，将他们手中约 50.2% 股份集合在一起，锁定 20 年内不出售，交由控股公司托管。同时，控股公司保留"优先购买权"，以应对家族成员出售自己股份的情况。之后，家族联手以欺诈等罪名起诉 LVMH。最终，法国证券监管机构金融市场管理局（AMF）以"违反公开披露原则"判处 LVMH 集团支付 800 万欧元的罚款。

爱马仕家族第五任继承人让·路易斯·杜马斯（Jean Louis Dumas）曾说过这样一段话：我们成功的秘诀在于将每份工作都做好。每个人都应为自己的全力以赴而感到骄傲。这种骄傲并不是傲慢，而是谦逊和热情。想到子孙会收获你的劳作时，你会倍感骄傲。

家族企业的股权传承模式通常有两种：其一，亲属模式。即家族企业在代际传承中，将企业的控制权交给后代或其他亲属，由此可以保证家族绝对掌控企业的利益，其弊端是家族成员可能对企业经营和管理毫不精通。其二，职业经理人模式。接手企业的职业经理人可以是企业内部员工，也可以是外部专业人员。这种模式的弊端是，家族成员可能会和职业经理人在企业管理上发生意见不合，并且沿用该模式的最终结果往往是家族丧失对企业的控制权。

爱马仕家族和古驰家族早期均由个人直接持有股份，在这种股权结构下，能像爱马仕家族这样团结一心抵抗大财团的恶意收购，绝非易事，也相当罕见。更多的还是像古驰家族那样最终将企业交付给了财团和职业经理人。难道家族企业的基业长青只能依靠"运气"吗？并非如此。如果家族企业想要在保证股权稳定、基业长青的同时，最大程度保持家族成员的控制权和受益权，还可以考虑引入家族信托这样的顶层持有结构，以降低家族成员的个人风险和外界不确定性对家族企业的影响，从而规避单纯以血缘纽带维系的家族治理架构所隐含的诸多弊端。

## 二、家族二代与职业经理人的"小确幸"

对于家族企业，人们的普遍印象往往与集权管理、效率低下、决策独断、任人唯亲等联系在一起。家族企业股权高度集中是一把双刃剑。一方面，股权集中使股东对公司的控制力明显增强，有助于推动公司管理层与控股股东的利益趋同，代理成本因此得到一定控制。但另一方面，股权高度集中会导致控股股东的话语权一家独大，而包括独立董事、监事、中介机构在内的其他管理层缺乏决策权和独立性，进而引发利益侵占问题。针对该现象，欧洲公司治理的一些研究者提出，欧洲股权集中体系的主要表现形式"绝对控股"本身是低效甚至无效的，因为它滋生了过多利益"掠夺"。股权高度集中的症结在于，它极易引起公司治理层面制衡机制的失灵。因此，业界有相当一部分学者倾向于，让家族集中控股的家族企业向公众企业转变，实行规范化的科学管理规则，并通过吸纳社会资本，解决家族企业发展中遇到的资金瓶颈等问题[1]。

家族式管理和企业规范化管理就会天然形成对立吗？长达160多年历史的德国家族企业科德宝集团（Freudenberg Group），是体现家族集中控股和规范化管理可以完美结合的典范。

1849年，卡尔·约翰·科德宝（Carl Johann Freudenberg）在德国魏因海姆市创办了皮革厂。在企业迅速成长的早起发展阶段，科德宝经历了无数战乱和动荡，1866年的德法战争、1914年的第一次世界大战、1929年开始的全球经济危机、1939年的第二次世界大战，等等，但其家族股份仍然紧紧掌握在科德宝家族手中。这个家族的300多位家族成员遍布全球40多个国家和地区，他们掌控着科德宝集团的监事会，并积极参与制定集团的战略方针。家族成员们一致认为，由外人持股会改变其家族企业的性质。股权的高度集中和管理的相对规范并行不悖，使得科德宝集团历经纷乱和浩劫依然得以长足发展。这让人不禁要问，科德宝集团基业长青的秘密是什么？答案是：引进职业经理人，使家族股权和企业管理齐头并进。

科德宝集团能够走上规范化管理与家族控股融合无间的道路，与企业独特的成长历程分不开。1936年，当科德宝交给第三代家族成员管理时，集团首次签订了合伙人协议，制定规则以确保企业的长期稳定和有序。同时，公司的股权在第二代、第三代家族成员之间是平均分配的，因为前三代对公司的形成和发展有着相对清晰的认识，并且当时的成员也不算太多。这个协议规定，集团将利润的80%留在集团内部，而仅用20%的利润作为管理层工资和合伙人的分红，其

---

[1] 邓辉：《我国上市公司股权集中模式下的股权制衡问题——兼议大小非解禁带来的股权结构转型契机》，《中国法学》，2008年第6期。

中,管理层工资占利润的3%~10%,同时规定公司的自有资本率不得低于40%。

值得一提的是,在增强家族凝聚力方面,科德宝家族用"胡萝卜加大棒"的方式来塑造基于归属感和责任感的家族企业文化。所谓的"胡萝卜",就是合伙人之间的各类互动以促进信息分享、增强联络与感情,诸如年度合伙人大会、合伙人信息交流会、股东训练营等。在这些活动上,不仅有家族中德高望重的老一辈成员参与,同时能看到家族内年轻一代的身影,活动营造自由的氛围,使成员之间可以畅通无阻地交流,加深对家族和企业的认识。而所谓的"大棒",就是规定企业股权既不能任意出售给他人,即便出售价格也要低于市场价值,这是一种变相的惩罚机制,以避免家族成员摊薄家族股权,削弱对企业的控制。

1971年,科德宝企业控制权移交到家族第四代成员的时候,家族成员决定在集团管理委员会和监事会引入职业经理人。这无疑是优化集团治理的一针强心剂。职业经理人连带而来的制度规范,可以有力约束在企业管理层的家族成员。科德宝第三代及以后的家族成员日益庞杂,如果成员缺乏对企业管理的持续投入和支持,人在其位而不谋其政,长此以往就会削弱企业的根基。正如著名企业史学者小阿尔弗雷德·杜邦·钱德勒(Alfred Dupont Chandler Jr.)所提出的,由于大企业的股东,即法律上企业的所有者,往往并不具备参与领导层管理的知识、经验和影响力,随着家族创业一代退居幕后,受过专业训练的职业经理人有着尤为关键的作用,职业经理人管理最终会替代家族世袭管理。科德宝集团主动引进职业经理人,通过家族掌握全部股权,把"决策管理权"委托给拥有专业优势的职业经理人,并以制度规则的形式确立了职业经理人在企业的职责和选任标准,最终促使公司走上规范化管理的道路，使得这家百年老店历经风雨而屹立不倒[1]。

与科德宝家族借力职业经理人将企业纳入规范化管理不谋而合，欧莱雅集团的家族二代与职业经理人之间"分庭抗礼"的默契，是家族企业得以基业长青的"小确幸"。

1957年，欧莱雅集团（L'Oreal）的创始人欧仁·舒莱尔去世。他唯一的女儿莉莉安·贝当古成为舒莱尔家族产业理所当然的继承人。早在决定将全部财产留给莉莉安·贝当古时，舒莱尔就确立了"家族所有、职业管理"的模式，家族成员不参与集团运营和管理，具体事务一律交由职业经理人处理。舒莱尔只把女儿当作遗产继承人写入遗嘱，公司的经营大权则交给了二把手弗朗索瓦·达勒[2]。舒莱尔此前曾在《走向合理经济》一书中这样写道："后辈们总是要继承遗产的，可他们不能继承管理。我再说一遍，将军的儿子不见得一定是将军，不要因为你是老板的儿子就认为自己一定是老板。很多后代继承遗产之后，却不想承担一点风险和责任，用老爷的心态当老板最终将葬送一个企业。"[3]

舒莱尔去世后，作为集团最大的股东和董事会成员，莉莉安·贝当古遵循了父亲的经营理念，在继承欧莱雅集团财产权的同时退居幕后，将集团管理权交由总裁弗朗索瓦·达勒掌管。莉莉安充分授权，尊重管理者的决策并给予支持。事实证明，这是一个非常明智的决策。弗朗索瓦·达勒担任董事会主席之后，表现出一个职业经理人应有的远见和胆识。早年他因开发出全新的肥皂生产线受到赏识。在其掌管

---

[1] 相关案例内容参见，储小平：《科德宝平衡家族控制权的艺术》，《家族企业》，2016年第6期。

[2] 相关案例内容参见，晓晓：《接班人 | "家族所有，职业经营"让欧莱雅富过了三代》，搜狐网，2018年8月3日，https://www.sohu.com/a/244938446_329832。

[3] 参见，仲继银：《欧莱雅：百年传承的第三条道路》，《董事会》，2010年第12期。

欧莱雅的 15 年间，集团进行国际化扩张，迎来了飞跃式发展。1963年，达勒建议欧莱雅上市，这意味着家族资本中会出现外来的股东。但莉莉安对此并不介意，她采纳了这一建议，以便集团扩大融资渠道。时至今日，欧莱雅集团历经四任职业经理人，逐渐成为全球数一数二的化妆品帝国。历经一个多世纪、四代传承人，欧莱雅集团却始终只有一个大股东——贝当古家族。

所有权、受益权与经营权、管理权的分离，是家族企业通向基业长青的"必要配置"。但正如巫宁宇律师指出[①]，欧莱雅家族中家族资产的持有架构部分还可以进一步优化：考虑采用家族基金会或者家族信托的方式，代替个人直接持有资产，能进一步保障家族资产安全，避免家族纷争。以欧莱雅家族二代与三代之间的法律纠纷为例：如果资产已放入家族信托，则出现因家族成员丧失民事行为能力而受他人教唆错误处置资产的概率将会小很多。一方面，资产在信托或基金会名下而非个人名下，受托人或者基金会的理事会将把好第一道关，避免任一家族成员直接肆意处置资产；另一方面，虽然可能有家族成员在家族信托或家族基金会中担任保护人或者理事会成员，享有发出指令处置资产的权力，但一般信托契约或基金会章程中都会规定，如果他们出现丧失民事行为能力的情况，该成员将自动卸任，不再行使相关职权，从而避免做出错误处置家族资产的决定。

## 三、硬币的两面：股权传承与家族治理

家族成员如何持有企业股权，是家族财富传承必须面对的挑战。

---

[①] 相关内容来自巫宁宇律师为复旦大学泛海国际金融学院官方微信公众号财富专栏文章做法律校对时提供的评注，未成文发布。

家族企业的股权结构与家族企业治理是一体两面的。家族股权设计目的无外乎控制、激励、制衡和创造公平感。在家族股权集中时，家族成员的公平感就会下降；股权分散时，又不利于家族控制企业。如何兼顾股权的两级平衡，是家族企业股权治理的核心。家族企业股权结构的设计过程，也是优化和完善家族治理的过程。而公司治理的过程，同时也是找到合适的机制来调和企业利益相关者之间利益冲突的过程。

  家族、企业和所有权，是构成家族企业运行的三个相互独立而又相互重叠的子系统。研究家族企业的经典"三环模型"描述了家族企业的复杂关系，围绕企业和家族这两大利害集合体，衍生出一系列潜在的矛盾和利益冲突。在创业一代开始建立家族企业的阶段，往往只有企业主一人或夫妻二人，此时三个环基本重叠在一起，即家族成员、企业的管理者和企业的所有者都是相同的人。在这个阶段，家族成员之间的关系并不复杂。然而，随着家族代际繁衍，三环从重叠逐渐分开，形成家族企业中各种不同的人物角色和利益，可能导致更多潜在的利益冲突[①]。举例来说，A 是拥有企业股权但不参与企业经营的家族成员，B 是既拥有企业股权又参与经营的家族成员。B 可以利用职务之便挪用企业资产，比如用公司的车接送子女上学，而 A 因为不在企业工作与这些"便利"无缘，自然会对 B 感到不满。在公司业绩好的时候，B 希望将收益重新投入公司以支持公司进一步发展，而 A 作为股东希望得到更多的分红，如果 A 的股权大于 B，就会对公司的发展带来影响。当家族日益壮大后，并不是所有家族成员都能在企业工作，这将导致各种不同利益的出现，潜在矛盾百出，致使家族的治理需求

---

① 彭倩：《家族办公室之家族治理职能》，《家族企业》，2020 年第 8 期。

逐步显现。有效的家族治理能够维系庞大家族成员的和睦共处，确保家族价值观的延续。而有效的家族治理首先应从股权设计开始。

叱咤澳门博彩业大半个世纪的赌王何鸿燊，其家族的分产纠纷和股权分割有着直接关系。何鸿燊的四位配偶中，原配黎婉华与二夫人蓝琼缨未参与家族企业经营；三夫人陈婉珍与四夫人梁安琪都直接参与澳门博彩股份有限公司（简称澳博）及其他家族企业的运营。三夫人陈婉珍通过持有澳门旅游娱乐股份有限公司（简称澳娱）约15.8%的股权而间接持有澳博股份；四夫人梁安琪直接持有澳博约8.6%的股份，并担任澳博的执行董事。在何鸿燊的众多子女中，原配的子女未参与家族企业运营，二夫人女儿何超琼为信德集团的行政主席兼董事总经理，与妹妹何超凤、何超蕸通过离岸公司间接持股信德集团。根据上市公告显示，何超凤已接替父亲职位，担任澳博的主席兼执行董事。二夫人独子何猷龙作为新濠国际主席兼行政总裁，持有约53.4%的股权。三夫人、四夫人的子女年龄尚小，还未在家族企业中担任重要角色。

何鸿燊离任后，家族股权结构的形成并非一帆风顺。成立于1981年的持股公司Lanceford Company Limited是何鸿燊赌业王国的大本营，它控制着市值700亿港元的上市公司澳博的股权。早在2011年，因澳博集团公告何鸿燊持有31.6%澳娱股权的Lanceford公司发生重大股权变更，使二夫人、三夫人及其子女成为澳娱的最大股权拥有者，导致何鸿燊及其他家庭成员的强烈不满。最终，何鸿燊律师高国骏以何鸿燊名义向香港高院提起诉讼，控告二夫人蓝琼缨、三夫人陈婉珍、二房5名子女等11人，称他们非法配股及转移资产。但三天后，何鸿燊又撤销了诉状，希望通过"和解"方式解决问题。之后，何鸿燊通过律师发出联合声明称，家庭成员已签订和解协议。以局外人的眼光来看这起家产风波，何鸿燊家族共拥有澳娱约43%的股权，如果何家团结一心，对澳娱的控制权是稳如泰山的，如今却出现家族内讧、对簿公堂的状况，不禁让人唏嘘。虽然这场家族纷争最终以和解告终，但也为家族企业在进行股权安排时做出警示：一方面，要从持股安排、公司职位安排两个维度考虑有意参与家族企业经营的家庭成员，如何让其在合适的位置为家族企业做出贡献；另一方面，也要平衡没有参与企业经营的家族成员的利益，从而保证家庭成员之间的和睦，实现家族的长治久安和企业的长远发展[①]。

因此，家族企业股权首先要从跨代的时间和跨境的空间这两个角度进行设计。从跨代时间来看，牵涉代际传承的家族企业的股权配置，要看家族二代或三代的成员是否已持股、持多少股，是否进入公司的管理层。从跨境的空间来看，要看家族企业财富和股权结构是否完成了跨境配置、全球配置，是否已将鸡蛋放在不同的篮子里。

与此同时，家族企业股权设计还要纳入多重考量因素：既要考虑股权集中的诉求，也要考量流动性的诉求，考虑能否保留未来股权和退出的弹性；既要考虑对公司决策与执行的影响，也要考量隔离与保护；既要考虑现实持有，又要考量传承安排，考虑能否兼顾对企业的控制和企业成长的融资需要；还要考虑能否降低当前和未来的企业税负，包括公司税和遗产税。这些多重考量因素会相互制约和影响，同时受到法律环境及其他外部条件的限制。更为复杂的是，这些互相牵制的关系不是一成不变的，很可能随时间的推移发生动态变化。因此，家族企业的股权结构设计还要能够应对上述因素和关系潜在的动态变化。

---

① 相关案例内容参见，柏高原，高慧云：《何鸿燊家族是如何架构公司和安排股权的》，《家族企业》，2018年第6期。

## 四、家族企业不同股权结构的奶酪与陷阱

股权是一种分享、传递家族资产的方式。家族企业股权设计的关键，是能够对家族成员和非家族成员形成激励，化解各方分歧，平衡企业成长与家族控制。

包括上市家族企业在内的大型家族企业，通常有好多个下属子公司。家族为了实现对企业的控制，会精心设计股权结构，因为股权结构决定了公司治理结构的特点，而治理结构影响到公司的治理决策，最后影响到公司的绩效。家族企业设计股权结构，既要保证家族对企业的控制权，又要最大化外部融资，还要为传承安排预留灵活的操作空间。常见的股权结构有如下三种。

### （一）金字塔结构：牵一发而动全身

所谓金字塔结构，是将家族企业及其各类投资的权益集中到一个家族控股公司名下，家族控股公司则由家族成员持有。在分配资产或遗产时，控股公司将不同的资产板块分配到不同的家族成员手中。金字塔结构最经典的例子是奢侈品品牌路易·威登（Louis Vuitton）公司。

20世纪初，不少家族企业通过贷款或者增发股份的形式来获得外部融资。贷款所能获得的贷款金额很难超过企业本身的价值。如果企业本身是负债运转，那么贷款所获得的资金就更为捉襟见肘。通过增发股份的方式融资，家族所持有的股份难免会被稀释，最终可能导致家族丧失大股东的地位而不得不出售公司股份。1854年，路易·威登（Louis Vuitton）创立 Louis Vuitton 品牌，以制造奢侈品箱包和配饰闻名。之后的100多年间，Louis Vuitton 一直由威登家族经营。1977年，威

登家族的女婿亨利·拉卡米耶（Henry Racamier）从其岳母手中接过掌管 Louis Vuitton 的大权。拉卡米耶发现从零售商收取授权使用费所赚取的利润似乎比公司的零售额还要多。于是，拉卡米耶决定绕过零售商，由 Louis Vuitton 直接开店进行销售。在之后的 10 年中，Louis Vuitton 开启扩张之举，在全球开设超过 424 间专卖店，全部由总公司直接管理。直至 1984 年，其销售额已达到 1.43 亿美元，利润率从原来的 20% 提高到 40%。

1987 年，Louis Vuitton 并购了酒类奢侈品牌酩悦·轩尼诗（Moet Hennessy），集团更名为 LVMH，并分别在法国巴黎证券交易所和纽约证券交易所上市。同年，巴黎交易所股价大跌。作为一家上市公司，LVMH 被迪奥集团的控制人伯纳德·阿诺特（Bernard Arnault）成功收购了大部分股权，他的入驻进一步推动了 LVMH 的发展。阿诺特试图通过收购那些具有悠久历史的奢侈品品牌，建立一个奢侈品帝国。收购需要一大笔资金，同时，如果通过增发股份的方式去收购，公司的控制权稀释显然是一个隐患。因此，阿诺特采取一种新的股权结构方式，以此达到控制股权和收购扩张的双重目标——这就是金字塔股权结构产生的初衷。在金字塔结构的最上一级，是家族控股公司或者是家族信托和家族基金会，中间一级则是诸多下一级公司以及上市公司。在金字塔结构中，实际股权控制人只要控制最高一层公司的股权，就能通过间接持股形成一个金字塔式的控制链，取得对下属所有公司的最终控制权。LVMH 通过金字塔式结构进行的扩张非常成功。时至今日，LVMH 集团拥有的品牌已经超过 50 个，店铺数达到 1 700 余间，其中 68% 分布在总部法国以外。

金字塔股权结构目前被不少家族企业所运用，包括李嘉诚家族。对于家族传承来说，金字塔结构的优势主要有两点：其一，金字塔结构下,家族企业不需要对家族旗下的上市公司或其他公司进行股权转移,就可以在顶层实现控股公司的股权转让或调整。这极大便利了家族内部的股权转移和流动。其二,金字塔结构可以分散风险,提供多元化的发展路径。就每一项业务,都有独立的子公司,债务融资或引进投资人进行股权融资均在该公司层面进行,形成相对的风险隔离。如果该公司经营状况不佳,甚至家族丧失对该公司的控制,也不会伤及家族企业的其他分支和整体运营。金字塔结构的弊端也很明显,主要体现在管理结构上的多层级,不但影响信息的传递速度,还加重了信息效力的衰减。反映到家族企业的业务上,可能导致企业对于市场需求信息的反应迟缓,未能及时应对,从而错过最佳的市场机遇[①]。

## (二)双层股权结构:隔离控制权的金钟罩

双层股权结构(Dual Class Structure)是指企业的资本结构中包含两类或者多类代表不同投票权的普通股的结构。通常,家族企业发行两种类别的股份:A类股份和B类股份。这两类股份在投票上的比重不同,A类股份在股东会的决议时可以投10票,而B类股份仅可以投1票。那么持有A类股份的股东就能够在获得较小股份数量的情况下获得对公司的控制权。对于想要保证对企业绝对控制权的家族来说,双层股权可以将投票权翻倍,维持其控股和主导地位。家族企业可以在企业内部发行具有较大投票权的A类股份,对外则发行具有较小投票权的B类股份。这样一来,家族企业就能够在获取融资的同时保持对

---

① 相关案例内容参见,龚乐凡:《私人财富管理与传承》,中信出版社2016年版。

于家族企业的控制权。

在美国,运用双层股权结构的企业并不在少数。针对美国的双层股权结构公司的研究报告显示,选择这种股权结构的公司依赖负债程度较高、公司历史较久,且集中于传媒、商业服务、零售、机械、印刷和出版行业。尽管如此,纽交所依然偏好单一股权结构,认为双层股权结构实际上是对股东的差别对待。谷歌公司(Google)在1998年上市时,就发行了两类股份,A类股份有10倍于B类股的投票权,因此,谷歌的创始人虽然仅有30%的股份,却仍然牢牢控制着公司。再以京东为例。2014年,京东在美国纳斯达克上市时也采用双层股权结构。据已披露的IPO文件,刘强东持有京东将近21%的股权,但通过持有所有的A类股(1股A类股拥有的投票权是1股B类股的20倍),刘强东控制着京东83.5%的投票权,实现了对京东的绝对控制。

除了保证管理层或创始人的绝对控制权,双层股权结构还能保证管理层的决策不受股东的过度干扰,使公司在上市的同时保持私人公司的优点,这一点也被写入谷歌公司的招股说明书中。但同时,双层股权结构也有明显的缺点:与公司治理的原则相违背。目前双层股权结构在中国及日本等地是不被允许的。应用双层股权结构比较多的是在美国上市的公司。但是美国对于上市公司管理层的监管较为严格,如果管理层有违规行为,容易招致中小股东的诉讼和监管机构的调查。

中国内地的上市公司均要求同股同权,而双层股权结构打破了投票权平等模式。对投票权的垄断会引发堑壕效应(Entrenchment Effect),使得内部股东的控制权越大,容易破坏股东之间的权利制衡和利益公平。此外,双层股权结构会使非控股股东的监督权形同虚设,把监管的职责留给政府和法院,增加了社会成本。《金融时报》(*Financial Times*)的专栏作家安德鲁·希尔(Andrew Hill)完美地诠释了双层股权结构的优缺点:"双重股权结构的优势在于,它保护创业管理层免受普通股股东的要求约束。缺点在于,它保护创业管理层免受普通股股东的要求约束。"[1]

## (三)交叉持股结构:四两拨千斤的双面效应

交叉持股是指两个企业主体之间直接或者间接地持有对方的股权。在公司法领域,交叉持股并非新生事物。在英美两国、日本以及我国台湾地区,都对交叉持股这种常见的公司股权结构做了不同程度的法律规定。交叉持股最显著的优势,是利用较少的资金成本获得较大的公司控制权。拿韩国李健熙家族的三星集团来说,集团旗下有诸多子公司,它们共同组成了结构错综庞大的三星商业帝国,而帝国的控制权依然把持在创始人家族手中。为了保持家族对三星集团的控制,创始人李健熙创立了一套非常复杂的交叉持股方案,使得李氏家族得以用2%的股权控制整个三星集团[2]。

从三星集团的例子可以看出,站在家族企业的角度,交叉持股可以极大增加对公司的控制权,为公司长期稳定发展提供保障,避免因家事纠纷影响整个企业的运营。同时,交叉持股可以增加对外来企业恶意并购的抵抗力。家族企业在发展壮大的过程中,往往都将会遇到有企业想要吞并的状况,为了企业的发展顺利,实施交叉持股将企业股

---

[1] 参见,《双层股权那么多优点,为什么2013美股IPO中只有19%的公司使用这类股权结构方式?》,知乎,2015年4月25日,https://www.zhihu.com/question/24851872/answer/45690664。

[2] 相关案例内容参见,张天建:《从三星家族斗争看家族企业传承规划》,《新财富》,2012年第5期。

权集中于家族成员手中，从而赋予企业应对恶意收购更强的抵抗能力。

但是，交叉持股也有潜在弊端。最直接的问题是造成公司资本虚增。对于上市的家族企业而言，如果与其交叉持股的公司股价上涨，那么持有该家族企业股票的其他公司股价也会上涨；反过来其他公司的股权上涨，又进一步推高家族企业的股价，导致价格虚高，最终形成泡沫。因此，日本等国家的公司法规定，公司交叉持股的比例不能超过50%，并禁止上市公司进行交叉持股。

除了上述三种股权结构设计外，合伙人制度也可以为家族企业的股权规划提供参考。阿里巴巴的合伙制结构，实际上是一种公司章程上的安排，阿里巴巴的"合伙人"虽然不能直接任命董事，但却掌握了董事的提名权，由他们来提名董事会中的大多数董事人选，而不是按照持有股份的比例分配董事的提名权。即便股东们否决了提名的董事，"合伙人"仍可以继续提名，直到董事会成员主要由合伙人提名的人选构成。因此，合伙人实际得以控制公司半数以上的董事。而董事会是负责公司具体经营管理的组织，如果能够控制董事会，就相当于掌握住公司经营权。这种"合伙人"模式对家族企业有一定的借鉴意义。如果家族企业设立了家族委员会，而所有在家族企业中任职的董事，需要经过家族委员会的同意，那么实际上也等于家族委员会能够掌控家族企业，这种模式比阿里巴巴的合伙制更加全面和有力，它实现了一定程度上的集体领导，有利于公司的内部激励。随着中国家族企业逐步走向现代化管理，类似的合伙人体系有利于构建企业的激励机制与约束机制，最大限度激活个人和组织的能动性。激励机制对企业发展有深远影响，而家族企业的内部激励体系差强人意。如何设计股权激励，也是家族企业在安排股权结构时需要考虑的问题。

## 五、识时务者为俊杰：家族企业如何高位退出

世界范围内，许多历史悠久、业绩良好的家族企业，面对行业变化或是出于其他战略考量时，往往会选择从企业经营中退出。比如日本高田贤之（KENZO）集团、意大利芬迪（Fendi）集团，又比如中国的蒙牛集团、羽西集团等，都通过股权转让退出品牌经营。欧美的大量研究表明，传承阶段往往是家族企业最为脆弱的时期，处理不当便可能给企业带来无法挽回的后果。据麦肯锡的研究报告估计，全球家族企业的平均寿命仅有 24 年，只有 30% 左右的家族企业可以传到第二代，将接力棒顺利传到第三代的仅为 10%~15%。

家族企业不论是选择股权传承、股权转让，还是选择上市、放弃所有权彻底退出，结果没有好坏之分，关键在于适不适合家族和企业。美国 Jordan's Furniture 是新英格兰地区一家小型家具零售商。该家族企业由塞缪尔·戴德迈于 1918 年成立。到了戴德迈家族的第三代，巴里（Barry）和埃利奥特（Eliot）兄弟两人把这家小规模作坊发展成了横跨美国几大州的连锁企业。然而，兄弟两人一直对接班人的问题存在担忧，尽管他们自己成功接过了上一代人的衣钵，但他们的下一代会顺利接棒吗？他们对于如何公平分配家族财富没有明确的计划。出于种种顾虑，兄弟两人在 1999 年决定将家族企业出售给巴菲特创建的保险巨头伯克希尔·哈撒韦公司。与巴菲特收购的其他企业一样，创始家族戴德迈将继续保持企业的经营权并享有极高的自主权。在家族企业传承规划缺位的情况下，如果能把企业卖个好价钱，使家族拥有足够财富传给后代，或让后代继续创业，都不失为明智的选择。退出并不意味着失败，而可能是通往另一扇大门的契机。

目前，中国家族企业普遍发展到一代、二代交接的十字路口，面

临诸多的传承困局。家族企业的传承之所以成为家族首要关心的问题或难题,其背后主要有两个原因。其一,家族企业的创业一代白手起家,在风浪中驾驭一艘边行驶边改造的船,其成功经验包含诸多偶然因素和"事后诸葛亮"的感悟,较难量化地、准确地传递给下一代。而企业二代能够学会的是现代金融工具、投资组合分析、人力资源管理流程等有章可循的手段,对于如何处理政商网络和交易关系,如何准确抓取商业机会,如何与企业股东及管理团队保持良好的合作关系,都不能通过理论指导来掌握。其二,家族企业二代的大多数人接受了国际化的教育,成长环境与创业一代有天壤之别,可能塑造了与父辈大相径庭的理念和思维方式,这就很可能造成两代人对企业经营模式的分歧,从而将家族企业带入一个远离企业过去经验的未知境地。除了上述的不确定因素,家族企业传承还可能面临二代不愿意接班、企业发展面临瓶颈、家族成员与职业经理人矛盾激化等困境。这其中任何一个问题未能妥善解决,都将加大企业走下坡路的可能性。因此,创业一代应当充分重视个中风险,做好在企业价值高点时果断套现的考虑,以避免企业发展倒退、价值缩水的结局。

那么在实操层面,家族企业有哪些明智的退出方式?

通常,家族企业可以通过出售股权退出企业经营,出售股权又可以分为首次公开募股(IPO)和接受收购。

通过首次公开募股成为上市公司,是企业获得融资、提升信誉度的有效途径。但是首次公开募股的门槛较高,尤其对于传统制造业企业,如果没有突出的卖点、行业领先地位及规模效应,IPO的可能性较小。

除此之外,还有一种方式往往被国内家族企业所忽略,那就是在欧美较为普遍的管理层收购(Management Buy-Out)方式。管理层收购,就是管理层通过借款的杠杆向企业创始人和大股东收购该企业。管理层收购又可以分为由目标公司本身管理层发起的管理层收购和由外部管理层发起的管理层换购(Management Buy-In)。在前者中,管理层通过自筹资金直接向所有者购买股权,也称为(Non-sponsored Management Buyout)。在这种模式下,管理层通常与创一代保持着良好的长久雇佣关系,且被收购企业的规模和市值相对有限,在后者中,私募股权基金等投资人承担主要的收购义务,向企业所有者表明购股意愿后单独收购企业的股份,而管理层通常留任并可能持有少量的股份。

管理层收购的优势在于,管理层相较于其他收购方,对于企业的发展潜力、收益增长率、潜在风险等有更为全面的了解。而对于出售方而言,也更倾向于将企业卖给一起打拼过、相对更熟悉信赖的管理层。从企业发展的角度,管理层收购对于寻求高价退出的家族企业和并购型私募股权基金来说,都是一个重要的战略合作切入点。作者曾在《曹操"收购"东吴背后的逻辑——用企业兼并收购新理论解读〈赤壁〉》一文中指出[1],管理层收购是企业吸纳高端人才的一大"利器",为企业聚集人力资本提供了捷径。这一方法主要有两个优势:其一,它可以突破人才市场的限制,获取心仪的员工。其二,当企业需要批量引进员工时,通过管理层收购可以在较短时间内快速引入大批人才。美国脸书(Facebook)公司(现公司更名为Meta,中文名为"元宇宙")首席执行官扎克伯格就曾经表示,Facebook从来没有一项并购重组只是为了收购对方公司而进行的,他们收购的目标就是要获取目

---

[1] 高华声:《曹操"收购"东吴背后的逻辑——用企业兼并收购新理论解读〈赤壁〉》。《复旦金融评论》,2020年第9期。

标公司的核心员工。

那么，家族企业如何在并购交易中实现高价套现、全身而退呢？美国纽约州律师、法律科学博士龚乐凡认为[①]，家族企业成功出售的关键是知己知彼，尽早筹划。知己知彼，是站在收购方或投资方的角度审视自己的企业，对企业自身价值、对方预期和并购市场的游戏规则有充分的认识。尽早筹划，是提前考虑收购中涉及的各项问题，运用业内包括财务、投资和法律专家在内的力量应对问题、共同策划，识别出售退出的最佳时机。

综上所述，如果家族企业新生一代的确无力或者无意继承前代人的衣钵，那么家族企业的管理者应该及时考虑企业的退出安排，包括通过上市、兼并和收购等方式，在企业经营业绩尚佳的情况下完成高价套现。

## 六、股权家族信托是"新蓝海"吗

近些年高净值人群对家族信托接受程度逐年提高，使得家族信托业务出现井喷式发展，家族信托规模和产品服务正逐步与境外成熟市场接轨。根据中国信托登记有限责任公司的数据，截至2020年年末，家族信托存量规模超2 000亿元，较年初规模增长80.29%，一跃成为市场的"新宠"。招商银行发布的《2020年中国家族信托报告》预计，到2023年中国家族信托意向人群数量将突破60万人，到2021年年底，可装入家族信托的资产规模将突破10万亿元。但同时，现金类资

---

[①] 龚乐凡：《私人财富管理与传承》，中信出版社2016年版。

产的传承已经无法满足家族企业日益多元化的财富管理需求。家族企业股权的传承，以及对组织内部所有权结构的重构，正成为超高净值人群财富传承的重要诉求。

按照装入的资产类型，家族信托可包括现金、股权和房产。其中以现金形式装入的家族信托，也就是资金类家族信托占绝大部分比例，而股权、房产等资产类型还比较少。据业内人士分析，主要有以下两个原因：首先，资金装入信托的方式简单、成本低，现金或信托受益权可以直接装入家族信托，相比之下，股权家族信托难以直接登记成为信托财产，只能通过交易对价的方式间接装入。在交易过程中，还会产生较高的交易税负。其次，国内金融机构更擅长资金类家族信托的管理。股权家族信托管理的资产是股权，尽管只是持有股权，并不实质性地参与企业经营，但从"管资金"到"管企业"，从资金提供方到企业的股东，对机构的管理要求更上一层楼。

资金家族信托竞争日趋激烈。随着资金家族信托业务规模连续几年高速增长，未来增速可能放缓。同时，收费走低是竞争激烈的一个副作用。对于信托公司而言，家族信托是它们长期服务超高净值客户的盈利渠道之一，加上家族信托自身盈利能力较低、业务模式还有待丰富，为了尽快抢占市场份额、长期锁定客户，家族信托市场的竞争日趋激烈，从而导致信托管理费走低的趋势。

相比之下，股权家族信托开辟了更大的市场空间，并且相比传统家族信托，股权类信托具有以下明显的优势。

首先，从资产隔离角度来看，股权信托能够解决代持等不合规的权属关系，避免代持人因道德、人身安全等原因引发的潜在道德风险和法律纠纷。当遇到股权代持的问题时，由家族信托作为股权的持有人，显然要优于自然人代持的结构，从资产安全性的角度有明显的优势，且收益仍可通过信托利益分配的方式传递给被代持人，可以解决诸多资产持有的困扰。

其次，从财富传承的角度讲，股权信托可以将企业的所有权与经营权分离，同时实现权利主体和利益主体的分离，从而避免家族财富传承中的股权分割纠纷，完善家族企业的利益分配机制。在股权信托中，信托公司作为受托人名义持有公司股权；原股东作为信托的委托人，通过和受托人之间约定的信托合同，将股权产生的收益分配给指定的若干受益人，从而实现财富的传承，股权和经营权的分离。此外，站在家族企业经营管理的角度，所有权与经营权的分离还可以实现家族对企业股权的归集和控制，避免代际传承对股权集中度的削减。股权信托结构下，由家族中有能力的人或者职业经理人来负责公司的经营运作，而其他家族成员作为信托的受益人获得股权产生的收益，但并不能够直接持有股权、随意变卖股权，这就有效避免了家族传承对股权的稀释，保留家族对企业的核心控制权。

再次，股权家族信托的税务筹划功能强大。税务筹划是家族信托客户最为看重的功能之一。资金类家族信托可以覆盖海外税务身份相关的税务筹划，但对于其他税务筹划的实施空间较小。相比之下，股权家族信托的持股架构设计大致包括四种：以股权设立信托，信托直接持股；以资金设立信托，信托直接持股；以资金设立信托，信托通过控股公司间接持股；以资金设立信托，信托通过SPV（特殊目的公司）有限合伙企业间接持股。这其中囊括多个税种，为高净值人群的税收筹划提供了更灵活的空间。

与此同时，股权家族信托的市场环境逐步成熟，法律制度日趋完善。除了我国信托法对家族信托提供了坚实的法律基础以外，2018年8月银保监会的信托函〔2018〕37号文件对家族信托予以明确定义，进一步规定了家族信托的功能,强调了信托财产的独立性。这些制度架构,都为客户和机构寻求、开展家族信托业务增强了信心。经过这几年国内机构在信托领域的探索,股权家族信托陆续也有业务落地,模式日趋成熟。从整体来看,股权家族信托可以解决传统信托未能覆盖的财富管理需求,实现资产隔离债务、家产传承及多代保障,同时与家族企业的股权设计、治理联系在一起,为中国民营企业应对接班问题提供更为灵活的工具。

总体来说,家族治理、股权设计与公司治理,这三者环环相扣。家族企业的股权应该上市还是维持私有?什么时候应该把股权卖给公众投资人?如果要卖,应该卖出多少?这些问题不仅是家族股权设计的考量因素,也与家族治理、企业治理和财富传承息息相关。最后,如香港中文大学教授范博宏所强调的[1],在哲学层面上,家族股权设计还需要起到凝聚跨世代的价值观这一重要作用。家族与企业是分是合,取决于家族是否能够持续为企业注入关键的无形资产,以及家族接班人与企业管理团队是否有超越各种阻碍的实力。

---

[1] 范博宏:《关键世代:走出华人家族企业传承之困》,东方出版社2012年版。

# 参考文献

[1] 中国银行业协会，清华大学五道口金融学院.中国私人银行发展报告（2020）暨中国财富管理行业风险管理白皮书[R].2020：1-20, 42-44, 86-93.

[2] 胡润研究院.2020胡润财富报告[R].2020：6-11, 14-16.

[3] 光大银行，波士顿咨询公司.中国资管管理报告2019[R].2019：8-15.

[4] 普华永道.第23期全球CEO年度调研：2020年资产和财富管理行业趋势[R].2020：2-5.

[5] 普华永道.2020年及以后的资产管理：转变你的业务，应对新的全球税收世界[R].2016：4-10.

[6] 中国信通院.数据资产管理白皮书4.0[R].2019：4-8.

[7] 普华永道.家族财富管理解决方案[R].2020.

[8] 兴业银行私人银行，波士顿咨询公司.中国财富传承市场发展报告：超越财富·承启未来[R].2017：15-17.

[9] 龚乐凡.私人财富管理与传承[M].北京：中信出版社，2016.

[10] 中欧财富管理中心.中国财富管理发展白皮书[R].2016：5-8.

[11] 中国民营经济研究会家族企业委员会.中国家族企业传承报告[R].2015：3-4.

[12] 群学书院.聂云台：中国人"富不过三代"的原因[EB/OL].澎湃网，2020-09-29, https://www.thepaper.cn/newsDetail_forward_9398480.

[13] 复旦大学泛海国际金融学院全球家族财富管理研究中心.对话方建奇：掌握制度资源，化约束为利器[EB/OL].2020-09-25, https://mp.weixin.qq.com/s/ASaZJQ7kftDXk9d4yt1ivw.

[14] 复旦大学泛海国际金融学院全球家族财富管理研究中心.对话郭升玺：大资管时代，私人财富管理该往何处走？[EB/OL].2020-11-20, https://mp.weixin.qq.com/s/g65zk4cITD8ZOgBVBIuslg.

[15] 毕马威.新冠肺炎疫情的行业影响和未来发展趋势[R].2020：1，4.

[16] 波士顿咨询公司，陆金所.全球数字财富管理报告2019—2020：智启财富新未来[R].2020：6-7，13-16.

[17] 波士顿咨询公司，陆金所.全球数字财富管理报告2018：科技驱动、铸就信任、重塑价值[R].2018：4-6，17-18.

[18] 波士顿咨询公司.全球数字财富管理报告2017[R].2017：5-8.

[19] 福布斯中国，平安银行私人银行.2020年中国家族办公室白皮书[R].2020：3-6.

[20] 瑞银，Campden Wealth，惠裕全球家族智库，中航信托.2020年中国家族办公室和财富管理报告[R].2020：6-7，22-23，33-34.

[21] 芮萌，颜怀江.千禧新潮流——ESG投资面面观[J].家族办公室，2020（11）：24.

[22] 瑞银，中航信托.2019年中国家族财富与家族办公室调研报告[R].2019.

[23] 安永会计师事务所.安永家族办公室指南[R].2019：4-5.

[24] 磐合家族研学社.洛克菲勒家族丨神秘的"5600房间"[EB/OL].2019, https://mp.weixin.qq.com/s/KgU2bCymv8_6wUJ8pOCFCQ.

[25] 麦肯锡.未来十年全球财富管理和私人银行的趋势及制胜战略——准备迎接加速变化的未来[J].麦肯锡中国金融业CEO季刊，2021年春季刊.

[26] 光大银行，波士顿咨询公司.中国资管系列报告之2019[R].2019：3-6.

[27] 波士顿咨询公司.2019年全球资产管理报告[R].2019：3-4，8-9.

[28] 金融理财标准指导委员会.中国金融理财人才素质报告[R].2020.

[29] 瑞信研究院.2020年全球财富报告［R］.2020：5-9，43.

[30] 芮萌，刘心洁.家族办公室如何挑选人才？［J］.家族企业，2017（7）：4-6.

[31] 冯力.国内私人银行的人才之困［J］.财富管理，2017（3）.

[32] 福布斯中国.中国现代家族企业调查报告［R］.2015.

[33] 创客海.罗斯柴尔德：一个老父亲带着五个儿子征战欧洲金融界［EB/OL］.2017-09-08，https：//www.sohu.com/a/190719487_638049.

[34] 新浪财经.麦肯锡：女性高管比例高的上市公司业绩更好［EB/OL］，2012-07-03，http：//finance.sina.com.cn/360desktop/stock/stocktalk/20120702/221112458 040.shtml?from=wap.

[35] 毕马威，北京国际信托.2020年中国信托行业发展趋势和战略转型研究报告［R］.2020：4-9.

[36] 波士顿咨询公司.中国信托行业报告［R］.2020：5-7.

[37] 招商银行私人银行.2020中国家族信托报告［R］.2020：4-5，9.

[38] 中国银行私人银行.2020中国企业家家族财富管理白皮书［R］.2020：7-8，11-12.

[39] 董毅智.家族信托简史［EB/OL］.百家号，2017-02-15，https：//baijiahao.baidu.com/s?id=1568296898404102&wfr=spider&for=pc.

[40] 宜信财富.百年版图［M］.北京：中信出版社，2019.

[41] 默多克家族：十字路口的继承者们［EB/OL］.搜狐网，2018-02-18，https：//www.sohu.com/a/223144085_662707.

[42] 金融界.资管新规过渡期延至2020年底！五个金融行业影响和应对［EB/OL］.2018-04-28，https：//baijiahao.baidu.com/s?id=1598949273268447584&wfr=spider&for=pc.

[43] 全国政协委员、证监会原主席肖钢：建立和完善家族信托制度，破除家族信托发展瓶颈［EB/OL］.证券日报网，2021-03-04，https：//baijiahao.

baidu.com/s?id=1693294880046618356&wfr=spider&for=pc.

［44］张末冬.赖秀福：完善我国家族信托税收政策［EB/OL］.中国金融新闻网，2021-03-03，https：//www.financialnews.com.cn/zt/2021lh/taya/202103/t20210303_212948.html.

［45］4亿元不动产家族信托首现中粮信托 未来家族信托向何处发力？［EB/OL］.华夏时报网，2021-03-25，https://baijiahao.baidu.com/s?id=1695169792651337649&wfr=spider&for=pc.

［46］中国慈善联合会慈善信托委员会.2020年中国慈善信托发展报告［R］.2021.

［47］翟立宏，晋予，罗皓瀚.慈善信托应对疫情的创新模式［J］.中国金融.2020（14）.

［48］中国慈善联合会慈善信托委员会.2019年慈善信托发展研究报告［R］.2019.

［49］中国慈善联合会.2019年度中国慈善捐助报告［R］.2019.

［50］中诚信托有限责任公司战略研究部.2019年度慈善信托研究报告［R］.2019：4-12，15-18，25-26.

［51］中国慈善联合会慈善信托委员会.2018年中国慈善信托发展报告［R］.2018.

［52］中国慈善联合会慈善信托委员会.2017年中国慈善信托发展报告［R］.2017.

［53］中国慈善联合会慈善信托委员会.2016年中国慈善信托发展报告［R］.2016.

［54］蔡概还，邓婷.中国家族慈善信托发展的关键问题［J］.清华金融评论，2018（10）.

［55］财新国际.中国保险金信托发展报告［R］.2018：4-13，19-23.

[56] 中信信托, 中信保诚人寿. 中国保险金信托发展报告 [R]. 2018: 5-7.

[57] 金融界信托. 保险金信托的前世、今生、未来 [EB/OL]. 2018-11-12, https://baijiahao.baidu.com/s?id=1616920572977403349&wfr=spider&for=pc.

[58] 中国对外经济贸易信托有限公司, 波士顿咨询公司. 中国信托行业报告 [R]. 2017: 7-9, 21-23.

[59] 姜跃生. 海南自贸港之国际税收政策思考 [N]. 经济观察报, 2020-08-15 (4).

[60] 毕马威. 2020年全球家族企业税报告 [R]. 2020: 6-7.

[61] 普华永道. 2019年中国税收政策回顾与2020年展望 [R]. 2020: 6-10, 12-14.

[62] 高金平. 数字经济国际税收规则与国内税法之衔接问题思考 [J]. 税务研究, 2019 (11).

[63] 安永. 经济全球化下国际税收规则重构的应对策略研究 [R]. 2017: 3-4.

[64] 国务院. 国务院批转发展改革委等部门关于深化收入分配制度改革若干意见的通知（国发〔2013〕6号）[Z]. 2013-02-03.

[65] 冯华. 贫富差距到底有多大? [N]. 人民日报, 2015-01-23 (17).

[66] "哥哥"张国荣: 用保险规避4千万遗产税, 为家人留下3亿元资产! [EB/OL]. 沃保网, 2015-04-02, http://u.vobao.com/809443235500448746/art/814391208038850324.shtml.

[67] 第一财经. 海南自贸港重构税收制度: 减税负, 简税制, 不当"避税天堂" [EB/OL]. 2020-06-02, https://baijiahao.baidu.com/s?id=1668396630334797846&wfr=spider&for=pc.

[68] 复旦大学泛海国际金融学院全球家族财富管理研究中心. 上帝收回"两只手", 留下一个家翻宅乱, 一个静待花开 [EB/OL]. 2020-12-08, https://mp.weixin.qq.com/s/AIiJW94lOgHWkGjbySYCBA.

［69］柏高原.家族慈善基金会——家族的，还是社会的？［J］.家族企业，2018（9）.

［70］屈丽丽.比尔·盖茨的"基金会+慈善信托"模式［J］.家族企业，2016（1）.

［71］薛京.老牛基金会的治理章法［J］.家族企业，2015（7）.

［72］资中筠.财富的归宿——美国现代公益基金会述评［M］.上海：上海人民出版社，2006.

［73］梁其姿.施善与教化——明清时期的慈善组织［M］.北京：北京师范大学出版社，2013.

［74］吴阶平.用医学生的眼光看协和北京协和医学院［EB/OL］.医学教育网，2012-09-21，https：//www.med66.com/new/201209/pq201209215805.shtml.

［75］亚洲家族和他们的慈善事业［J］.中国企业家，2011（18），http：//edu.sina.com.cn/bschool/2011-09-22/1642313676.shtml.

［76］张龙蛟.民营企业家公益慈善升级需更多服务支持［N］.公益时报，2018-06-19（2）.

［77］柯伍陈律师事务所.中国遗嘱认证及遗产管理制度变更——引入遗产管理人制度［EB/OL］.2021-03-07，https：//www.lexology.com/library/detail.aspx?g=31444bf0-7408-4c36-9ae7-f32953d22136.

［78］甘培忠，马丽艳.遗嘱信托：民法典视阈下的新思考［N］.检察日报，2020-10-27（3）.

［79］冯慧，吴寒.家族财富传承方式之介绍——遗嘱信托［EB/OL］.金杜律师事务所争议解决部 China Law Insight，2020-07-27，https：//www.lexology.com/library/detail.aspx?g=2ce9fcde-c8df-4a49-86ae-0f2f346c410a.

［80］吴卫义，邵泽龙."均瑶"案启示：遗嘱解决股权传承有关键［J］.家族企业，2015（6）.

［81］陈凯.解读霍英东遗产纠纷案［J］.民主与法制,2012（4）.

［82］龚如心830亿遗产案启示录［J］.家族企业,2015（6）.

［83］高华声.曹操"收购"东吴背后的逻辑——用企业兼并收购新理论解读《赤壁》［J］.复旦金融评论,2020（9）.

［84］复旦大学泛海国际金融学院全球家族财富管理研究中心.爱马仕VS古驰：家族传承的两个传奇［EB/OL］.2020-09-25,https：//mp.weixin.qq.com/s/y_uRBK-a-c5ZDCEPcc-4NQ.

［85］彭倩.家族办公室之家族治理职能［J］.家族企业,2020（8）.

［86］张钧,等.对话家族顶层结构：家族财富管理整体解决方案的27堂课［M］.广州：广东人民出版社,2019.

［87］范博宏.关键世代：走出华人家族企业传承之困［M］.北京：东方出版社,2012.

［88］学士财经.家族上市企业如何面对野蛮人的恶意收购［EB/OL］.2020-12-29,https：//baijiahao.baidu.com/s?id=1687390613509733211&wfr=spider&for=pc.

［89］王涛.破解家族企业传承与治理之谜,符合人性最持久！［EB/OL］.华夏基石e洞察,2020-02-21,https：//www.sohu.com/a/374658573_343325.

［90］彭博社全球最富有的25个家族榜单：香奈儿与爱马仕背后的家族分列第五、第六［EB/OL］.搜狐网,2019-08-19,https：//www.sohu.com/a/334892800_487785.

［91］储小平.科德宝平衡家族控制权的艺术［J］.家族企业,2016（6）.

［92］晓晓.接班人丨"家族所有,职业经营"让欧莱雅富过了三代［EB/OL］.搜狐网,2018-08-03,https：//www.sohu.com/a/244938446_329832.

［93］仲继银.欧莱雅：百年传承的第三条道路［J］.董事会,2010（12）.

［94］柏高原,高慧云.何鸿燊家族是如何架构公司和安排股权的［J］.家族企

业，2018（6）．

[95] 双层股权那么多优点，为什么 2013 年美股 IPO 中只有 19% 的公司使用这类股权结构方式？[EB/OL]．知乎，2015-04-25，https：//www.zhihu.com/question/24851872/answer/45690664．

[96] 张天建．从三星家族斗争看家族企业传承规划［J］．新财富，2012（5）．

[97] Anna Zakrzewski, Kedra Newsom, et al. *Managing the Next Decade of Women's Wealth* [R].Boston Consulting Group, 2020：4-7.

[98] Anthony Shorrocks, James Davies, Rodrigo Lluberas. *Credit Suisse Global Wealth Databook 2020* [R]. 2020：5-11.

[99] Anthony Shorrocks, James Davies, Rodrigo Lluberas. *Credit Suisse Global Wealth Databook 2019* [R]. 2019：5-14.

[100] Anthony Shorrocks, James Davies, Rodrigo Lluberas. *Credit Suisse Global Wealth Databook 2018* [R]. 2018：6-12.

[101] Boston Consulting Group. *2019 Global Wealth Report* [R]. 2019：6-8, 12-14.

[102] China Merchants Bank, Bain & Company. *2019 China Private Wealth Report* [R]. 2019：6-8, 12-16.

[103] China Merchants Bank, Bain & Company. *2018 China Private Wealth Report* [R]. 2018：5-14.

[104] Knight Frank. *The Wealth Report 2020* [R]. 2020：12-16.

[105] Boston Consulting Group. *2019 Global Asset Management Report* [R]. 2020：6-9.

[106] Boston Consulting Group. *2018 Global Asset Management Report* [R]. 2019：6-11.

[107] Boston Consulting Group. *2017 Global Asset Management Report* [R]. 2018：

8-12.

[108] KPMG. *Supporting Growth and Ensuring Care: Evolving Asset Management Regulation Report* [R]. 2020: 2-5, 7-9.

[109] Roubini Thought Lab.*Wealth and Asset Management 2021: Preparing for Transformative Change* [R]. 2021: 5-12.

[110] UBS. *Global Family Office Report* [R]. 2020: 7-11.

[111] Accenture Consulting. *Reinventing operations in asset management* [R]. 2019: 3-5.

[112] Boston Consulting Group. *Getting the Most from Your Diversity Dollars* [R]. 2017: 4-7.

[113] Forrester. *The IoT Heat Map*, 2016 [R]. 2017: 3-4.

[114] The International Monetary Fund. *World Economic Outlook Database: October 2019* [DB/OL]. 2019-10-11.

[115] UBS, et al. *Chinese Family Office and Wealth Management Report* [R]. 2020: 6-7, 11-17.

[116] Peter F.Drucker. *The Practice of Management* [M].New York: Harper Business, 2016.

[117] Pricewaterhouse Coopers. *Treasury Report Provides Details on President Biden's Tax Proposals* [R]. 2021-4-28: 1-2.

[118] Elizabeth Dunn, Michael Norton. *Happy Money: The Science of Happier Spending* [M].Simon & Schuster, 2014.